21世纪生物学基础课系列实验教材

动物学实验技术

陈广文　李仲辉　主编

科学出版社
北京

内 容 简 介

本书是作者根据多年的教学实践并结合师范院校的特点编写而成，内容包括基础性实验、综合性实验和设计性实验三部分。其中第一部分基础性实验，包括无脊椎动物和脊椎动物实验，共 24 次。内容涉及代表动物的形态解剖以及常见种类的识别和分类。第二部分综合性实验，共 4 次，为本学科或相关学科多项知识与技能的综合训练。第三部分设计性实验，共 5 次，重点培养学生实验设计、实验准备、独立操作、相互协作及分析和解决问题的能力。为配合实验内容，便于学生理解和掌握，全书附插图 264 幅。

本书内容全面、系统，图文并茂，兼顾理论性、先进性、系统性和实用性，可供高等师范院校和农、林院校生物科学、生物技术以及农、林、水产等专业作为实验教材，也可供从事动物学专业教学与科研工作的教师参考。

图书在版编目(CIP)数据

动物学实验技术/陈广文，李仲辉主编. —北京：科学出版社，2008
(21 世纪生物学基础课系列实验教材)
ISBN 978-7-03-020907-8

Ⅰ. 动… Ⅱ. ①陈…②李… Ⅲ. 动物学—实验—高等学校—教材 Ⅳ. Q95-33

中国版本图书馆 CIP 数据核字(2008)第 007444 号

责任编辑：陈　露　朱　强/责任校对：刘珊珊
责任印制：徐晓晨　　/封面设计：耕者设计工作室

科学出版社出版
北京东黄城根北街 16 号
邮政编码：100717
http://www.sciencep.com

北京厚诚则铭印刷科技有限公司 印刷
科学出版社发行　各地新华书店经销
*
2008 年 2 月第　一　版　开本：B5(720×1000)
2015 年 1 月第三次印刷　印张：15
字数：292 000

定价：24.00 元

《动物学实验技术》编写人员

主　　编　陈广文　李仲辉

副 主 编　牛红星　孙晓娟　石长应

编　　者　（以作者姓氏笔画为序）

卜艳珍　王艳梅　牛红星　石长应
乔传英　孙晓娟　杨军英　李仲辉
李爱景　李淑梅　陈广文　董自梅

前　言

《动物学实验技术》是依据国家教育部颁布的动物学教学大纲，结合作者多年的教学、科研经验及师范院校的特点编写而成。针对当前实验教学改革的需求，为了加强学生动手能力、自主分析问题与解决问题的能力，本书从实验内容的更新，实验安排的系统性及与理论课教学的同步性等方面进行了重新编排。在编写过程中，力求做到实验目的和要求明确，内容繁简适当，图文并茂，理论联系实际，培养学生的独立操作能力。本书以基础性实验为主，形态解剖实验注重对解剖方法和操作步骤的指导，加强学生基本技能的训练，有关操作方法和注意事项均详细列出，便于学生自己动手完成实验，培养学生的动手能力；分类实验要求掌握基本的分类知识和分类方法；综合性实验注重培养学生综合分析和解决问题的能力；设计性实验注重培养学生实验选题、实验方案设计、实施、总结及论文撰写的能力，使学生在科学研究方面得到初步训练。实验用标本选用常见或富有经济价值的种类，可视具体情况酌情增减。

全书共分基础性实验、综合性实验和设计性实验三部分，共33次实验。其中实验1、2、3、10、12、13、14由杨军英编写；实验5、9、24、27、31由董自梅编写；实验11由陈广文、李仲辉编写；实验4、26、28由李淑梅编写；实验17、18、22、32由李爱景编写；实验15、16、19、20、21、25由石长应编写；实验7、29、30由孙晓娟编写；实验6、8、23由王艳梅编写；实验33由牛红星编写。全书由陈广文和李仲辉统稿。

本书插图选自各家书刊，个别由编者自绘。限于编者水平，加上时间仓促，编写中难免有错漏及不当之处，敬请广大师生指正，以求改进。

本书得到河南省高等教育面向21世纪教学改革计划重点项目及河南省动物学省级重点学科资助出版。在出版过程中，得到科学出版社的大力支持和热情帮助，谨此一并致谢。

编　者

2007年9月

实验室规则

1. 每次实验前必须预习实验指导，了解实验的目的要求、所用材料、实验操作的大致步骤和有关注意事项等。

2. 加强基本技能训练，掌握显微镜、解剖镜和解剖器材等的使用方法。有关动物麻醉、处理和解剖等都必须严格按照所要求的顺序进行，若违反操作规程，将会造成标本的损毁，使实验达不到预期的效果。

3. 充分发挥实验指导的作用，实验中要独立思考，自己动手，小心解剖，细心观察，实事求是地做记录和绘图。

[附]绘图方法

(1) 作图要正确，真实，大小要适中，比例如实，切勿虚构。

(2) 认真观察标本，目测或镜测实物后，要有一个清楚的印象，图应画在实验报告纸恰当的位置上。

(3) 先用较软的铅笔勾画出实物的轮廓，作出草图，经反复修改，再用硬铅笔(3H 以上)以清晰的点线画出全图。

(4) 图绘好以后，将图的各部分注释清楚，注字写在图的右侧，横列成行，注字引线要水平伸出，不得相互交叉。

4. 分类实验要求掌握分类方法，初步学会使用检索表和编写简单检索表的方法。

5. 遵守实验室规则，不迟到，未完成实验不得早退。交换意见和提问时注意轻声，保持安静。不随意吐痰，不乱扔纸物，保持室内清洁卫生。解剖器材使用后必须擦洗干净，爱护标本、模型及其他公物。损坏物品必须向教师报告。

6. 实验结束后打扫卫生，保持室内清洁，凳椅摆放整齐，关好门窗，检查水电，然后离开教室。

目 录

Contents

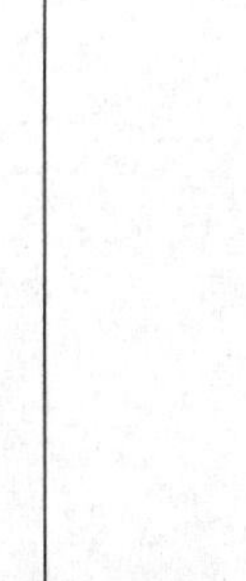

第一部分　基础性实验

实验1　显微镜及双筒解剖镜的构造与使用方法

【实验目的】

1）了解普通光学显微镜的基本构造、操作要点及注意事项。

2）了解双筒解剖镜的基本构造及使用方法。

【实验材料】

字母片、小型动物（如沙蚕等）浸制标本、香柏油、二甲苯等。

【实验用具】

显微镜、双筒解剖镜、擦镜纸、载玻片、盖玻片、培养皿、洗耳球等。

【实验操作及观察】

（一）显微镜

1. 显微镜的基本结构

由机械装置和光学系统两部分组成。

（1）机械装置（mechanical apparatus）部分

1）镜座（base）：是显微镜的底座，多呈马蹄形或矩形，用以支持镜体使之平稳。

2）镜柱（body）：是镜座上的短柱，与镜座垂直并与之连成一体，一般高约8～10 cm，是和镜臂联结的地方。

3）镜臂（arm）：连于镜柱上方呈现弯曲状的提柄，用以支持镜筒、调节器、载物台、聚光器等，同时用以手执携取。对于镜筒能升降的显微镜，镜臂和镜柱之间有一倾斜关节，可使显微镜在90°的范围内，随意调节显微镜的倾斜度，以便于观察；对于载物台是活动的显微镜，镜臂和镜柱之间是固定的，无倾斜关节，调节器移到了镜臂的下端，用以升降载物台调焦。

4）镜筒（body tube）：是镜臂前方、接在镜臂上的中空长筒，长度一般为

160 mm。镜筒上端可插入目镜，下端连接物镜转换器。镜筒能升降的显微镜，可借调节器上、下自由升降镜筒。镜筒有单筒和双筒两种类型，单筒一般为直立式，双筒都是后倾式(镜筒的中心线和载物台平面间呈 45°)，并配有调焦目镜筒，以备在两眼视力不同的情况下调节使用。

5) 物镜转换器(revolving nosepiece)：连于镜筒下端，呈圆盘状，能转动，其上有 3～4 个物镜螺旋口，可安装不同放大倍数的物镜。观察时，可根据实物放大的需要，用手随意转动物镜转换器来调换镜头。由于物镜长度的配合，镜头转换后仅需稍微调焦，即可观察到清晰的物像。

6) 载物台(stage)：又称镜台。是固定在镜臂下方的方形(或圆形)平台，为放置玻片标本之用，平台中央有一个圆形的通光孔。载物台上安装有移片器，可固定载玻片，并可通过转动螺旋使标本前后、左右移动。移片器上附有游标尺，构成精密的平面直角坐标系，以便确定标本的位置，重复观察。这种载物台在镜检标本时，只要记下被观察部位所处 X、Y 轴上游标尺数字，以后需要做重复观察时，只要调到原来的数字位置，即可很容易地找到要观察的目标。

纵坐标游标尺和横坐标游标尺各由一个可移动的主标尺(principal scale)和一个固定的副标尺(vice scale)组成。主标尺上的每分度为 1 mm，副标尺的每分度是主标尺的 1/10 mm。使用时先看副标尺上的零点位于主标尺的哪一分度上，再看副标尺与主标尺的刻度在哪一分度上重合，把前者作为整数，后者作为小数，二者相加即得。如：副标尺的零点在主标尺的 10～11 mm 之间，重合点在副标尺的 8 处，则读数是 10＋0.8＝10.8 mm。

7) 调焦装置(focusing adjustment)：位于镜臂两侧有大、小两组螺旋结构组成，作调节焦距之用。其中，较大的一组螺旋叫粗调节器，较小的一组螺旋叫细调节器。要使物像清晰，必须调节物镜与标本之间的距离，即调焦，它就通过 2 对调节器来实现。当以顺时针方向旋转调节器时，使镜筒(或镜台)下降；当逆时针方向旋转时，镜筒(或镜台)上升。粗调节器每旋转一周，镜筒(或镜台)移动 10～20 mm；细调节器每旋转一周，使镜筒(或镜台)移动约 0.1 mm。因此，粗调节器升降镜筒(或镜台)较快，又称快调节器，用于低倍镜对焦；细调节器升降镜筒(或镜台)较慢，又称慢调节器，用于高倍镜对焦。某些精密设计的显微镜，还在细调节器的外缘圆周上刻画出若干刻度，有的为 0～50 格，每格代表长度 2 μm；有的为 0～100 格，每格代表长度 1 μm，这种调节器又被叫做测微调节器或测微螺旋。

(2) 光学系统(optical system)部分

1) 物镜(objective)：安装于镜筒下端的物镜转换器上，因接近被观察的物体，也称接物镜，它是由多块装在金属圆筒内的透镜所组成，物镜的作用是将被观察的标本作第一次放大，它决定显微镜的关键性能——分辨率的高低，因此是显微镜上最贵重的部分。分辨率是指显微镜能够清楚地分辨物体结构中两点之间最小距离的能力，显微镜能分辨两点之间的距离愈小，它的分辨率就愈大。

根据媒质的种类，可把物镜分为两类，即：干燥系物镜（drying system objective）和浸没系物镜（immersion system objective）。干燥系物镜是指物镜和标本之间的媒质是空气（折射率 $n=1.00$），包括低倍物镜和高倍物镜。低倍物镜较短，一般放大 4 倍（4×）到 10 倍（10×），多用来观察标本的全貌；高倍物镜较长，一般放大 40 倍（40×）、45 倍（45×）或 60 倍（60×）。动物学实验中经常使用的低倍和高倍物镜都是干物镜。浸没系物镜是指物镜和标本之间的媒质为折射率大于空气的液体，又可分为水浸物镜（water immersion objective）和油浸物镜（oil immersion objective），放大倍数较高（90×、100×）。水浸物镜用水作媒质，这种物镜应用较少，目前已不见生产；油浸物镜的前透镜与盖玻片之间的媒质是一种和玻璃折射率（$n=1.52$）相近的香柏油（1.515），其目的是为了消除光由一种介质进入另一种介质时发生散射，以增大放大倍数，提高照明度和分辨率。

油浸物镜简称油镜，一般在镜头上标有"HI"（homogeneous immersion）或"HO"（homogeneous oil）字样，或在镜头下缘刻有 1～2 道黑环线（或白环线）作为标记；干燥系物镜一般不铭刻符号。

2）目镜（ocular lens）：安装在镜筒的上端，也称接目镜。通常由两块装在金属圆筒内的透镜所组成。其中，在上端、和观察者眼睛接近的透镜叫做接目透镜（eye lens），在下端的透镜叫会聚透镜（collecting lens），在两块透镜之间、或者在会聚透镜之下，设有一个特定孔径的金属圆环，叫做栏目镜场光阑。光阑的边缘就是视野的边缘，物镜或会聚透镜就在这个光阑的面上成像。在光阑的面上可以放置目镜测微尺，用来测定所观察标本的大小；还可以粘一小段毛发做指针，用来指示标本上特定的目标。

在显微镜的光学系统中，目镜只有放大作用而无分辨能力，这就是说，目镜只能和物镜配合使用，其作用是把经过物镜分辨并放大了的倒立实像再一次放大。目镜的放大倍数和接目透镜直径及目镜管长有关，接目透镜直径愈小，目镜管愈短，放大倍数愈高。目镜的放大倍数通常刻在接目透镜的护圈上，有 5×、10×、16×等。

显微镜的总放大倍数是物镜放大倍数和目镜放大倍数的乘积。例如，使用 5 倍目镜与 10 倍物镜组合，则总放大倍数是 50 倍；使用 10 倍目镜与 40 倍物镜组合，则总的放大倍数是 400 倍。但上述乘积只有在能分辨的前提下才有效。

3）聚光器（condenser）：位于载物台上通光孔的下面，由一组聚光透镜组成，其作用是把从光源射来分散的光线会聚成一束亮度较强的光锥，集中照射在被观察的标本上，以增强照明强度，使物像更清晰，达到加强物镜分辨率的效果。利用调节螺旋可以上下调节聚光器的升降，以调节光线的强弱，升高时光线增强，下降时光线减弱。如用高倍物镜时，视野范围小，则应上升聚光器；用低倍物镜时，视野范围大，可下降聚光器。

4) 虹彩光阑(iris diaphragm)：位于聚光器的下方，由一组能活动的金属薄片组成，中心形成圆孔，侧面伸出一杠杆，用手前后移动杠杆可以调节孔径开合的大小，从而控制进光量的多少和强弱。光阑开大则光线较强；光阑缩小则光线较弱。使用高倍镜或观察深色物体时，宜开大光阑，使视野明亮；使用低倍镜或观察透明(或无色)的物体时，应缩小光阑，以增强物体的明暗对比度。总之使用虹彩光阑的手法是比较灵活的，但必须指出，光阑过小，会降低照明度和分辨率；光阑过大，会影响物像的清晰度。因此，在实际应用中，要不断地积累经验，充分掌握和运用光阑，以求取得更好的观察效果。

5) 滤光器(filter)：位于虹彩光阑的下方，是一个由金属或塑料制作的小环(即滤光片圈)和可以置换的各种不同颜色的滤光片所组成，目的是用来改变光源的色调和强弱，使有助于观察或显微摄影。

常用的滤光片有下列几种：蓝色、绿色、黄色、橙色、红色和毛玻璃片等。蓝色光片适用于观察黄色或橙色的染色切片；绿色光片适用于红色或橙色染色的切片；红色和黄色滤光片适用于蓝、紫染料染色切片；毛玻璃片可以减弱照明度，防止过强的光源灼刺人眼。

使用滤光片可以加强反差，使标本黑白分明，线条和轮廓清晰，有利于观察细微结构间的差别。对于显微摄影来说，可以取得更好的效果。值得提出的是：蓝色和绿色的滤光片，由于能够吸收波长较长的光波，因此还能增加物镜的分辨率。此外，由于它能够把刺激人眼的红色光吸收掉，因而还能减轻人眼的疲劳。

6) 照明镜(illuminating mirror)：也叫反光镜，是位于滤光器下方的圆镜，可以自由转动，其作用是将光线反射至聚光器。一般由两个反射镜面组成：一个是平面镜，一个是凹面镜。凹面镜聚光力强，兼有反光和汇集光线的作用，多用于光线较暗的情况下，光线较强时用平面镜即可。较高级的显微镜其光源安装在镜座内，通过按钮开关和光源滑动变阻器调节光线的强弱。

2. 显微镜的使用方法

(1) 提取

显微镜平时存放于镜箱内，用时先打开门锁，然后，一手紧握镜臂，一手托着镜座，从镜箱中轻轻取出。

(2) 安放

将显微镜平放于距实验台边沿 3～5 cm 的桌面上，使镜臂向着观察者，摆好显微镜(使其略偏左方，右方放绘图纸)。

(3) 采光

转动粗调节器，向上提升镜筒；转动物镜转换器，使低倍物镜正对载物台上的通光孔(转动过程中，当听到轻微的“咔哒”声时，即已对准)，打开虹彩光阑，转动镜臂使镜筒倾斜到合适的高度，用左眼从目镜中向下观察（右眼此时不要闭拢），右手转动反光镜使它正对光源（但不可正对直射光），并让光线射入镜筒，调节视野（从目镜内看到的圆形部分）亮度，使其呈现一片明亮均匀的白色为止。

(4) 放置玻片标本

将需观察的玻片标本置于载物台上，用压片夹压稳，用移片器移动玻片，使被观察的材料位于通光孔的正中心。

(5) 低倍物镜的使用

1）用手转动粗调节器，用眼睛从侧面观察，使镜筒缓慢下降（或慢慢使镜台）至低倍物镜前透镜距盖玻片约 4～5 mm 处停止。

2）左眼自目镜中观察视野，右眼自然张开，转动粗调节器缓慢提升镜筒（或慢慢降低镜台）至视野内物像清晰为止（必要时可微微内外转动细调节器使物像最清晰），此为对焦。观察时，若感到光线太强或太弱，可调节聚光器或虹彩光阑，使光线至适宜强度。

3）用移片器上下左右轻轻移动玻片，注意物像的移动方向如何？它与玻片移动方向是否一致？为什么？要想使物像在视野里向左移动，该向哪个方向移动载玻片？

(6) 高倍物镜的使用

1）先在低倍物镜下将欲观察的部位移至视野正中央。

2）轻轻旋转物镜转换器，俯首侧视接物镜，移去低倍物镜，使高倍物镜（40×）对准通光孔。

3）对焦。通常情况下，当低倍物镜调好焦后，在转换成高倍物镜时，只需用细调节器来回略微调一下，就能出现清晰的物像。如果细调节器旋转半圈至一圈还未见到物像，则需从侧面观察，将高倍物镜徐徐地下降（或将镜台徐徐地升高）到几乎与盖玻片相接触的程度为止（操作要特别注意，切勿碰到盖玻片，更不能压碎盖玻片或载玻片，以免损坏镜头）。然后从目镜中观察，并转动细调节器慢慢提升镜筒（或缓慢降低镜台）对焦，至出现清晰物像为止。调节聚光器和虹彩光阑，使光线适度，物像最清晰。

(7) 油镜的使用

如需要分辨更细微的结构或识别更细小的标本，就需要转换使用油镜，方法如下：

1）先把高倍镜下观察到的目的物移至视野正中央。

2）用粗调节器把镜筒提升（或镜台降低）2 cm 左右。

3）轻轻转动物镜转换器，移开高倍物镜，把油镜镜头移到工作位置。

4）在玻片标本的镜检部位滴一滴香柏油。

5）旋动粗调节器，小心缓慢下降镜筒（或升高镜台），从侧面观察，使油镜浸没于标本上方的香柏油内，并使油镜的下端（前透镜）与盖玻片的上表面几乎相接（注意：动作要细致，注意力要集中，切忌漫不经心，马虎从事。油镜的工作距离仅有0.2 mm左右！）。

6）对焦。从目镜观察，先调节光线，将虹彩光阑开到最大位置，用细调节器或测微调节器进行准确调焦，以获得清晰的物像，观察标本中不同层次的细微结构。如果调焦过程中，镜头已离开油面，仍未出现物像，必须再从侧面注视，将油镜下降（或镜台提起），重新操作，直至出现清晰物像为止。

7）观察完毕，上升镜筒（或下降镜台）2 cm左右，把油镜镜头转离光轴，先用一块干的擦镜纸轻轻地擦去镜头上的香柏油，再另换一块干净的擦镜纸，滴上1～2滴二甲苯，擦净镜头上残留的油迹（切勿用手或其他纸擦拭镜头），最后还需用干净的擦镜纸再擦1～2遍，以免二甲苯浸入镜内。玻片上的香柏油与油镜擦拭方法相同。

（8）装箱

擦拭完毕，先转动转换器，将物镜转向两旁，离开光轴，呈“八”字形分开，使镜筒下口正好处于两物镜之间，降下镜筒和聚光器，使移片器等回复原位，最后将各部擦净，一手托镜座，一手握镜臂，将显微镜放入镜箱内，锁上门锁，放回原处。

3. 使用显微镜的注意事项和保护要点

1）拿取显微镜时，必须一手握镜臂，另一手托镜座，不可单手提着行走。

2）每次使用前，要做具体而仔细的检查和记录，发现问题及时找老师处理，不可任意自行拆卸。检查顺序大致如下：

a. 镜座是否放置平稳？有倾斜关节的显微镜，倾斜关节是否灵活？倾斜时是否能保持平衡？

b. 物镜转换器是否灵活，各个物镜是否安装牢固？物镜和目镜是否完整、齐全和清洁？反光镜的前面是否清洁完整？

c. 粗、细调节器是否灵敏，有无松动下滑现象？移片器是否灵活？

3）每次观察，不论标本大小，必须按先低倍，再高倍，最后用油镜的顺序进行。在用高倍镜和油镜时，只能用细调节器，不能用粗调节器调节焦距。调焦时，一定要提升镜筒（或下降镜台）调焦，切忌下降镜筒（或上升镜台）调焦。

4）往物镜转换器上安装物镜时，从低倍到高倍的顺序应严格按照转换器顺时针的转动方向排列，在转换物镜时也要按顺时针方向旋转，不能逆时针方向旋转。切忌无秩序地安装物镜，或在使用时乱转。否则，很容易压破盖玻片或整个标本，甚至损伤物镜的前透镜。

5）在转换物镜时，要以手指捏住旋转盘转换，切忌用手直接拨转物镜，以免破坏物镜与目镜的光轴合轴。

6）观察带有水或其他染液的标本，一定要加盖玻片，并用吸水纸吸去盖玻片上表面及周围溢出的水分或染液，以免用高倍镜或油镜观察时接触腐蚀。同时，观察水装片时，镜臂不可太倾斜，以免液体流出。

7）要注意养成良好的观察习惯，观察时坐姿要端正。如果显微镜是单目镜筒，要训练两眼同时睁开而仅用左眼看目镜的习惯，右眼进行绘图或记录。如果是双目镜筒，左右眼同时观察，这样可以减少疲劳。

8）显微镜的各部分必须保持清洁，光学系统决不可用手、布、粗纸等擦拭，一定要用擦镜纸或软绸布轻轻擦拭，若有灰尘，须先用洗耳球吹去灰尘后再擦拭，必要时可略蘸些二甲苯进行擦拭。机械部分可用软布轻轻拭净。

4. 镜检练习

取一英文字母“F”装片，先在低倍镜下观察，所见到的物像是左右相反，上下倒立的像。再边观察边缓慢地移动玻片，就可见到物像的移动方向与玻片实际移动方向恰好相反。低倍镜观察完毕，可转高倍镜观察，注意在高倍镜下视野内的字母能看到多大部分，与低倍镜所见比较一下。

（二）双筒解剖镜

1. 双筒解剖镜的基本结构

双筒解剖镜主要用于观察和解剖小动物，了解其外部和立体形态特征及内部结构特点。与显微镜相似，双筒解剖镜也分为机械装置和光学系统两部分。和显微镜主要不同之处是，解剖镜下观察到的物像为一个正立像，而且标本的移动方向和物像的移动方向完全一致。

（1）机械装置部分

包括镜座、镜柱、镜筒、载物板、调节器等。

1）镜筒：双筒解剖镜具有两个镜筒，它们之间的距离可以自由调节，以适应观察者两眼瞳孔间的距离。镜筒上还附有调焦目镜筒，用以校正观察者两眼视力的差异。

2）调节器：双筒解剖镜只设一对粗调节器，调节焦距。

3）载物板：位于镜座内凹陷处，是一块一面黑、一面白的圆形瓷板，根据标本的透明度和颜色两面可调换使用。一般观察深色或不太透明的标本时用白色的一面，观察浅色或比较透明的标本时用黑色的一面，以达到良好的反差效果(有的载物板两边还附有两块扶手板，供解剖时搁手之用)。

（2）光学系统部分

包括物镜、目镜和反光镜等。

1）物镜：解剖镜的物镜为变倍物镜，上有刻度，可以通过变焦的透镜系统，用转动装置从0.7倍转到4倍，以调节放大倍数。其中，顺时针方向转动将标本放大，逆时针方向转动时将标本缩小。

2）目镜：2个，分别装在两镜筒的上端，因此，使用时两眼可以同时观察，目镜的放大倍数一般为10×或20×。

3）反光镜：有的解剖镜有，有的缺少，有的在镜体上装有照明装置。

2. 双筒解剖镜的使用方法

1）取出解剖镜，把其放在面向光源的位置。

2）松开镜柱上的固定螺旋，使镜体上升到最高位置，然后旋紧固定螺旋，使镜体固定牢固。

3）调节两镜筒间的距离，使其与自己两眼间的宽度相适应。

4）根据观察标本颜色的深浅和透明程度，选择使用载物板白色或黑色的一面。

5）把要观察的标本放在培养皿（或载玻片）上，然后置于载物板的正中央。

6）逆时针方向旋转物镜转动装置，使物镜处于最低放大倍数，通过调节器对焦，待物像出现后，根据需要调节物镜放大倍数，并上下轻轻转动调节器，至物像清晰为止。

3. 观察练习

取沙蚕（或其他小动物）浸制标本，放于培养皿内，加清水覆盖虫体，置解剖镜下观察，注意物像是正立还是倒立？轻轻移动培养皿，观察标本的移动方向与物像移动方向是否一致？

【作业】

1）镜检时为什么必须按照从低倍到高倍最后用油镜的顺序进行操作？从低倍镜转高倍镜时应特别注意哪几点？

2）自己第一次使用显微镜时，遇到的困难和问题是什么？

【思考题】

在用显微镜观察时，若遇到看不清物像、找不到目标或调不准焦距等故障时，分析一下可能的原因是什么？

实验2　动物的细胞、组织和早期胚胎

【实验目的】

1）通过观察人口腔上皮细胞，了解动物细胞的基本结构。

2）通过观察马蛔虫卵的有丝分裂，了解动物细胞有丝分裂的过程和各期主要特点。

3）通过观察上皮组织、肌肉组织、结缔组织和神经组织，了解动物四大基本组织的结构特点和功能。

4）通过观察海星早期胚胎发育的各个时期，了解多细胞动物早期胚胎发育的一般过程，从而加深对多细胞动物起源的理解。

【实验材料】

（一）细胞

人口腔上皮细胞（自制临时装片）

（二）组织

1）上皮组织：单层柱状上皮。

2）结缔组织：疏松结缔组织。

3）肌肉组织：横纹肌、平滑肌。

4）神经组织：脊髓运动神经细胞涂片。

（三）动物细胞的有丝分裂

马蛔虫卵的有丝分裂制片。

（四）多细胞动物早期胚胎发育

海星早期胚胎发育各期装片：受精卵、卵裂、囊胚期、原肠胚期。

（五）药品和染色液

0.9% NaCl溶液、0.1%次甲基蓝等。

【实验用具】

显微镜、载玻片、盖玻片、牙签、吸水纸、吸管等。

【实验操作及观察】

（一）人口腔上皮细胞的观察

1. 取材与制片

用牙签的粗端，在自己的口颊内面轻轻刮几下，将刮下的白色黏性物薄而均匀地涂在洁净的载玻片上，加一滴0.9% NaCl溶液，盖上盖玻片，在低倍镜下，将视野适当调暗进行镜检。

2. 观察

口腔上皮细胞略呈扁平多边形，不甚规则，薄而透明，常数个连成一片。若观察不清楚，可用0.1%次甲基蓝溶液染色后再观察。染色方法是：在盖玻片一侧加一滴0.1%次甲基蓝溶液，另一侧用吸水纸吸取一些生理盐水，如此，可使染液流入盖玻片下面，并逐渐布满盖玻片与载玻片之间，使细胞染色而便于观察。染色后，可先在低倍镜下观察，找到口腔上皮细胞后，选择一个清晰、典型的细胞将其移到视野正中央，再转高倍镜观察，辨认细胞核、细胞质与细胞膜。细胞核位于细胞中央，近圆形或椭圆形，被染成深蓝色；细胞质被染成浅蓝色，其中含有大小不等的颗粒；细胞周缘较暗的一层为细胞膜，细胞界限明显。

（二）动物四大基本组织结构特点的观察

1. 上皮组织（单层柱状上皮）

取蚯蚓横切片在高倍镜下观察，体壁最外层为一薄层非细胞结构的角质膜（有的切片中，角质膜脱落），角质膜下方为上皮组织，由单层柱状上皮细胞所组成，其间尚有杯形的单细胞腺体。上皮组织的特点为：细胞排列紧密，间质少，不发达（图 2-1）。

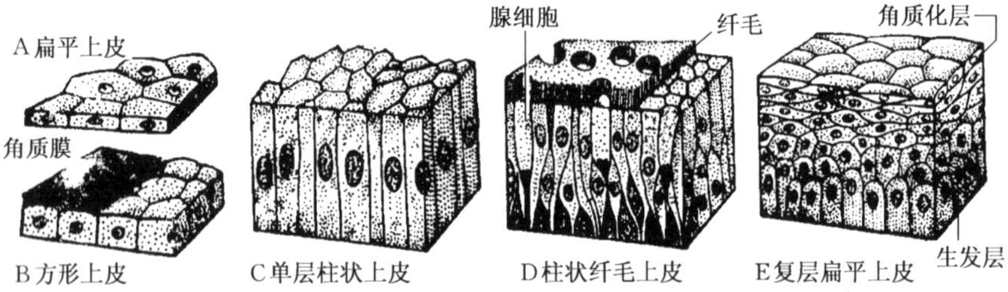

图 2-1 上皮组织的类型（自江静波等）

2. 结缔组织（疏松结缔组织）

观察哺乳动物的皮下疏松结缔组织（图 2-2），是由多种排列疏松的细胞和大量的细胞间质构成的。细胞间质包括基质和纤维两种成分，纤维主要有 2 种：胶原纤维和弹力纤维。识别特点是：胶原纤维常集合成束，并弯曲成波浪状（有韧性，由胶原蛋白组成，于沸水中溶解成为胶水称动物胶）；弹力纤维细而具分枝，不成束，无波浪状弯曲，染色深（有弹性，由弹性蛋白组成，耐沸水和弱酸）。分散在纤维间的细胞有多种，主要的有成纤维细胞，细胞不甚规则，扁平而多突起，核大，卵圆形，核着色深而清楚，细胞质色浅能辨认出细胞界限。

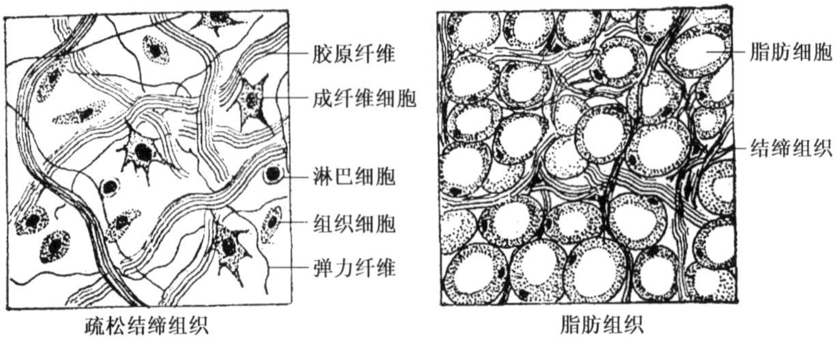

图 2-2 疏松结缔组织和脂肪组织（自刘凌云等）

3. 肌肉组织(横纹肌、平滑肌)

(1) 横纹肌

取蝗虫或哺乳动物横纹肌纵切面玻片标本,置高倍镜下观察,可见横纹肌由肌细胞(肌纤维)组成,肌细胞呈长圆柱状,细胞外面有一层薄膜叫肌膜(肌细胞膜),肌膜下面分布有许多椭圆形被染成深蓝色的细胞核,因此横纹肌的肌细胞为多核共质体(每个肌细胞内可有 100 多个核)。在肌细胞内,与其长轴平行排列许多细丝状物,此为肌原纤维,每一肌原纤维都有明带与暗带交替排列,而且每个肌原纤维的明带与暗带都与邻近肌原纤维的明带、暗带准确地排在同一水平面上,因此,整个肌细胞显示出横纹(图 2-3)。

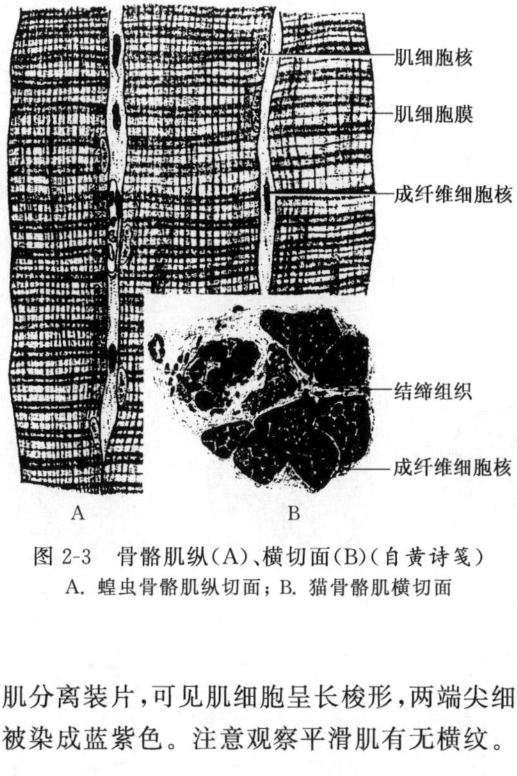

图 2-3　骨骼肌纵(A)、横切面(B)(自黄诗笺)
A. 蝗虫骨骼肌纵切面; B. 猫骨骼肌横切面

(2) 平滑肌

观察猫的平滑肌分离装片,可见肌细胞呈长梭形,两端尖细,细胞核一个,椭圆形,位于细胞中央,被染成蓝紫色。注意观察平滑肌有无横纹。

4. 神经组织

观察牛脊髓运动神经细胞涂片,找到有细胞处,可见细胞被染成淡蓝色,形状不规则,由胞体和突起两部分组成。胞体呈星状,具许多突起(树突和轴突);细胞核位于胞体中央,着色浅;核仁明显,着色较深(图 2-4)。

(三) 示范标本

1. 马蛔虫卵的有丝分裂

观察马蛔虫卵巢的纵切片,在各分裂的细胞中,首先辨认出染色体、中心粒及纺锤体,然后观察有丝分裂前、中、后、末各期的特点(图 2-5)。

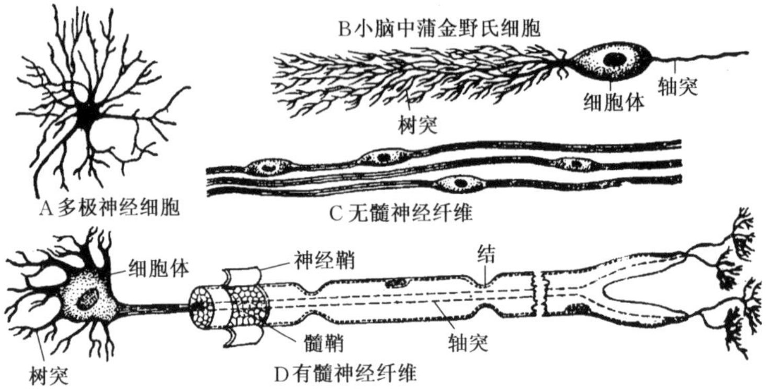

图 2-4　神经细胞的类型(自江静波等)

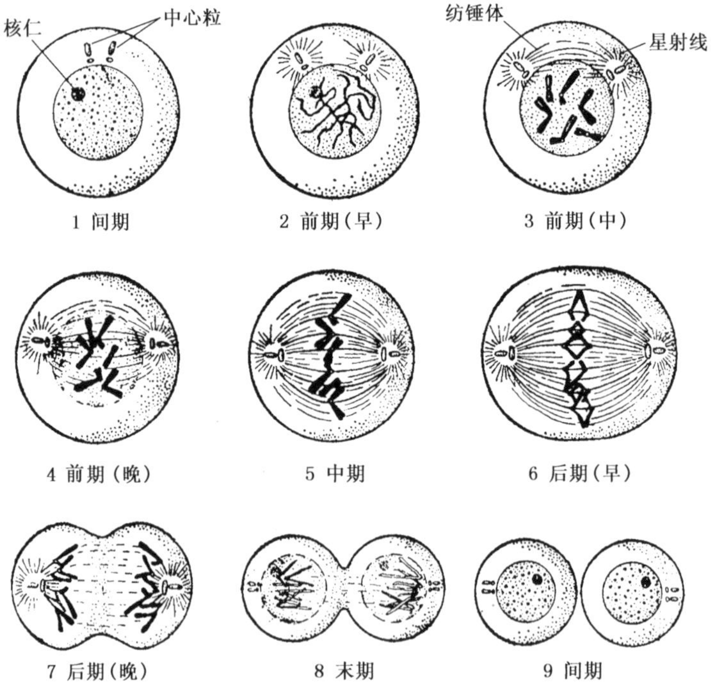

图 2-5　动物细胞的有丝分裂(自江静波等)

(1) 前期

染色体出现,着色较深。中心粒分裂为二,向两极移动,纺锤体形成,前期结束时,核膜、核仁消失。

(2) 中期

染色体排列在细胞的赤道板上，中心粒已达两极，此时纺锤体最大，染色体数目最清楚，因此，中期是观察染色体形态、计算染色体数目最合适的时期。注意观察马蛔虫染色体数目为几条？从哪一个角度（赤道还是两极）观察，染色体数目最清楚？

（3）后期

着丝点分裂，原来每个染色体的两条染色单体分开，形成两条子染色体，分别向两极移动（待染色体移动到两极停止移动，标志着后期结束），细胞已开始分裂，细胞的中部出现缢痕。

（4）末期

细胞分裂为二，染色体逐渐消失，核膜、核仁重新出现。

2. 观察海星早期胚胎装片

（1）受精卵

在低倍镜下观察海星受精卵装片，可见海星的受精卵是一个大而呈圆球形的细胞，细胞核已看不到，这是受精后待分裂的卵细胞，未受精的卵细胞内有一个大而清晰的细胞核和一个非常明显的核仁。

（2）卵裂

在低倍镜下观察海星卵裂装片，受精卵进行第一次分裂后，形成 2 个连在一起较小的细胞，这是 2 细胞时期。再进行一次分裂，则进入 4 细胞期。第三次分裂（横裂）后进入 8 细胞时期，这时 8 个细胞分上、下两层（图 2-6），由于细胞排列不在

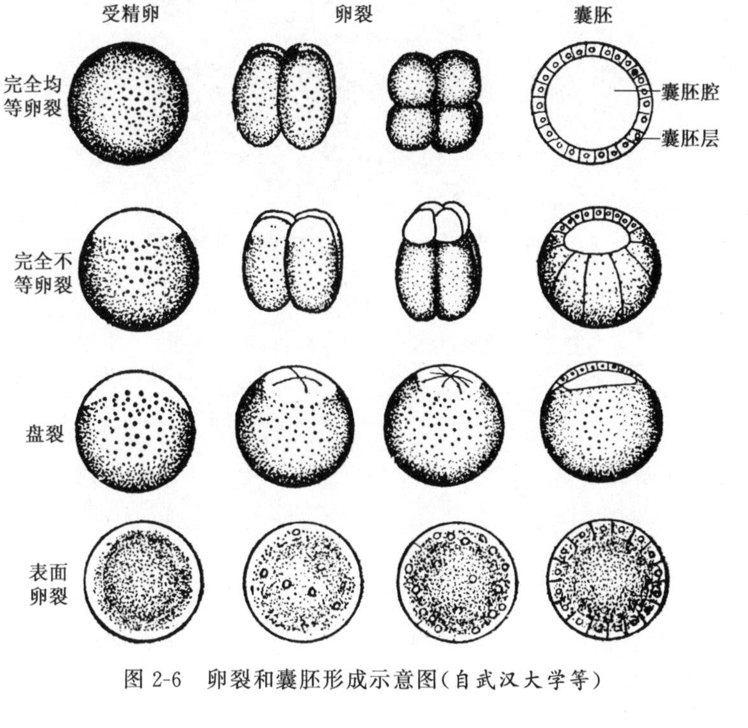

图 2-6　卵裂和囊胚形成示意图（自武汉大学等）

同一平面,因此,在显微镜下不能同时看到 8 个细胞,需转动调焦螺旋,调焦后才能看清。

细胞再进行分裂就进入 16 细胞期、32 细胞期……

(3) 囊胚期

海星的囊胚是由一层细胞构成的空心球状物,中央的空腔称囊胚腔,表面的一层细胞层称囊胚层。注意观察囊胚层细胞间的界限是否明显。

(4) 原肠胚

囊胚一端的细胞内陷,形成具有内、外两层细胞的胚,称为原肠胚(图 2-7)。其中,外面的细胞层叫外胚层,里面的细胞层称内胚层,内、外胚层之间的空腔是原来的囊胚腔,内胚层包围的空腔为原肠腔,原肠腔和外界相通的小孔称胚孔(原口)。

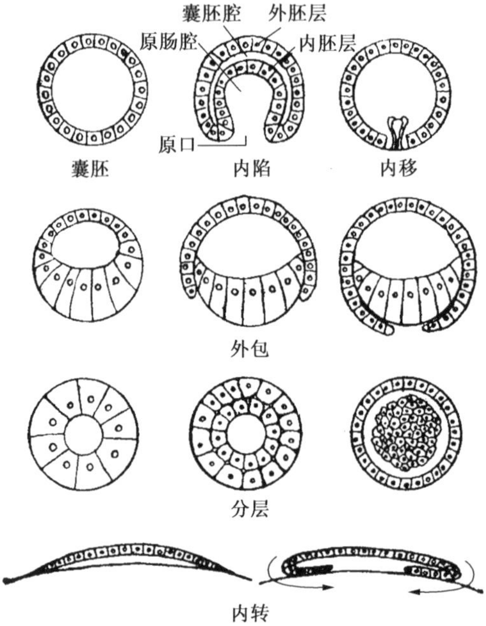

图 2-7 原肠胚形成示意图(自武汉大学等)

【作业】

绘人口腔上皮细胞放大图(绘 2～3 个细胞,详绘其中一个细胞)。

【思考题】

1) 动物四大基本组织的结构特点及主要机能是什么?

2) 动物细胞的基本结构及其机能? 动物细胞有丝分裂各期有何特点?

3) 多细胞动物早期胚胎发育的主要阶段有哪些?

【注意事项】

观察人口腔上皮细胞时，要注意以下几点：

1）取材的部位要正确，应在口颊内面取材，取材时要轻轻刮取，不要用力过猛，以免损伤颊部。

2）加盖玻片时，要先使盖片一边接触生理盐水，然后慢慢放下，如此可避免气泡的产生。

3）用显微镜观察时，应先用低倍镜寻找，选定完好细胞后，应使之处于视野正中，然后转高倍镜观察。

4）凡遇到透明度较大的标本，需将光线适当调暗，以增加反差。

5）次甲基蓝为活体染色剂，染色时染液不可加得过多，以免染色过深，反差减少，妨碍观察。

6）制作临时水装片时，盖玻片的上表面一定不要有水滴或染液，否则，要用吸水纸小心擦去或重做后再观察，以免液体浸入高倍镜镜头从而损坏镜头。观察临时水装片时，显微镜的镜臂不能过于倾斜，以防载玻片与盖玻片间的液体溢出。

实验 3　草履虫及其他原生动物

【实验目的】

1）通过观察草履虫及其他原生动物，了解原生动物门的主要特征及各纲的主要区别。

2）认识一些习见的原生动物。

【实验材料】

1）纤毛纲：生活的大草履虫、草履虫的染色装片、草履虫分裂生殖与接合生殖的染色装片。

2）鞭毛纲：生活的眼虫及眼虫的染色装片。

3）肉足纲：生活的变形虫及变形虫的染色装片。

4）孢子纲：间日疟原虫染色装片（即间日疟患者的血液染色涂片）。

5）药品和染料：5％冰醋酸、墨汁。

【实验用具】

显微镜、载玻片、盖玻片、吸管、吸水纸、脱脂棉等。

【实验操作及观察】

(一) 生活大草履虫(*Paramecium caudatum*)的观察

制作临时水装片,观察草履虫的外形及内部结构。由于草履虫运动迅速,难以观察,可用下列方法限制和减缓草履虫的运动。

方法一:在载玻片上放一薄层(越薄越好)棉花纤维,滴 1~2 滴草履虫培养液,盖好盖片,在低倍镜下观察。如果草履虫仍然游动很快,可再用吸水纸自盖玻片一侧吸去一些水分(注意不要吸干),直至容易观察为止。

方法二:将少量蛋清固定剂(将蛋清搅拌均匀,加等量甘油混合即成)涂在载玻片上,然后滴一滴草履虫培养液,待水略干后,即可观察。

1. 外形

如一倒置的草鞋,前端钝圆,向后稍宽,末端稍尖。

2. 运动方式

草履虫的运动为旋转前进(结合其身体结构,想想为什么?)。仔细观察草履虫的运动[当前进中遇到障碍物(如棉纤维)时有何反应? 当其越过障碍物时,体形有何变化?]。

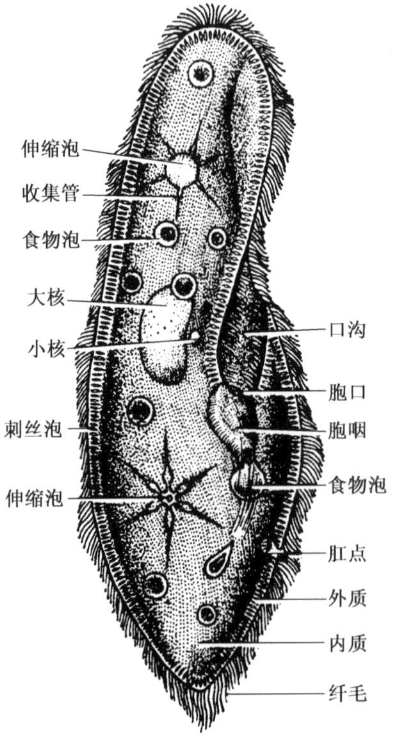

图 3-1 大草履虫(自武汉大学等)

3. 内部构造

选择一个比较清晰而又不太活动的草履虫,转高倍镜下,观察其内部结构,包括以下几部分(图 3-1):

(1) 表膜

为虫体最外面的一层薄膜,富有弹性,使虫体维持固定的形状。当遇到障碍物时,表膜可变形。

(2) 纤毛

细小,密生于体表的表膜上,并不停地摆动。将光线调弱,观察虫体哪些部位纤毛较长(与其运动方式有何联系?)。

(3) 细胞质

分外质和内质两部分:

1) 外质:位于表膜之下,薄而透明,无颗粒。

2) 内质:在外质之内,富颗粒,能流动。

(4) 刺丝泡

位于表膜下的外质中,呈长椭圆形的囊

状小体，与表膜垂直排列，排列整齐(作用何在?)。

(5) 口沟

虫体一侧自前端斜向后行至体中部的一条凹沟，当虫体旋转前进时很容易看到，仔细观察口沟内的纤毛长度及其摆动(有何特点?)。

(6) 胞口

口沟末端的小孔，下连胞咽，为食物的进口处。

(7) 胞咽

胞口之下漏斗形的短管，伸入内质之中，较透明，管内有纤毛不停地快速摆动，具运输食物的功能。

(8) 食物泡

由于口沟和胞咽处纤毛摆动，引起水流由口沟经胞口入胞咽，水流中的食物(如细菌或其他小生物及有机物等)于胞咽末端形成小泡，小泡逐渐胀大落入细胞质内即为食物泡。仔细观察内质里有许多大小不等、圆球形的食物泡。

(9) 伸缩泡

2个，位于虫体背面内质与外质之间，前后各一，呈透明圆泡状，可伸缩。当伸缩泡缩时，可见周围有6～7条放射状排列的长锥形透明小管，此为收集管(注意前、后伸缩泡之间以及伸缩泡与收集管之间的伸缩有何规律性? 它们有何功能?)。

(10) 细胞核

2个，位于内质中央，生活的草履虫核不易见到，可结合生理实验及草履虫的染色装片观察。

(11) 胞肛

在虫体后端，口沟后方，平常不易看见，只有在排出食物残渣(排遗)时才能看到。

(二) 生理实验

1. 草履虫对化学刺激的反应

当草履虫遇到刺激时，刺丝泡射出其内容物，遇水成为刺丝。在盖玻片的一侧滴一滴5%的冰醋酸，另一边用吸水纸吸水，然后置显微镜下观察，可见草履虫的体表周围有细长的刺丝放出。同时在虫体中部可观察到被染成黄白色的细胞核，其中呈肾形的结构为大核，在大核中部凹窝处圆点状物为其小核(大、小核的作用如何?)。

2. 食物泡的形成

另取一张干净的载玻片，滴加一滴草履虫培养液，盖好盖片，从盖片一侧滴一滴墨汁，另一边用吸水纸吸水，耐心观察食物泡的形成过程和在体内的环流情况。

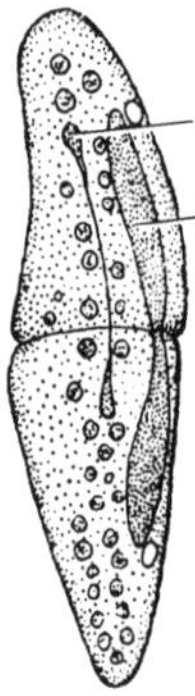

图 3-2 草履虫的横分裂（自黄正一等）

（三）示范标本

1. 草履虫的染色装片

注意观察大核、小核的形状、位置和大小比例。

2. 草履虫的分裂生殖

草履虫的无性生殖为横二分裂（图 3-2）。注意观察分裂期大、小核的变化。

3. 草履虫的接合生殖

草履虫的有性生殖为接合生殖（注意观察两虫体在何处接合？想一想接合后大、小核的变化，分析为什么这种生殖方式属于有性生殖?）。

4. 纤毛纲常见种类(图 3-3)

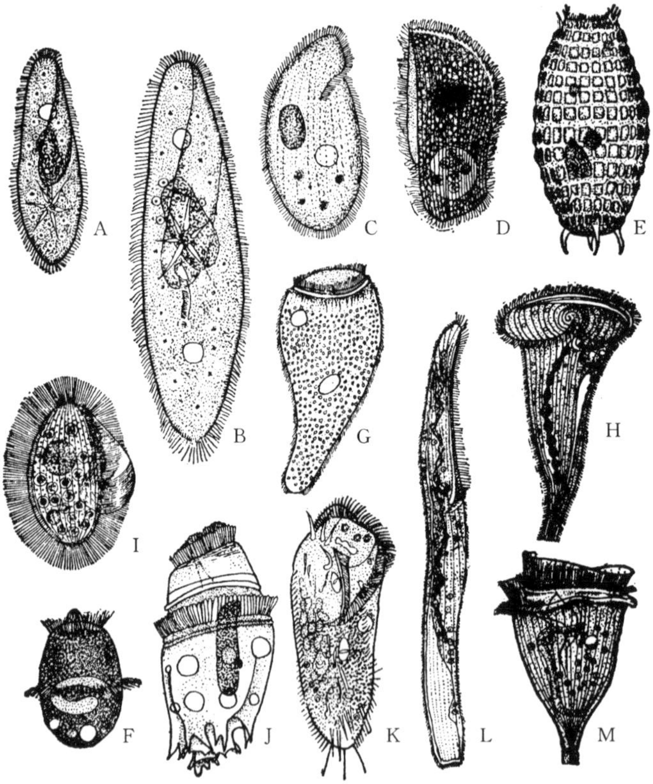

图 3-3 纤毛纲的代表（自江静波等）

A. 双小核草履虫；B. 多小核草履虫；C. 肾形虫；D. 卷柏形弓形虫；E. 榴弹虫；F. 栉毛虫；G、H. 喇叭虫；I. 口帆虫；J. 头毛虫；K. 尾棘虫；L. 旋口虫；M. 钟虫

5. 眼虫(*Euglena*)

见图 3-4。

体微小，呈梭形，前端钝圆，后端尖。观察活体时，可见细胞内有许多绿色椭圆形的叶绿体，使虫体呈绿色（叶绿体的形状、大小、数量及其结构为眼虫属、种的分类特征）。在虫体的前端有一个略呈椭圆形、无色透明的部分，称储蓄泡，在储蓄泡的一侧，紧贴着储蓄泡有一个红色的眼点，非常显著（其作用是什么？它对眼虫的生活有何意义？）。在虫体的中部稍后有一个大而圆的核，生活时是透明的，将光线适当调暗些，可见虫体前端有一根鞭毛不停地摆动（它的作用何在？）。观察眼虫的运动特点（螺旋状的摇摆前进与眼虫式运动——蠕动）。在视野内有时可见到圆形不动的个体，分泌一种胶质将自身包围起来形成包囊，刚形成的包囊可见有眼点，以后逐渐变为黄色，眼点消失（包囊的形成有何意义？）。

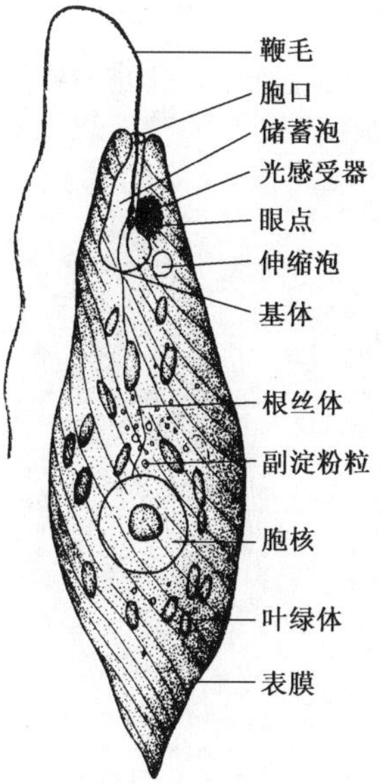

图 3-4　眼虫（自刘凌云等）

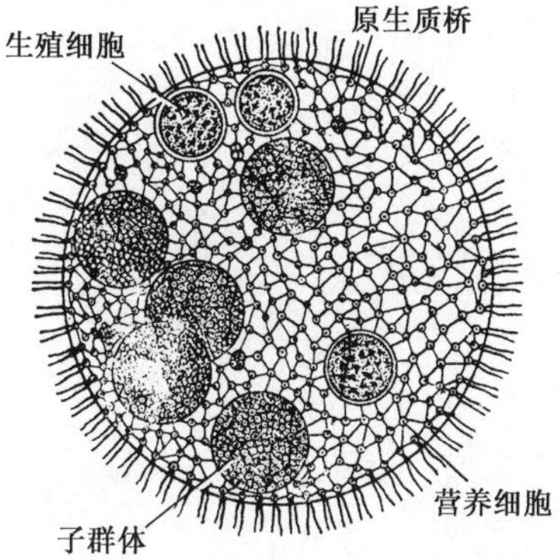

图 3-5　团藻（自江静波等）

6. 团藻(*Volvox*)

见图3-5，注意其群体的形状及细胞的排列，群体内可见子群体。

7. 鞭毛纲常见种类

见图3-6。

8. 变形虫

见图3-7。由于生活的变形虫虫体透明，因此观察时光线要调暗些，并且要不断地移动玻片，以保持变形虫在视野里。

一般变形虫虫体较小，结构简单，体表为一层极薄的质膜，其内为细胞质，变形虫的细胞质明显分为两部分：在质膜之下为一层无颗粒，均质透明的外质；外质之

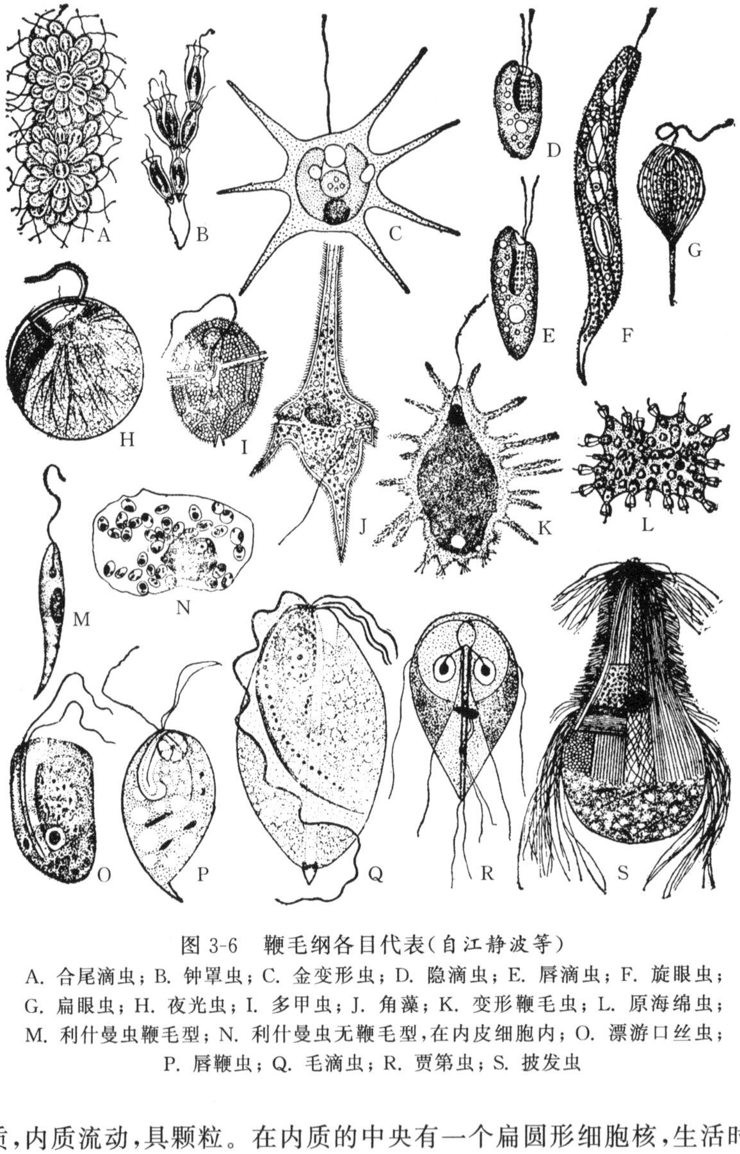

图 3-6 鞭毛纲各目代表(自江静波等)
A. 合尾滴虫；B. 钟罩虫；C. 金变形虫；D. 隐滴虫；E. 唇滴虫；F. 旋眼虫；G. 扁眼虫；H. 夜光虫；I. 多甲虫；J. 角藻；K. 变形鞭毛虫；L. 原海绵虫；M. 利什曼虫鞭毛型；N. 利什曼虫无鞭毛型,在内皮细胞内；O. 漂游口丝虫；P. 唇鞭虫；Q. 毛滴虫；R. 贾第虫；S. 披发虫

内为内质,内质流动,具颗粒。在内质的中央有一个扁圆形细胞核,生活时,一般不易见,可借助染色装片观察。在内质中还可以看到一些大小不同的食物泡及处在不同消化程度的食物颗粒等。伸缩泡一个,在内质中,呈清晰透明、圆形的泡状结构,时隐时现(伸缩泡的功能何在?)。

生活的变形虫体形不断地改变,在其运动时,体表任何部位都可形成临时性的细胞质突起,称为伪足,它是变形虫的临时运动器。伪足形成时,外质向外凸出呈指状或叶状,内质流入其中。详细观察体内细胞质的流动与伪足的形成过程。

观察中如果发现变形虫正在摄食,仔细观察其摄食和食物泡的形成过程,理解伪足在变形虫运动和摄食中的作用。

9. 肉足纲常见种类

见图 3-8。

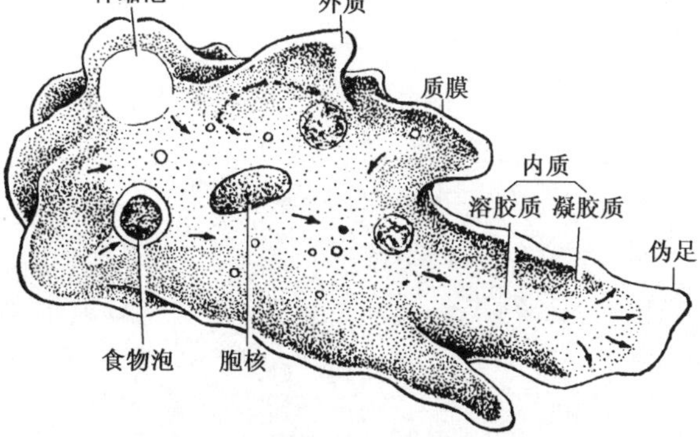

图 3-7　大变形虫(自武汉大学等)

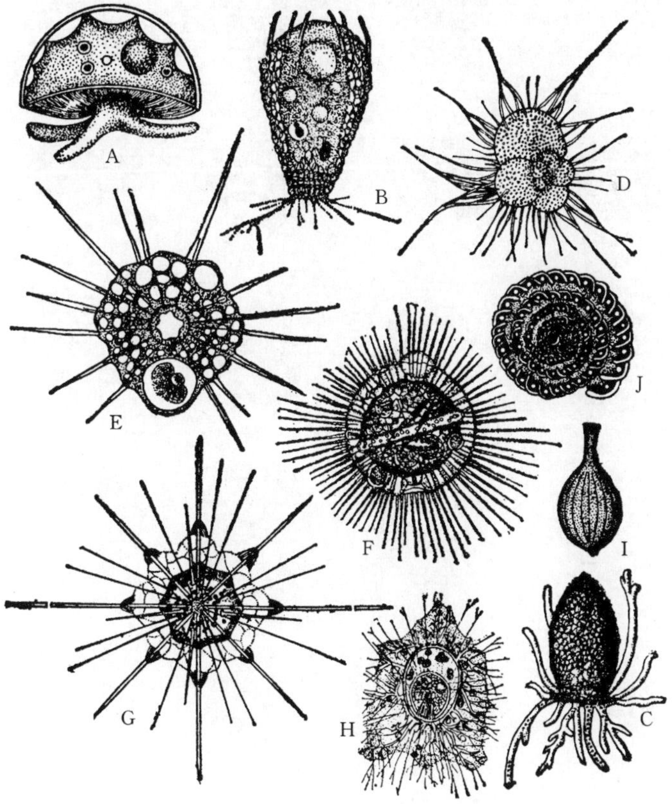

图 3-8　肉足纲各目代表(自江静波等)

A. 表壳虫；B. 鳞壳虫；C. 沙壳虫；D. 球房虫；E. 太阳虫；F. 辐球虫；G. 等棘骨虫；H. 环骨虫；I. 瓶孔虫；J. 纺锤虫

10. 间日疟原虫(*Plasmodium vivax*)

观察油镜下的间日疟病人血液染色涂片(图 3-9)。涂片中红色、两面向中间凹陷成圆饼状的为红细胞,红细胞内各期疟原虫的细胞质被染成蓝色,细胞核被染成红色。仔细观察下列各期:

(1) 滋养体

裂殖子进入细胞后,首先发育成指环体。指环体个体很小,中间有一个大空泡,核偏在一边,周围有细胞质,很像戒指,故称为环状滋养体,然后再逐渐发育成形状不规则、较大的阿米巴状的滋养体,即大滋养体。

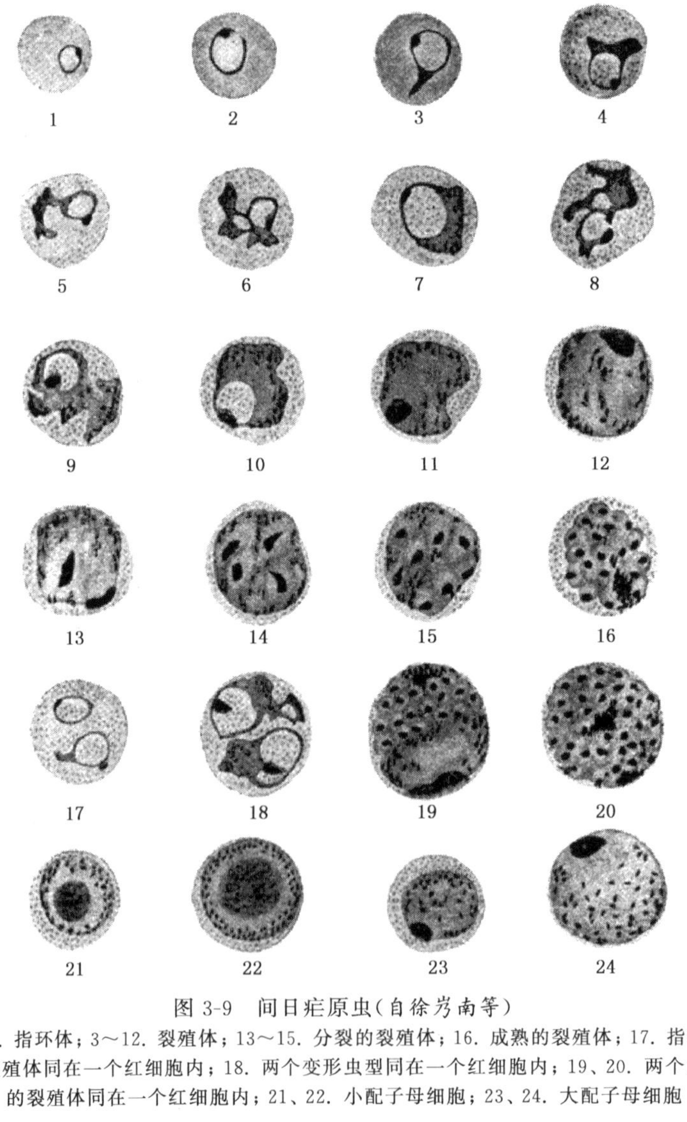

图 3-9 间日疟原虫(自徐芳南等)

1、2. 指环体;3~12. 裂殖体;13~15. 分裂的裂殖体;16. 成熟的裂殖体;17. 指环体和裂殖体同在一个红细胞内;18. 两个变形虫型同在一个红细胞内;19、20. 两个成熟的裂殖体同在一个红细胞内;21、22. 小配子母细胞;23、24. 大配子母细胞

(2) 裂殖体

滋养体进一步发育，细胞核首先分裂成许多个，而细胞质尚未分裂，此期的疟原虫几乎充满整个红细胞。

(3) 裂殖子

裂殖体的细胞质分裂，包围在每个核的周围，形成卵圆形的小个体称为裂殖子。

(4) 大配子母细胞

充满红细胞，细胞核偏在虫体的一侧，核质较致密，疟色素也较粗大。

(5) 小配子母细胞

与大配子母细胞的不同点是：细胞核疏松，位于中部，色素颗粒比较细小。

【作业】

1) 绘草履虫的放大详图，表示出各种结构。

2) 绘眼虫和变形虫的放大图，表示出所见到的各种结构(选作)。

【思考题】

1) 原生动物门的主要特征及各纲的主要区别。

2) 试述疟原虫的生活史并附在红细胞内发育各期的简图。

实验4　水螅及其他腔肠动物

【实验目的】

1) 通过观察水螅的形态结构，了解腔肠动物门的基本特征。

2) 通过观察其他腔肠动物，了解腔肠动物门各纲的区别特征，并认识一些常见的淡水及海水生活的腔肠动物。

【实验材料】

1) 水螅纲：生活的水螅、水螅的整体装片、水螅的纵切片及横切片、水螅带精巢和卵巢装片、水螅过精巢和卵巢的横切片、水螅的神经网装片、桃花水母、钩手水母、薮枝螅浸制标本、薮枝螅装片。

2) 钵水母纲：海月水母及海蜇浸制标本。

3) 珊瑚纲：海葵浸制标本和珊瑚。

4) 药品：2％冰醋酸或0.1％次甲基蓝。

【实验用具】

显微镜、放大镜、载玻片、盖玻片、培养皿、解剖针、吸管等。

【实验操作及观察】

(一) 观察水螅

1. 生活的水螅(*Hydra*)

(1) 观察水螅的外形

用吸管吸出玻璃缸中培养的水螅,放在盛有清水的培养皿里,待水螅完全伸展后,用放大镜观察以下内容(可结合水螅的整体装片同时观察):

1) 水螅的体型及对称形式。

2) 口、垂唇以及基盘的位置。

3) 触手的数目和排列形式。

4) 芽体的形态和着生部位。

(2) 观察水螅的取食及对刺激的反应

1) 对刺激的反应:用解剖针轻轻触动水螅的一条触手,观察它的反应。再稍用力触动一下,观察反应(怎样从构造上去理解这两种不同的反应现象?)。

2) 取食:往培养皿内放入一些生活的水蚤或剑水蚤,喂食饥饿的水螅(实验前二日停止喂食),仔细观察水螅如何取食。

(3) 观察水螅的刺细胞

刺细胞是腔肠动物所特有的细胞,它遍布于体表,触手上特别多(想一想,为什么?),用吸管吸一水螅,带水滴在载玻片上,盖上盖玻片,在显微镜下观察,可见刺细胞,有以下几种(图 4-1):

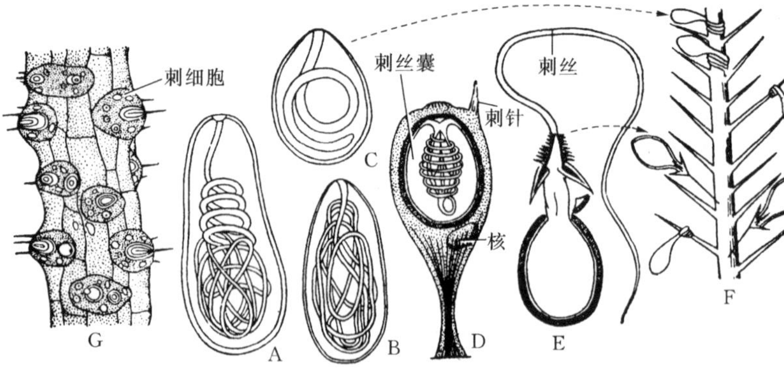

图 4-1 水螅的刺细胞和刺丝囊(自江静波等)

A、B. 黏性刺丝囊;C. 卷缠刺丝囊;D. 刺细胞(内含有穿刺刺丝囊);E. 穿刺刺丝囊的刺丝向外翻出;F. 翻出的卷缠刺丝囊在甲壳动物的刺毛上;G. 触手的一段,示其上的刺细胞

1）穿刺胞：最大，细胞略呈圆形或梨形，在细胞的顶端有一小刺，称刺针。细胞内有一刺丝囊和刺丝，刺丝的基部有几个突起的短刺，此种刺细胞在穿刺时能放出毒液。

2）卷刺胞：细胞呈梨形，刺丝粗短，在刺丝囊内只盘旋一圈。刺丝放出时，只有缠绕作用，不注射毒液。

3）粘刺胞：细胞椭圆形，刺丝细长，螺旋状地盘绕在刺丝囊内，刺丝上一般有很多小刺，刺丝放出时能分泌黏液，起捕捉和麻醉食物的作用。

在盖玻片的一侧加一滴2%的冰醋酸（或次甲基蓝），观察在酸刺激下刺细胞放出刺丝的情况。

2. 水螅的切片

（1）横切片

在低倍镜下观察水螅的横切片（图4-2），要求认出组成体壁的外胚层、中胶层和内胚层以及消化循环腔。

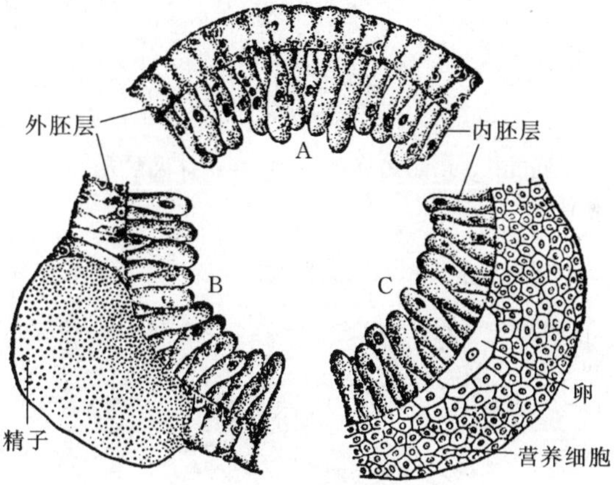

图4-2 水螅过生殖腺横切面（自江静波等）
A. 普通体壁；B. 精巢处切面；C. 卵巢处切面

（2）纵切片

在低倍镜下观察水螅的纵切片（图4-3），区别出水螅的口端和基盘，触手和消化循环腔。结合横切片的观察，辨认出组成体壁的外胚层、中胶层和内胚层。然后仔细观察纵切的触手，注意其结构与体壁是否相同，触手是否有腔，它与消化循环腔的关系怎样。若有芽体，注意观察芽体的着生部位及与母体的关系。

将体壁较清晰的部分移至视野中央，转高倍镜观察。

1）外胚层：位于体壁的最外层，细胞较小，排列整齐，可见下列几种细胞（图4-4）：

A. 外皮肌细胞：为外胚层中排列整齐、体积较大且数量最多的细胞，呈柱状，细胞核在细胞的中央。

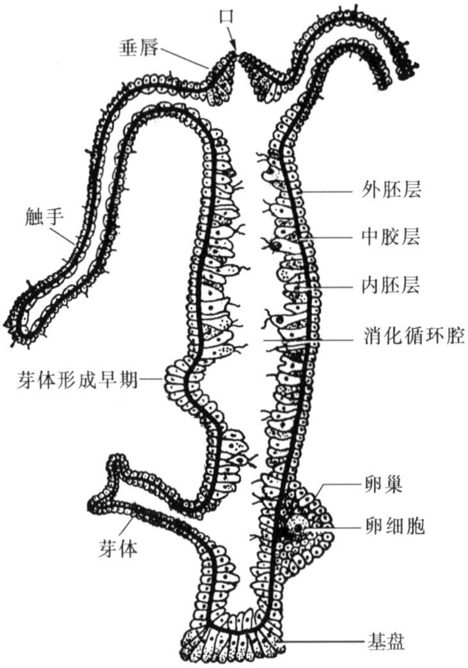

图 4-3　水螅的纵剖面图(自武汉大学等)

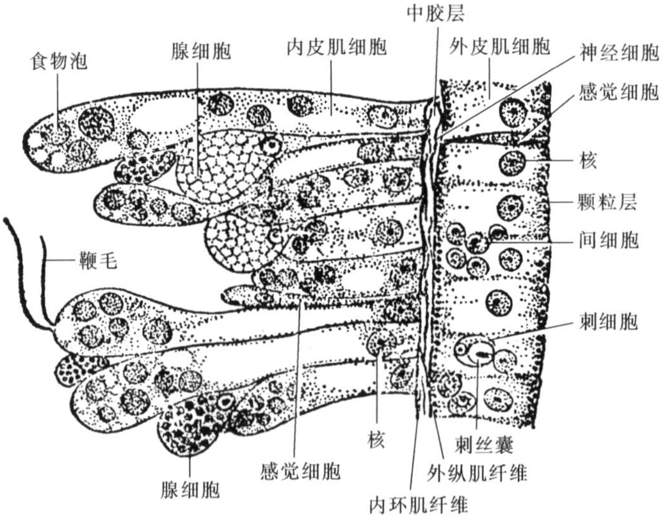

图 4-4　水螅体壁纵切放大图(自江静波等)

B. 间细胞：位于外皮肌细胞之间，靠近中胶层，较小(大小与皮肌细胞的核略等)，近圆形，常三五成群堆在一起，是一种未分化的胚胎性细胞，可分化成刺细胞和生殖细胞等。

C. 刺细胞：椭圆形，细胞中央有一个着色较深的圆形或椭圆形的刺丝囊（有些细胞刺丝囊着色较淡，略呈透明状），细胞核位于刺丝囊基部的细胞质中。

D. 腺细胞：以基盘和口周围最多，细胞呈长柱状，细胞核清晰，细胞质中有许多染色均匀的小颗粒（腺细胞的功能是什么?）。

2）内胚层：位于体壁最内层，细胞较大，排列不整齐，可见以下几种细胞（图4-4）：

A. 内皮肌细胞：细胞大而数量多，呈囊状，细胞核大而清晰，细胞质内含有许多染色较深的圆形食物泡，细胞游离端具鞭毛但不易看到（内皮肌细胞的功能是什么?）。

B. 腺细胞：比皮肌细胞略小，游离缘含有细小的深色颗粒（其功能与外胚层中的腺细胞有何不同?）。

C. 间细胞：它的形状和位置与外胚层中的间细胞相似。

3）中胶层：在内外胚层之间，为一薄层非细胞结构的胶状物质，由内、外胚层细胞分泌，在体壁和触手都是连续的，起支持作用。

（二）示范标本

1. 水螅带精巢和卵巢装片

水螅一般为雌雄异体，注意观察精巢和卵巢的形状与着生部位，看看它们有何不同（精巢：呈圆锥状，近口端；卵巢：呈圆球形，近基盘）。

2. 水螅过精巢和卵巢横切片

观察水螅精巢和卵巢的结构，注意其特点（根据精巢和卵巢的发生部位，想一想它们是从哪个胚层分化来的?）。

3. 水螅的神经网

水螅的神经细胞呈不规则的多角体（彼此间是如何联系的?）。

4. 薮枝螅(*Obelia*)

观察薮枝螅的浸制标本，为一树枝状的水螅型群体（图 4-5），生活于浅海，固着生活，群体基部营固着生活的部分为螅根，直立的茎为螅茎，茎上有许多分枝。结合薮枝螅的染色装片，可见整个群体外面由围鞘包围，螅茎上分出二种个体——水螅体与生殖体。水螅体垂唇显著，具有一圈实心的触手，螅体外被水螅鞘；生殖体无口及触手，外有生殖鞘，内为一中空的柱状子茎，其上有许多水母芽。观察水螅体和生殖体彼此如何连接，生殖体以什么方式产生水母芽。

5. 桃花水母(*Craspedacusta*)

桃花水母为淡水水母，有典型的水螅水母结构（图 4-6）。体呈半球形，垂管长，辐管 4 条，生殖腺 4 个，着生于辐管下方，触手分级（按其长短可分 3～7 级），缘膜明显。

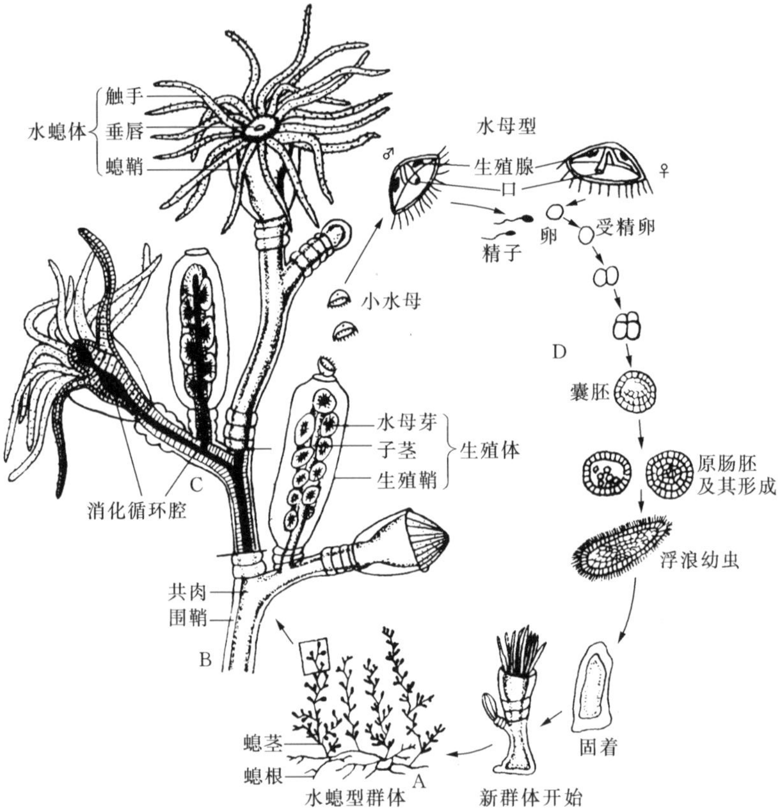

图 4-5　薮枝螅及其生活史(自刘凌云等)

A. 群体；B. 群体部分放大；C. 部分剖面观；D. 生活史

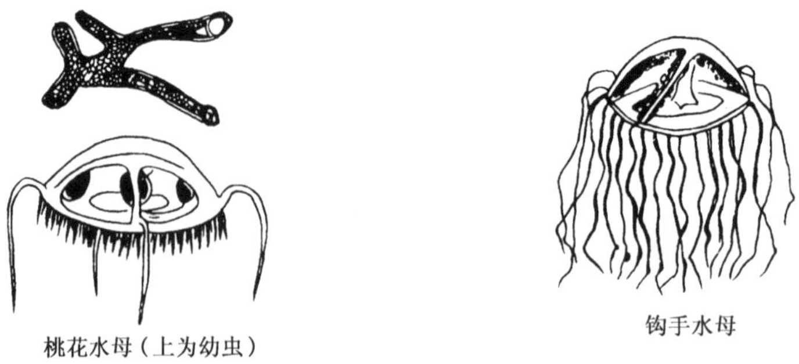

图 4-6　桃花水母和钩手水母(自刘凌云等)

6. 钩手水母(*Gonionemus*)

钩手水母生活于海水中,有典型的水螅水母结构(图 4-6)。体呈半球形,垂管长，辐管4条，生殖腺4个，带状，位于辐管下，弯曲成3～5个囊状褶，触手不分级，缘膜明显。

7. 海月水母(*Aurelia aurita*)

在海水中营漂浮生活，体为白色透明的盘状，为大型钵水母(图4-7)。伞体的边缘有许多短而细的丝状触手和8个缺刻(感觉器官位于何处?)。口四角形，口腕大，4条，生殖腺4个，马蹄形，分别位于4个胃囊的底部。消化循环腔复杂(与水螅水母有何不同? 根据生殖腺的位置，想一想生殖腺来自哪个胚层?)。海月水母的生殖期为7月下旬到8月下旬，雄性生殖腺粉红色，雌性则为紫色，7～8月成群漂浮于海面。

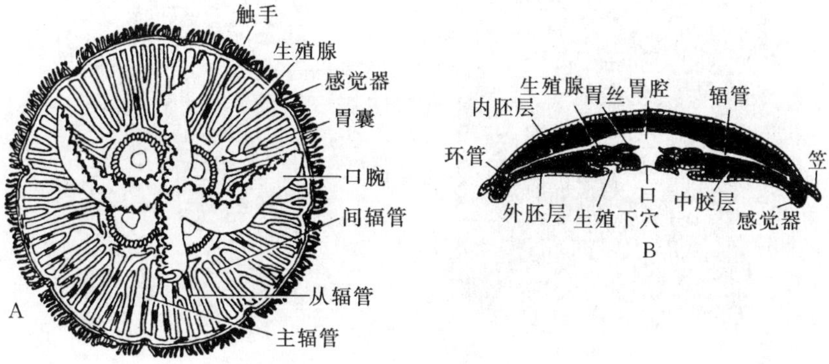

图4-7　海月水母(自刘凌云等)
A. 口面观；B. 剖面观

8. 海蜇(*Rhopilema esculentum*)

体明显分为伞部及腕部，伞部为半圆球形，伞缘无触手(图4-8)。口腕愈合，

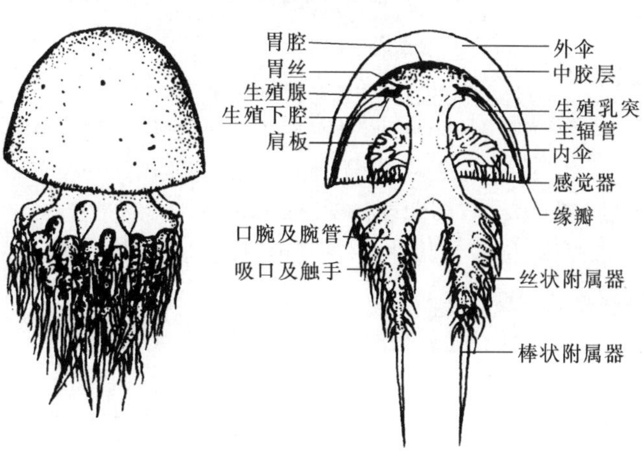

图4-8　海蜇(自刘凌云等)

真正的口已封闭，口腕上有吸口、小触手及附器，中胶层发达且硬。海蜇为大型食用水母（食用的蜇头和蜇皮为海蜇的哪一部分?）。

9. 海葵（*Sagartia*）

体呈圆柱状，单体，无骨骼。固着生活，固着的一端稍膨大称基盘，另一端有口，呈裂缝状。口周围部分为口盘，其周围有数圈锥状触手（图 4-9）。体内隔膜复杂，注意观察口道、口道沟、隔膜、隔膜丝、生殖腺等结构（根据生殖腺的着生部位，想一想其生殖腺来自哪个胚层?）。

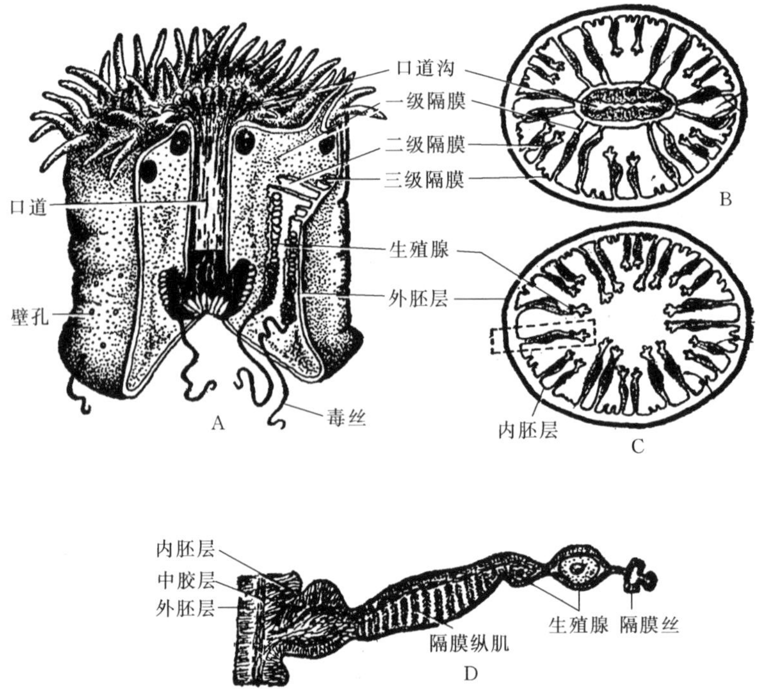

图 4-9 海葵的结构（自武汉大学等）
A. 部分体壁纵横切；B. 过口道横切；C. 过消化循环腔横切；D. 隔膜放大

10. 石芝（*Fungia*）与菊珊瑚（*Meandrina*）

为单体或群体，标本为其骨骼（图 4-10 I、J），骨骼生于螅体的基部，石灰质。

11. 红珊瑚（*Corallium*）

群体，红色的中轴骨骼呈树状（图 4-10 E），可做装饰品。

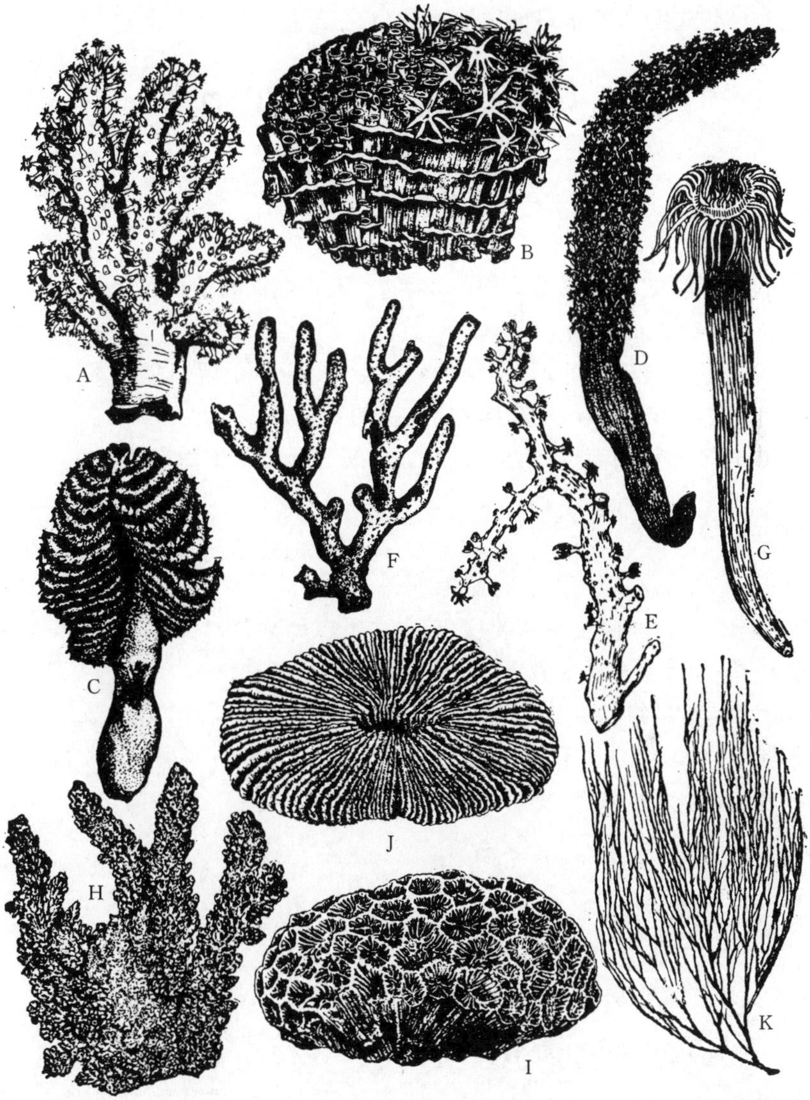

图 4-10　珊瑚纲各目代表(自江静波等)
A. 海鸡冠；B. 笙珊瑚；C. 海鳃；D. 海仙人掌；E. 红珊瑚；F. 黑珊瑚；G. 角海葵；H. 鹿角珊瑚；I. 菊珊瑚；J. 石芝；K. 角珊瑚

【作业】

绘水螅纵切面图(详绘其中的一部分体壁，示各种细胞)。

【思考题】

1）腔肠动物门的主要特征及各纲的主要区别是什么？

2）比较钵水母与水螅水母的主要不同点。

实验5　扁形动物门常见种类

【实验目的】

1）通过对华枝睾吸虫形态结构的观察，了解吸虫纲的特征及吸虫纲动物适应寄生生活引起结构上的变化。

2）通过观察猪带绦虫的形态、结构和生活史特点，了解绦虫纲的主要特征及绦虫纲动物适应高度寄生生活所引起结构上的特化。

3）认识几种习见的涡虫、吸虫及绦虫，了解其形态及生活史特点。

【实验材料】

1）涡虫纲：土蛊和平角涡虫浸制标本。

2）吸虫纲：华枝睾吸虫整体装片、日本血吸虫雌雄合抱整体装片、布氏姜片吸虫整体装片、肝片吸虫整体装片、卫氏并殖吸虫整体装片。

3）绦虫纲：猪带绦虫头节、成熟节片、孕卵节片及卵装片，猪带绦虫成虫及囊尾蚴浸制标本，牛带绦虫头节、成熟节片及孕卵节片的装片，阔节裂头绦虫头节及成熟节片的装片。

【实验用具】

显微镜、解剖镜、培养皿等。

【实验操作及观察】

（一）观察华枝睾吸虫的整体装片

华枝睾吸虫（*Clonorchis sinensis*）成虫寄生于人、犬、猫肝脏的胆管内，经口感染，取其整体染色装片，先置解剖镜下观察其外部形态，并绘出整体轮廓图，然后置显微镜下用低倍镜仔细观察。

1. 外部形态

体扁平，似葵花子，前端较窄，后端略宽。前端有一口吸盘，在体前端1/5处腹面有一腹吸盘。

2. 内部结构

见图5-1。

（1）消化系统

由口、咽、食道和肠 4 部分组成。

1) 口:位于口吸盘中央。

2) 咽:接于口下,呈球形,咽壁发达,肌肉质。

3) 食道:为咽后的短管。

4) 肠:食道后分出 2 支沿体两侧通往体后端的盲管为肠管,肠无侧支,末端不开口。

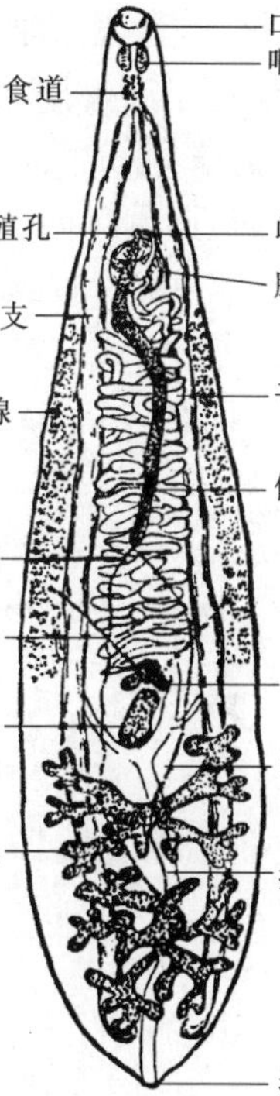

图 5-1　华枝睾吸虫(自武汉大学等)

(2) 排泄系统

由焰细胞,排泄管和排泄孔组成。

1) 排泄管:2 条,位于身体两侧,肠管之外,为略弯曲具分支的浅色管子,分支的末端有焰细胞(不易见)。

2) 排泄囊:1 个,位于体后端中央,略呈“S”形,是由两侧的排泄管在体后端汇合而形成的一个膨大的囊。

3) 排泄孔:1 个,位于身体的末端,是排泄囊向体外的开口。

(3) 生殖系统

1) 雄性生殖器官

A. 精巢:2 个,位于虫体后半部,分支状,前后排列。

B. 输精小管(输出管):2 条,是由每个精巢的中央向前伸出的一根细管。

C. 输精管:1 条,由两输精小管在虫体的中部汇合而成。

D. 储精囊:为输精管前端的膨大部分。

E. 雄性生殖孔:1 个,位于腹吸盘前,为储精囊末端的开口。

图 5-2　华枝睾吸虫雌性生殖系统放大(仿江静波等)

2) 雌性生殖器官(图 5-2)

A. 卵巢:1 个,位于精巢之前,体中线处,较小,略呈分叶状,染色深。

B. 输卵管:1 条,从卵巢伸出的短管。

C. 纳精囊:位于精巢和卵巢之间的一个长椭圆形囊。

D. 劳氏管:位于纳精囊附近,一端与输卵管相接,另一端开口于身体背面。

E. 成卵腔(卵模):由输卵管、纳精囊、劳氏管及卵黄管汇合而成,周围有梅氏腺(卵壳腺)。

F. 梅氏腺:位于成卵腔周围的单细胞腺体。

G. 子宫:成卵腔之前为子宫,其内充满虫卵。子宫弯曲迂回前行，盘绕于腹吸盘与卵巢之间，开口于腹吸盘前的雌性生殖孔。

H. 雌性生殖孔：1个，位于腹吸盘之前方，为子宫的开口，与雄性生殖孔并列。

I. 卵黄腺：位于虫体两侧、肠支外缘、腹吸盘与卵巢之间的泡状腺体。

J. 卵黄管：虫体两侧各有一条纵行的卵黄管分别与同侧的卵黄腺相连，在虫体1/2稍后处，从左右纵行的卵黄管中各发出一条横行的卵黄管，并在虫体中部汇合成一条短的总卵黄管，然后与输卵管相连接。

（二）观察猪带绦虫（*Taenia solium*）

见图5-3。

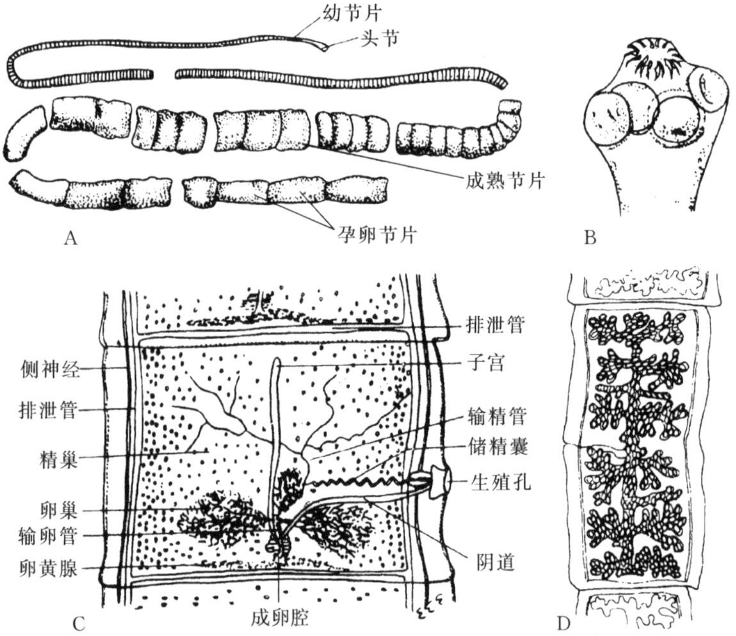

图5-3　猪带绦虫（仿刘凌云等）

A. 成虫；B. 头节；C. 成熟节片；D. 孕卵节片

1. 头节

取猪带绦虫头节装片，置显微镜下用低倍镜观察，可见其头节呈圆球形，头节上有顶突、小钩和吸盘等结构。

1）顶突：为头节顶部圆而短的突起。

2）小钩：位于顶突周围，排成内外两圈，故猪带绦虫又称有钩绦虫。

3）吸盘：4个，为大而深的杯状突起，排列于头节的周围（小钩和吸盘有什么作用?）。

2. 成熟节片

取猪带绦虫成熟节片装片（图5-3，C），置解剖镜下观察，可见每个成熟节片内消化器官完全退化消失，绝大部分都被生殖器官所占据，并且每个节片内都具有一套完整的雌雄生殖器官,因此,每个节片都是一个生殖单位。(绦虫有哪些特征适应于高度的寄生生活?)

(1) 雄性生殖器官

1) 精巢:滤泡状,数目很多,约150～200个,散布于实质中。

2) 输精管:1条,是由连接精巢的输精小管汇合而成。

3) 储精囊:输精管向节片侧缘横走,并膨大盘旋曲折成为储精囊。

4) 阴茎:长圆柱形,被包被在稍膨大的阴茎囊内,连接储精囊,开口于节片一侧的生殖腔内。

(2) 雌性生殖器官

1) 卵巢:位于节片后中部,由左右两大叶及靠近生殖腔一侧的一小副叶(此为该种特征之一)组成,染色较深。

2) 输卵管:由卵巢发出的短管,通入成卵腔。

3) 子宫:由成卵腔向上伸出的一个盲囊状的管子。顺着中线向前伸,无产卵孔,因卵堆积而使子宫向两侧扩张、分支(图5-3, D)。

4) 卵黄腺:位于节片后缘中央、卵巢后方,呈长圆形的泡状腺体。

5) 卵黄管:由卵黄腺发出,通入成卵腔。

6) 阴道:由成卵腔向侧缘伸出的一条细管。染色深,横走于输精管和储精囊的下方并与之平行,末端开口于生殖腔。

(3) 排泄管

1) 纵排泄管:位于节片两侧缘浅色的纵管,纵贯整个虫体。

2) 横排泄管:位于每一节片后缘浅色的横管,连接两条纵排泄管。

猪带绦虫的排泄器官属原肾管型,由焰细胞和许多小分支汇入身体两侧的2对纵排泄管(一对在背面,一对在腹面)组成。在每个节片的后端,2条腹排泄管间以一横排泄管相连。但在成熟节片中背排泄管消失,只能看到1对腹排泄管和连接两腹排泄管的一条横排泄管。在最末一个节片的后方,左右2条腹排泄管汇合,以一总排泄孔通出体外。若该节片脱离身体,则2条排泄管末端与外界直接相通的孔即为排泄孔,不再形成总排泄孔。

(三) 示范标本

1. 土蛊(*Bipalium*)

属涡虫纲三肠目(Tricladida),陆栖,又叫陆涡虫或笄蛭涡虫(图5-4)。生活于阴暗潮湿处,体扁而长,可长达30 cm左右。头部膨大呈扇形,边缘具眼点,体背面色暗,腹面色淡。

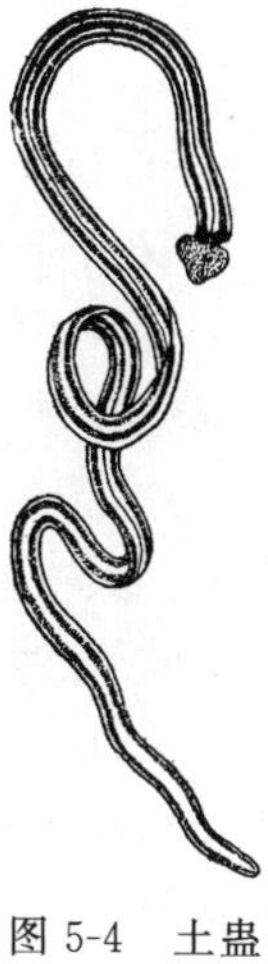

图5-4　土蛊
(自江静波等)

2. 平角涡虫(*Planocera*)

属涡虫纲多肠目(Plycladida)。生活于海水中,常见于海边石块下或海藻和草苔藓中，虫体宽大，椭圆形，淡黄色，前端背面有1对触角，背侧两边有多数单眼。口在腹面正中，肠位于体中央，向四周分出很多分支盲管。雌雄同体。

3. 日本血吸虫(*Schistosoma japonicum*)

又称日本裂体吸虫(图5-5)。成虫寄生于人体或哺乳动物的门静脉及肠系膜静脉内，雌雄异体，体呈长圆柱形。雄虫粗短，腹吸盘略大于口吸盘，突出如杯状，自腹吸盘以后，虫体两侧向腹侧内褶，形成抱雌沟，雌虫停留其中，呈合抱状态。精巢7个，呈滤泡状，前后排列，由储精囊在腹吸盘后方开口(图5-6)。雌虫细长，前端细小，后端粗圆，口吸盘与腹吸盘等大。卵巢略近中部，长卵圆形。中间宿主为钉螺。

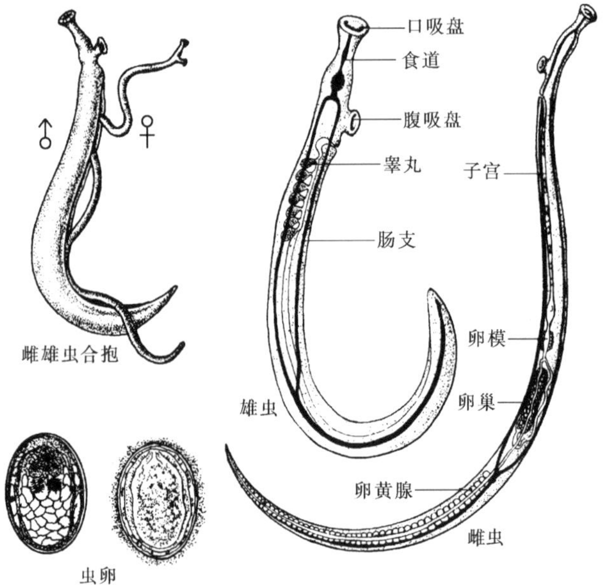

图5-5 日本血吸虫成虫及虫卵(自胡昌仁)

4. 布氏姜片吸虫(*Fasciolopsis buski*)

成虫寄生于人和猪的小肠内，是人体寄生吸虫中最大的一种(图5-7)。虫体扁平，卵圆形，雌雄同体，腹吸盘大于口吸盘，呈漏斗状。肠管分2支，每支常有4～6个波浪状弯曲，其中在前精巢之前及前后两精巢之间有二大弯曲。精巢1对，前后排列、高度分支；卵巢1个，亦分支呈鹿角状，无纳精囊，梅氏腺位于虫体的中央。其中间宿主为扁卷螺，媒介植物为红菱、荸荠等。

5. 肝片吸虫(*Fasciola hepatica Linnaens*)

又称羊肝蛭(图5-8)。成虫主要寄生于牛、羊及其他草食动物的肝胆管内。为大型吸虫，体呈叶片状，前端突出成锥形，称头锥。卵巢分支呈鹿角状，无纳精囊；精巢2个，前后排列，有极复杂的分支。肠分2支，每支的外侧分出很多侧支。中间宿主为锥实螺。

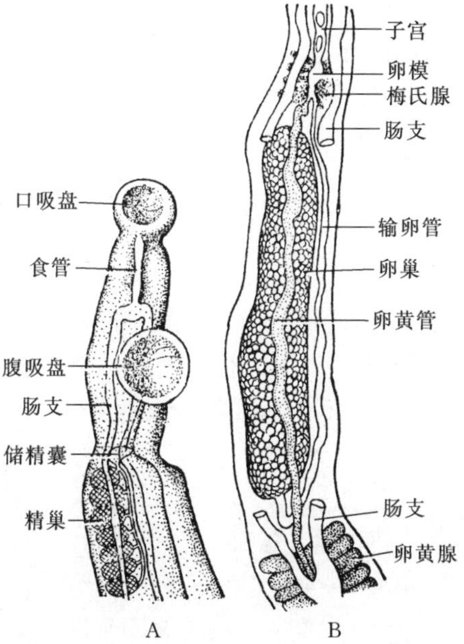

图 5-6 日本血吸虫生殖系统(自江静波等)
A. 雄虫；B. 雌虫

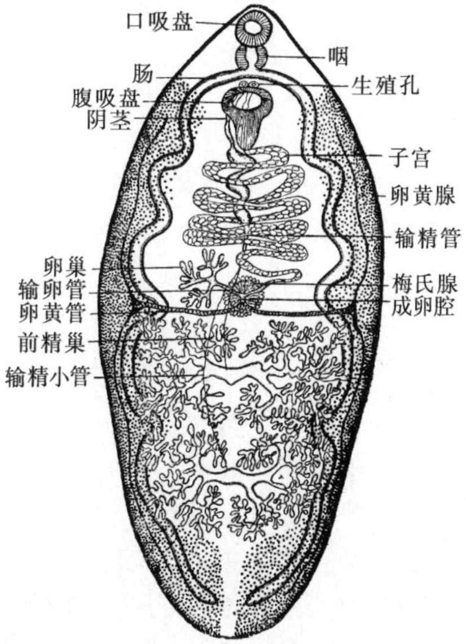

图 5-7 布氏姜片吸虫(仿徐・南等)

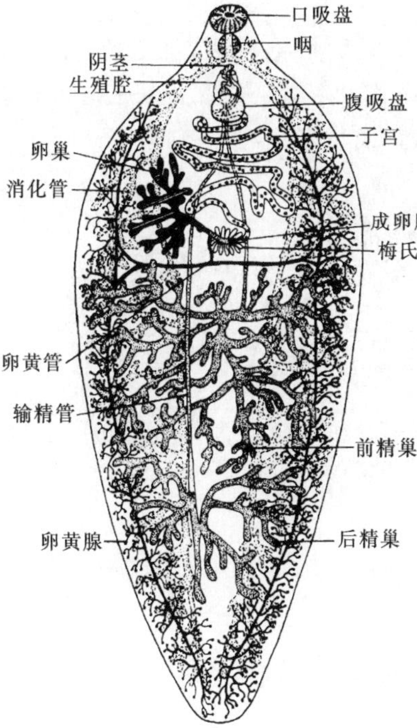

图 5-8 肝片吸虫(自刘凌云等)

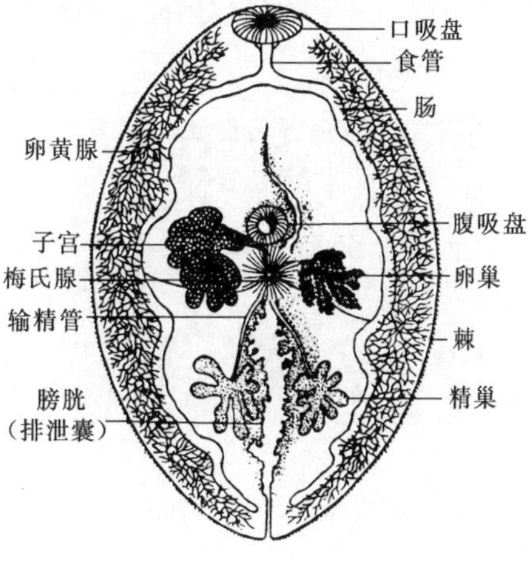

图 5-9 卫氏并殖吸虫(自徐・南等)

6. 卫氏并殖吸虫(*Paragonimus westermani*)

俗名肺吸虫(图 5-9)。成虫寄生于人、虎、猫等肺部。体较小,卵圆形,背隆腹平。肠分 2 支,每支有 3 个明显的弯曲。排泄管位于虫体正中央。精巢 2 个分支状,左右并列,位于体后 1/3 处;卵巢 1 个,分叶状(指状分支),与子宫左右并列。中间宿主为川卷螺和溪蟹、蝲蛄等。

7. 猪带绦虫(*Taenia solium*)

成虫寄生于人的小肠,呈白色扁平的带状,由 700～1000 个节片组成。虫体分头节、颈部和节片 3 个部分。头节在最前端,之后为颈部,颈部纤细不分节片,与头节无明显界限。节片分未成熟节片、成熟节片和孕卵节片 3 种。未成熟节片宽大于长,内部构造尚未发育;成熟节片近于方形,内有雌雄生殖器官;孕卵节片长方形,被分支的子宫所充满。

8. 猪带绦虫的孕卵节片

粗大,长宽之比约为 2∶1,节片内其他器官已消失,全为子宫所充满,子宫内有很多卵,由于虫卵堆积,子宫向两侧分支,每侧分 7～13 支侧支,侧支又分支。

9. 猪带绦虫的卵

球形,略呈黄褐色,卵外包有较厚的具放射状条纹的胚膜,其卵壳一般不易见,在卵排出时已脱落。成熟的虫卵内具有一个有 3 对小钩的六钩蚴。

10. 猪带绦虫的囊尾蚴

见图 5-10。常见于猪肉内,为一黄豆大小的椭圆形泡状物,乳白色,半透明,头节缩陷在囊内,经培养后,头节翻出,可见有小钩和吸盘,颈部后为一囊状的尾,故名囊尾蚴。含有囊尾蚴的猪肉俗称为“米猪肉”或“豆肉”(图 5-11)。

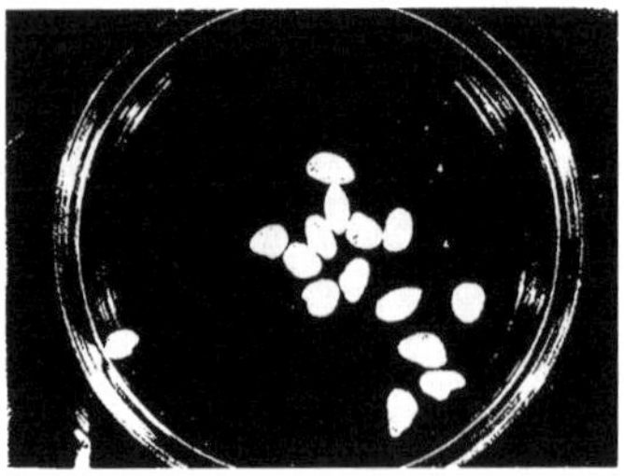

图 5-10　猪带绦虫的囊尾蚴(自胡昌仁)

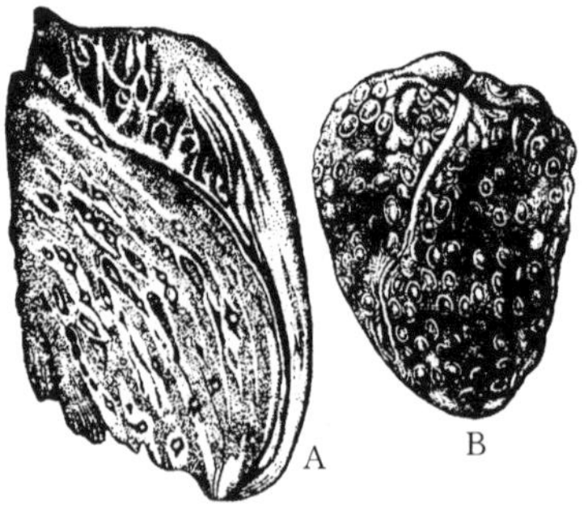

图 5-11　猪带绦虫的囊尾蚴(自徐•南等)
A. 猪肉内的猪囊尾蚴; B. 心脏上的猪囊尾蚴

11. 牛带绦虫(*Taenia saginata*)的头节、成熟节片及孕卵节片

仔细观察牛带绦虫头节、成熟节片及孕卵节片玻片标本(图 5-12),并和猪带绦虫相关内容作比较,找出其主要区别,然后把有关观察记录填入表 5-1:

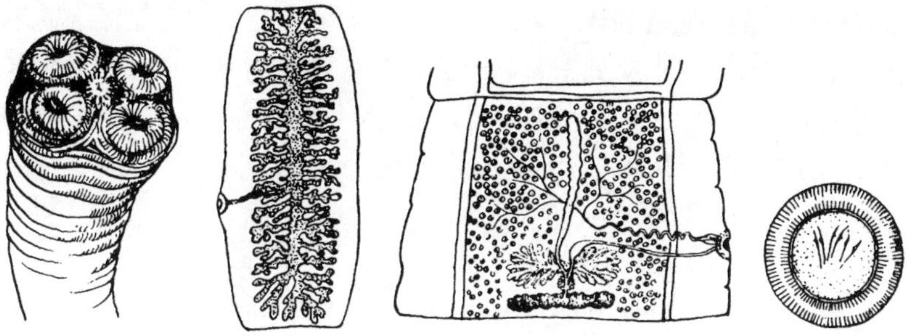

图 5-12　牛带绦虫(自胡昌仁)

表 5-1　牛带绦虫与猪带绦虫的主要区别

特　征	猪带绦虫	牛带绦虫
头节形状	球形	
顶　突	有	
小　钩	有,排成内外两圈	
卵　巢	分左右两大叶及一小副叶	
孕卵节片子宫每侧分支数	7～13支	

12. 阔节裂头绦虫(*Dibothriocephalus latus*)头节

见图5-13。长圆形,无小钩和吸盘,但在背腹两侧各有一深裂槽。

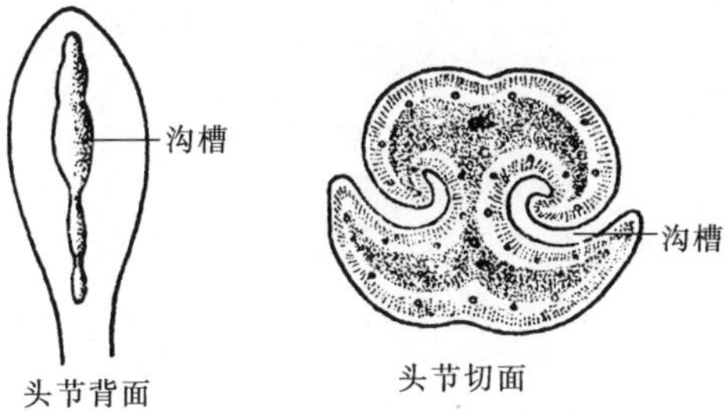

图 5-13　阔节裂头绦虫头节(自赵慰先)

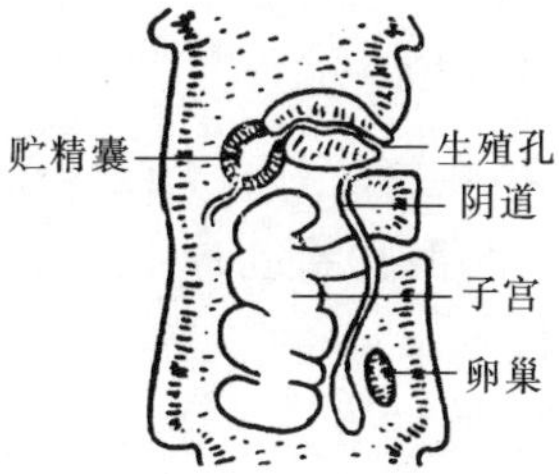

图 5-14　阔节裂头绦虫成节切面(自赵慰先)

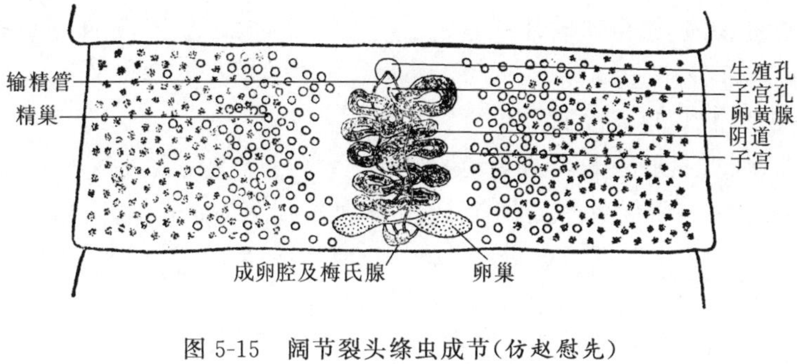

图 5-15　阔节裂头绦虫成节(仿赵慰先)

13. 阔节裂头绦虫成熟节片

见图5-14，5-15。节片宽大于长，生殖孔位于节片腹面正中，子宫盘曲成玫瑰花状，末端开口称子宫孔，位于生殖孔的后方。阔节裂头绦虫寄生于人、狗、猫等肠内，中间宿主为剑水蚤和淡水鱼，由淡水鱼感染给人。

【作业】

1）绘华枝睾吸虫整体图，并注明其构造。

2）绘猪带绦虫成熟节片图，并注明其构造（选做）。

3）绘猪带绦虫头节和孕卵节片图，并注明其构造（选做）。

【思考题】

1）扁形动物比腔肠动物的进步性特征表现在哪些方面？

2）吸虫适应于寄生生活的主要特征表现在哪些方面？

3）两侧对称体制的出现和中胚层的产生在动物演化上有何意义？

4）比较涡虫纲、吸虫纲和绦虫纲的主要区别特征。

5）绦虫因长期适应高度的寄生生活，在结构上发生了哪些特化？

实验6　常见原腔动物和环节动物

【实验目的】

1）认识几种重要的人体寄生线虫，了解线虫动物门的主要特征。

2)通过观察环节动物门其他各纲的代表动物及常见种类，了解环节动物门各纲的主要区别特征。

3）认识几种常见的原腔动物。

【实验材料】

1）线虫动物门：蛔虫卵玻片标本、人蛲虫、十二指肠钩虫、美洲板口钩虫及班氏微丝蚴玻片标本。

2）棘头动物门：猪巨吻棘头虫浸制标本。

3）轮虫动物门：轮虫装片或生活的轮虫。

4）环节动物门：燐沙蚕、软背燐沙蚕、沙蠋、沙蚕疣足装片、日本医蛭、光润金线蛭。

【实验用具】

显微镜、解剖镜、放大镜。

【实验操作及观察】

(一) 线虫动物门

1. 蛔虫卵

分受精卵与未受精卵两种。

受精卵:呈椭圆形,卵外具一层厚而透明的卵壳,壳面有一层黄褐色、凹凸不平的蛋白质膜(有时脱落),壳内有一个圆形的卵细胞,细胞两端与卵壳之间各有一新月形空隙。

未受精卵:形状不甚规则,比受精卵狭长,卵壳与蛋白膜较薄,内含呈油滴状的卵黄颗粒。

2. 人蛲虫(*Enterobius vermicularis*)

见图 6-1。成虫寄生于人的盲肠、结肠、直肠等部位。虫体细小如线头,前端两侧的角质膜膨大形成翼膜,食道末端呈球形。雌雄异体,雌虫较长,后端长而尖细;雄虫较雌虫显著为小,后端向腹侧卷曲。

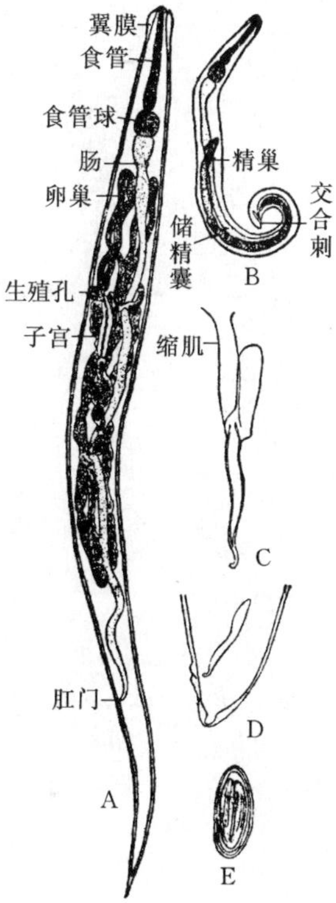

图 6-1　蛲虫(仿徐・南等)
A. 雌虫; B. 雄虫; C. 交合刺; D. 雄虫尾部侧面; E. 虫卵

3. 十二指肠钩虫(*Ancylostoma duodenale*)与美洲板口钩虫(*Necator americanus*)

见图 6-2。两种钩虫成虫均寄生于人体小肠内,虫体细小,长约 1 cm,口囊发达,内有钩齿或齿板。雌雄异体,雌虫较雄虫略为粗长,尾端尖细;雄虫尾端角质膜扩张、膨大形成交合伞。两种钩虫形态相似,主要区别如下:

表 6-1　十二指肠钩虫与美洲板口钩虫的主要区别

特　征	十二指肠钩虫	美洲板口钩虫
形态	呈“C”形	呈“S”形
口囊	腹侧有钩齿 2 对	腹侧有半月形齿板 1 对
交合伞形状	撑开时略呈扁圆形	撑开时略呈扇形
交合伞辐肋特点	背辐肋在远端分 2 支,每支又分 3 小支	背辐肋较短小,在基部即分 2 支,每支又分 2 小支

4. 班氏微丝蚴

见图 6-3。为班氏丝虫(*Wuchereria bancrofti*)的幼虫,主要寄生在人的血液内。体微小,呈长圆筒形,头端钝圆,尾端狭细,虫体外具一鞘膜,体内充满圆形或椭圆形的细胞核(体核),无尾核。体核大小一致,排列较疏松整齐。

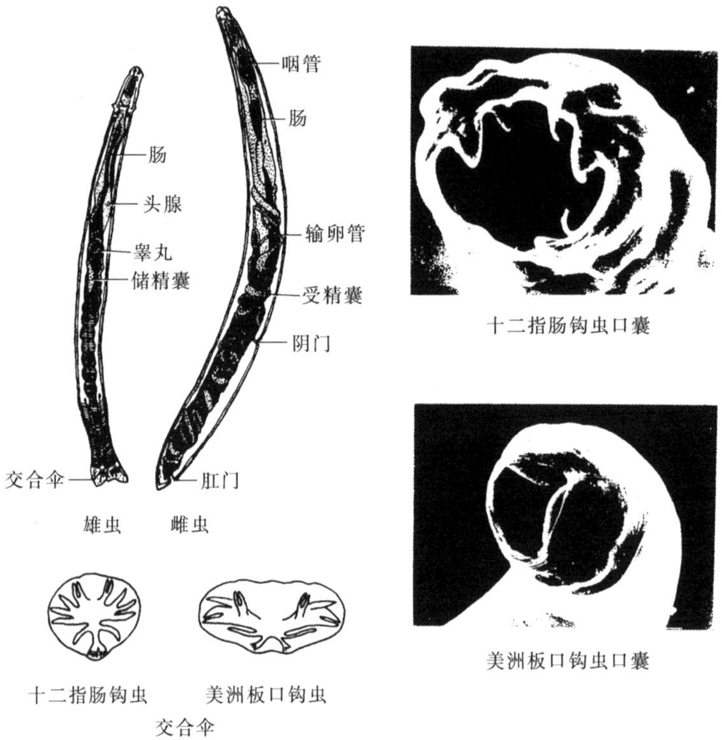

图 6-2 钩虫成虫、口囊及交合伞(自胡昌仁)

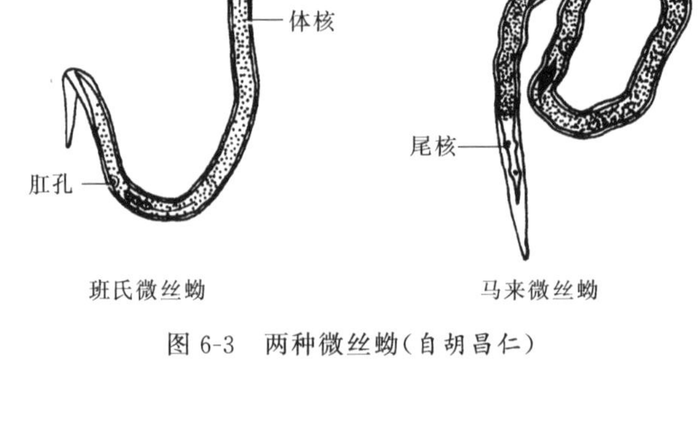

图 6-3 两种微丝蚴(自胡昌仁)

（二）棘头动物门

猪巨吻棘头虫（*Macracanthorhychus hirudinaceus*）（图 6-4）。

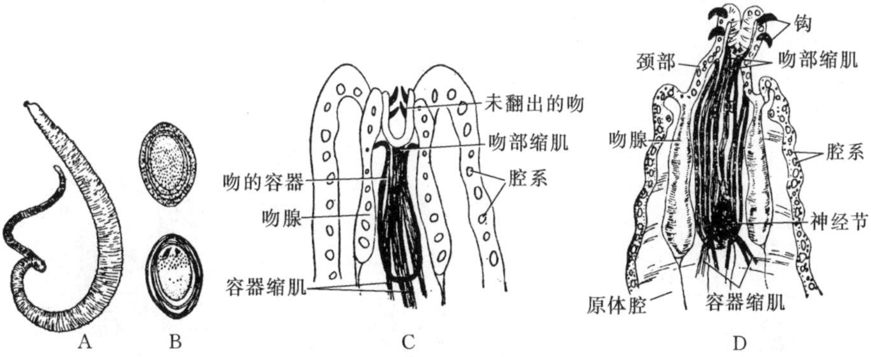

图 6-4　猪巨吻棘头虫（自武汉大学等）
A. 全形；B. 虫卵；C. 前端纵切示吻未伸出；D. 前端纵切示吻翻出

寄生于猪或野猪肠管内，虫体乳白色或淡红色，呈长圆筒形，表面有横纹。体前端有一可伸缩的吻，吻上具 5～6 列倒钩，钻入宿主肠内后可钩挂在肠壁上，故称棘头虫。雄虫较小，尾部有钟状的交合伞，雌虫较大，尾部钝圆形。幼虫寄生于金龟子的幼虫蛴螬体内，猪吞食蛴螬而被感染。

（三）轮虫动物门

轮虫（*Rotaria*）（图 6-5）。

体微小，透明，外被角质膜，身体纵长型，分头、躯干和尾三部分。头部具有头冠，咽部膨大成肌肉发达的咀嚼囊，内有枝型咀嚼器，尾部（又称足）末端有趾。卵巢位于生殖囊内，身体能似套筒样伸缩。轮虫为淡水浮游动物的主要类群之一，为鱼类的重要饵料。

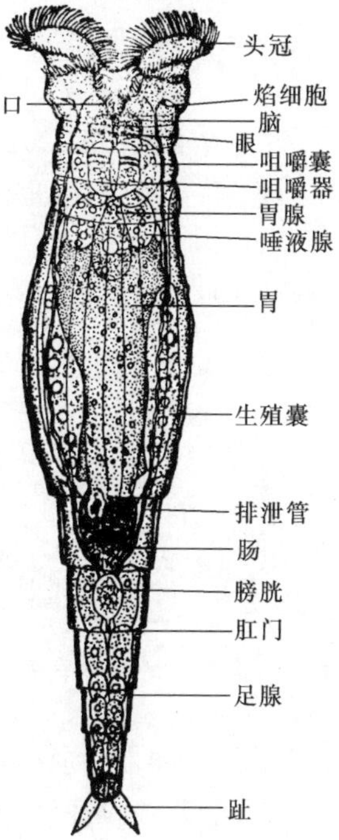

图 6-5　玫瑰旋轮虫
（自堵南山等）

（四）环节动物门

1. 沙蚕（*Nereis*）

海产，自由生活，头部发达，体细长，背腹扁，身体分节（图 6-6）。体由头部和躯干部组成，头部包括口前叶和围口节，口前叶略呈方形，背面有眼 2 对，前端有 1 对口前触手和 1 对粗大的触须（触角）。围口节两侧有 4 对丝状的围口触手，腹面为口。如果咽完全翻出，可见咽前端有 1 对发达的颚，咽的背面有很多细齿。躯干部由相似的体节构成，每节两侧有 1 对前后扁平的叶状疣足(作用如何?)。结合沙蚕疣足的装片(图 6-7)观察,可见疣足分背肢(叶)和腹肢(叶)两部分,背肢和腹肢的上、下分别有一背须和腹须。此外,背肢上还有一束刚毛和一根足刺;腹肢上有 2 束刚毛和一根足刺,体末节为肛门。

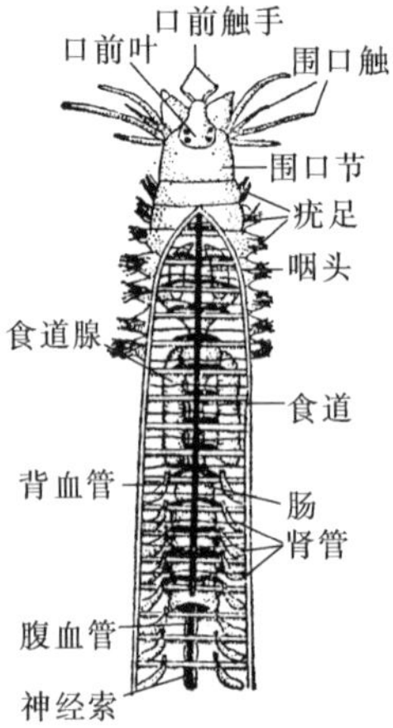

图 6-6 沙蚕内部解剖图
(自武汉大学等)

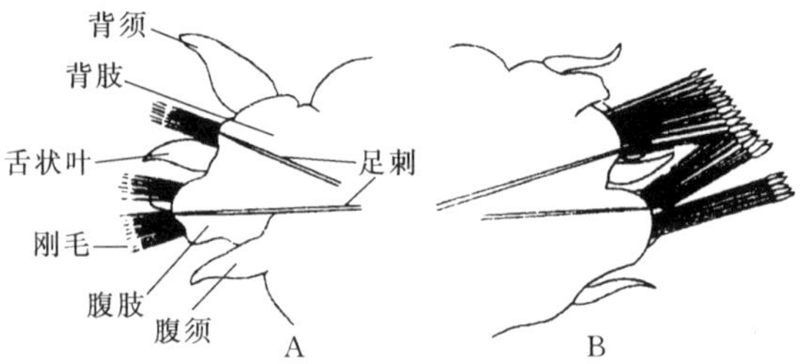

图 6-7 多毛类的疣足(自吴宝铃等)
A. 疣吻沙蚕(*Tylorrhynchus heterochaetus*)正常个体的疣足;
B. 性成熟异沙蚕疣足

2. 磷沙蚕(*Chaetopterus variopedatus*)

管居,栖于海滩泥沙中的 U 形管内(图 6-8),管壁革质,两端露出沙面约 10 mm,虫体可发强烈磷光,夜间观之甚美丽。体明显可分为前、中、后三部分,前部扁平,各节均愈合,口前叶退化,围口节发达,口位于背面,漏斗状,疣足 9 对,单肢型。中部由 5 节构成,第 1 节背肢(第 10 背肢)变成 1 对翼状体,特别发达,向左右伸出,其摆动可助水在管中流动;第 2 节较细,背面具有一吸盘;第 3~5 节均有一围绕其体的膜状皱襞称扇状体,前后摆动以控制管内的水流方向,中部各节的腹面均具一吸盘,借以附着栖管的内壁。后端较长,体节明显,疣足双肢型,背肢发达呈圆锥状,向两侧伸出,腹肢退化呈突起状。

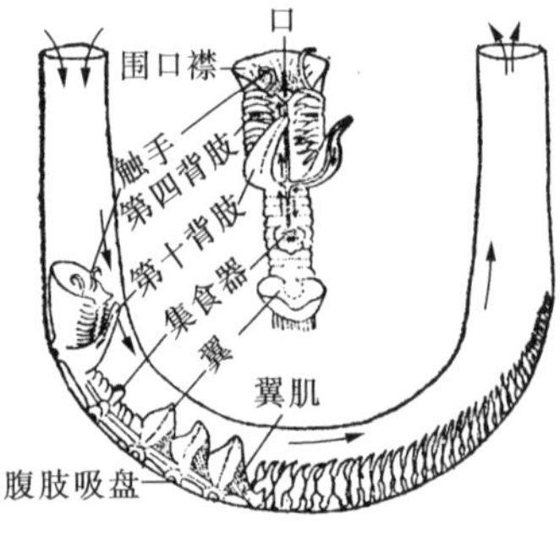

图 6-8 磷沙蚕(自武汉大学等)

3. 软背鳞沙蚕(*Lepidonotus helotypus*)

海产,生活于低潮线的岩石上。体长椭圆形,灰色或红褐色,背面具鳞片 12 对,呈覆瓦状排列,在两纵行鳞片间有一距离,使背中线裸露。头椭圆,触手 3 个,中间的较长；触须1对，粗大；眼点2对，围口触手2对。疣足的背肢退化，只显一束刚毛，位于腹肢上；腹肢发达，具有2束刚毛。不具鳞片的体节疣足具背须，细长；腹须各节均有，较短，呈指状。

4. 沙蠋(*Arenicola cristata*)

海产，土名海蚯蚓(图6-9)，生活于潮间带的泥沙中。体呈圆柱状，头部不明显，无触手、触须等。前部粗大，后部逐渐变细，鲜红色。口前叶为一圆锥状突起，不甚显著；口在前端，具有一可伸缩的吻，吻无颚，吻外翻呈囊状。第5～21节具刚毛，疣足退化；第11～21节具红色羽状的鳃丝(固定后呈灰白色)；自21节后，体渐变细，无鳃，也无刚毛。

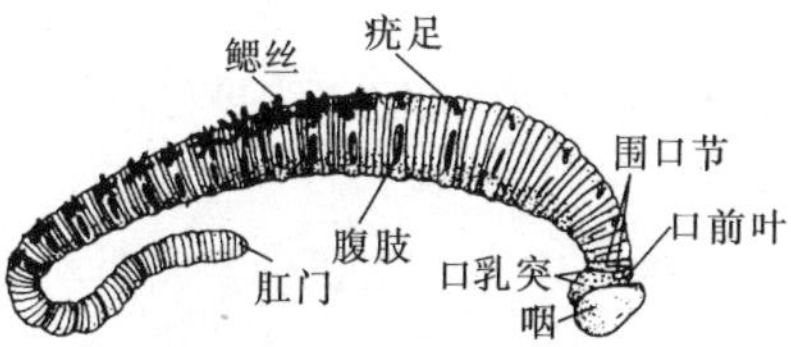

图6-9　沙蠋(自刘凌云等)

5. 日本医蛭(*Hirudo nipponica*)

淡水产，广泛栖息于水田及其与之相通的沟渠、池塘和沼泽中。体狭长，略呈圆柱状，背腹稍扁平，体长30～60 mm(个别最大的长达83 mm)，宽4.0～8.5 mm，体背面有5条黄白色的纵纹，以中间一条最宽和最长。黄白色纵纹将灰绿底色隔成6道纵纹，以背中2条最宽，背侧2对较细，腹面两侧缘各有1条很细的灰绿色纵纹。眼5对，大而明显，排列成弧形。前吸盘大，尾吸盘碗状，朝向腹面。

6. 光润金线蛭(*Whitmania laevis*)

淡水产，生活于稻田、沟渠、水池边的水草上以及溪流中。体略呈纺锤形，背腹扁，前端逐渐尖细，后端较宽而圆，体后半部分宽度变化不明显。体长32～81 mm，体宽5～12 mm。背面橄榄绿色至棕色，有5条黄色纵纹，以侧中一对较宽，黄色纵纹间有6条灰褐色纵纹，以背中一对最宽，腹面两侧有两条纵行的黑褐色斑点，其间还有一些零星分布的黑褐色斑点，但不成纵带。头部背面眼点5对，排成弧形，前吸盘小，尾吸盘大。

【思考题】

1）原腔动物的主要特征是什么？

2）环节动物门的主要特征及各纲的主要区别。

3）蛭类适应于暂时性寄生生活的主要特征。

4）分节现象的产生及真体腔的出现在动物进化中的意义。

实验 7　河蚌及其他瓣鳃类

【实验目的】

1）通过对河蚌外部形态及内部结构的观察，了解软体动物的基本结构，掌握瓣鳃纲的主要特征，理解河蚌等瓣鳃类动物适应水底底栖生活方式的形态、结构特点。

2）认识一些重要的经济种类，初步了解瓣鳃纲分类的基本知识。

【实验材料】

河蚌浸制标本、河蚌钩介幼虫整体装片、蚶、牡蛎、贻贝、栉孔扇贝、文蛤、杂色蛤仔、竹蛏、三角帆蚌、褶纹冠蚌、珠蚌、河蚬、船蛆。

【实验用具】

显微镜、解剖刀、解剖剪、尖头镊、蜡盘等。

【实验操作及观察】

（一）观察河蚌的外形

河蚌(*Anodonta*)生活于淡水湖泊、池沼、河流等水底泥沙中，雌雄异体，外形无明显区别。取河蚌的浸制标本，置蜡盘中，观察其外部形态(图 7-1，A)。

1. 贝壳

左右两瓣，等大，近卵圆形，合抱于体外。

2. 壳顶

为两壳背方之隆起的部分。

3. 生长线

贝壳表面以壳顶为中心，呈同心圆排列的弧线。

4. 铰合部

左右两壳在背面相连的部分，其两侧有具弹性的韧带(有何功能？注意观察铰合部是否有铰合齿?)。

（二）河蚌前后端、背腹面及左右壳的区分

1. 前、后端的区分

较钝圆的一端为前端，稍尖削的一端为后端(或者距壳顶近的一端为前端，距壳顶远的一端为后端)。

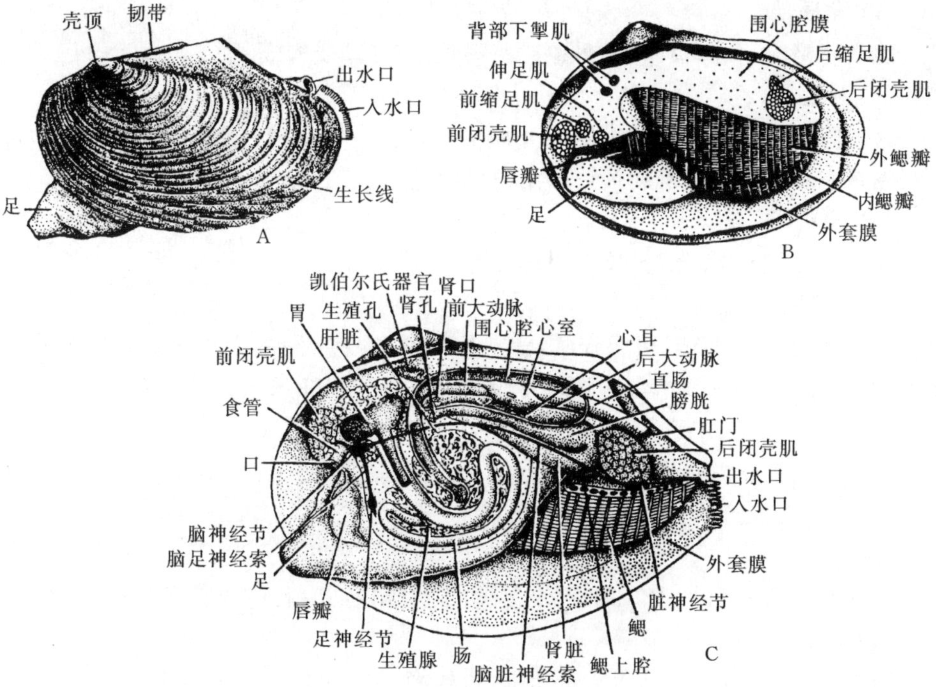

图 7-1　河蚌（自江静波等）

A. 外形；B. 软体部的外形；C. 内部构造

2. 背、腹面的区分

两壳铰合的一面为背面，分离的一面为腹面。背面较平直，腹面呈弧形。

3. 左、右壳的区分

手拿贝壳，使壳顶向上，前端向前，后端向观察者，则左方为左壳，右方为右壳。

（三）内部解剖

将河蚌腹面向着自己，使左壳向上，用解剖刀紧贴左壳内壁伸入左壳内侧，以刀背将套膜边缘与左壳分离，再以刀刃割断前、后端近背缘处的肌肉束，即可分开左右两壳，将左壳去掉，仔细观察下列结构：

1. 贝壳的结构

小心击碎一壳，观察贝壳的碎裂面，可见有三层结构组成（图 7-2），由外向内依次为：

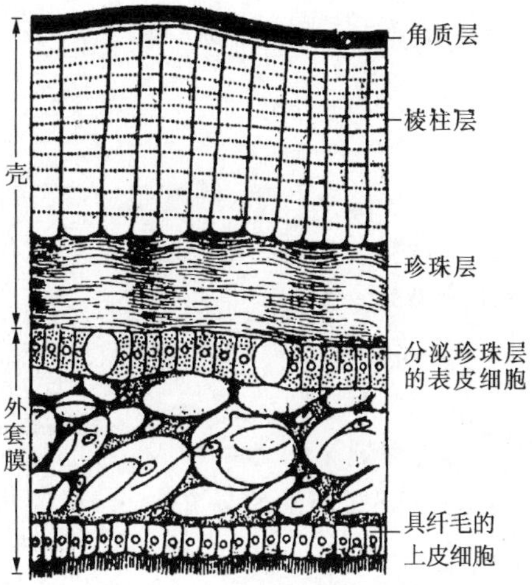

图 7-2　河蚌贝壳及外套膜横切

（自江静波等）

(1) 角质层

为最外侧的一层,很薄,黑褐色或黄褐色,由壳基质构成。

(2) 棱柱层

为中间的一层,最厚,占贝壳的大部分,白色,由钙质棱柱形结晶构成,壳顶部的贝壳常因年久角质层被腐蚀而露出白色的棱柱层。

(3) 珍珠层

为最内侧的一层,较薄,富有珍珠光泽。

2. 外套膜

2 片,位于体之两侧,边缘较厚,分别与同侧之贝壳紧贴,背面与内脏团的皮肤相连,腹缘分离。生活时,左右腹缘互相紧贴,构成了其中的外套腔。

3. 出水管和入水管

两片外套膜在后端处没有完全紧闭,稍突出而形成 2 个短管,即出水管和入水管(二者如何区分?)。

4. 肌肉

主要肌肉有闭壳肌、缩足肌和伸足肌,在贝壳内面有相应的肌痕(图 7-1, B)。

(1) 闭壳肌

前后各一,即前闭壳肌和后闭壳肌,为粗大、横行的柱状肌,连接左右贝壳(其功能何在?)。

(2) 缩足肌

前后各一,即前缩足肌和后缩足肌,分别为前、后闭壳肌内侧、背方的小形肌肉束,一端与足相连,另一端附着在贝壳内面。

(3) 伸足肌

仅在前端,位于前闭壳肌的内侧、腹方,为一小形肌肉束,一端连于足,另一端附着在贝壳内面。

5. 足

位于体之前端、两外套膜之间、内脏团的腹侧,剪去左侧的外套膜,可见足呈斧状,左右侧扁,向前下方伸出,肌肉质,为河蚌的运动器官,可从外套腔腹面边缘向前伸出壳外。

6. 呼吸系统

见图 7-1, C。

(1) 瓣鳃

位于蚌体两侧的外套腔内,呈薄片状,每侧 2 片,外侧的叫外瓣鳃,内侧的叫内瓣鳃。

(2) 鳃小瓣

每一瓣鳃由内外 2 片小瓣构成,每一小瓣称鳃小瓣。外侧的称外鳃小瓣,内侧的称内鳃小瓣，内外鳃小瓣在腹缘及前后缘彼此愈合，状似“U”字形，其间扁窄的空腔为鳃内腔。

(3) 瓣间隔

为连接内、外鳃小瓣的垂直隔膜，它把两鳃小瓣彼此分开，同时把鳃内腔分隔成许多背腹纵行的鳃水管。将外瓣鳃的外鳃小瓣沿背缘剪开，即可看到。

(4) 鳃丝

为鳃小瓣上许多背腹纵行的细丝。

(5) 丝间隔

为鳃丝间相连的部分，其间不相连的部分形成鳃孔，外套腔内的水由此进入鳃水管。

(6) 鳃上腔

为内、外鳃小瓣之间背方的空腔，腹面与鳃水管相通，后端通出水管(联系入水管、外套腔、鳃、出水管，想一想水流在蚌体内穿行的途径如何?)。

在内瓣鳃鳃上腔的前端可找到 2 个小孔，上、下排列，其中，上面的为肾孔(排泄孔)，下面的为生殖孔。

7. 循环系统

开管式循环(图 7-1，C)。

(1) 围心腔

位于内脏团的背侧、贝壳铰合部附近，呈椭圆形，由一透明的围心膜包围而成。小心剪去围心膜，可见心脏和动脉干位于其中。

(2) 心脏

由一心室、二心耳组成。

1) 心室：为一长圆形的囊状物，富含肌肉，能收缩，内有直肠穿过。

2) 心耳：位于心室下方，呈三角形薄膜状，左右侧各一个。在心耳和心室间有 2 片半圆形的耳室瓣，使血液只能从心耳流入心室。

(3) 动脉干

由心室向前、向后发出的血管。

1) 前大动脉：由心室向前发出，沿直肠的背侧向前走的血管。

2) 后大动脉：由心室向后发出，沿直肠的腹侧向后走的血管。

8. 排泄系统

包括肾脏和围心腔腺(图 7-1，C)。

(1) 肾脏

1 对，为排泄的主要器官，位于后闭壳肌前方、围心腔的腹面，左右各一，由腺体部(肾体)和管状部(膀胱)构成，呈“U”形。沿着鳃的上缘小心把鳃剪除，即可见到。

1) 腺体部：紧贴于鳃上腔上方，肾脏的腹面，略呈三角形，黑褐色，海绵状，以肾口开口于围心腔前端腹面两侧。用小镊子或解剖针的钝端通探，观察其开口。

2）管状部：位于腺体部的背方，管壁薄，以肾孔开口于内瓣鳃鳃上腔前端、生殖孔上方。

（2）围心腔腺

位于围心腔前端两侧，为赤褐色分枝状的腺体，无专门的输出管，排泄物直接渗入围心腔中。

9. 神经系统

不发达，由 3 对分散的神经节组成，其间有神经索相连（图 7-1，C）。

（1）脑侧神经节

1 对，位于前闭壳肌与伸足肌之间（食道两侧），较小，浅黄色，略呈星芒状。轻轻剥离该处的表皮和肌肉，即可见到。

（2）足神经节

1 对，位于足的前端，埋在足的肌肉和内脏团之间，较难剥离。用解剖刀自前至后将足左侧的表皮和肌肉轻轻剖开，用小镊子仔细分离足部肌肉，耐心寻找。足神经节为一对淡黄色长形的神经节，彼此相接形成了一个双瓣的神经节。

（3）脏神经节

1 对，彼此紧密相接，紧贴于后闭壳肌的腹侧，呈淡黄色蝴蝶状，大而明显。小心将其表面的一层薄膜剥离，就可清晰地见到脏神经节。

（4）神经连索

有脑足神经连索和脑脏神经连索，沿各神经节仔细剥离可见。其中，脑脏神经连索较长，明显。

10. 生殖系统

河蚌雌雄异体，生殖腺位于足部背侧，为 1 对葡萄状的腺体。精巢乳白色，卵巢淡黄色。左右两侧的生殖腺各以生殖孔开口于肾孔（排泄孔）的下方（图 7-1，C）。

11. 消化系统

见图 7-1，C。

（1）口

河蚌头部退化消失，口位于前闭壳肌和足之间，呈宽大的裂缝状，口的两侧各有 2 片三角形的唇瓣。

（2）食管

为口后短而宽的管管。

（3）胃

为食管后的膨大部分。

（4）肝脏

在前闭壳肌后上方、胃的周围，为褐绿色葡萄状的腺体，外观稍显隆起。

(5) 肠

接胃之后方，盘曲于足和内脏团中、生殖腺之间，后入围心腔。以小镊子仔细分离，找出其走向。在胃肠之间，有时可见有晶杆，为一细长的棒状物。

(6) 直肠

位于内脏团背方，通过围心腔，穿过心室，最后通肛门。

(7) 肛门

直肠末端的开口，位于后闭壳肌后上方，出水管附近。

(四) 示范标本

1. 钩介幼虫

见图 7-3。为淡水蚌特有的幼虫期，具双壳和发达的闭壳肌，壳的腹缘各生有一强大的钩，钩上具齿，体之中央有一细长鞭状的足丝。

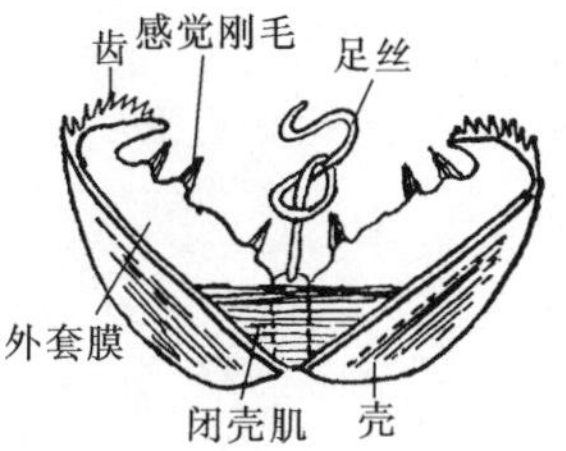

图 7-3 河蚌的钩介幼虫(自武汉大学等)

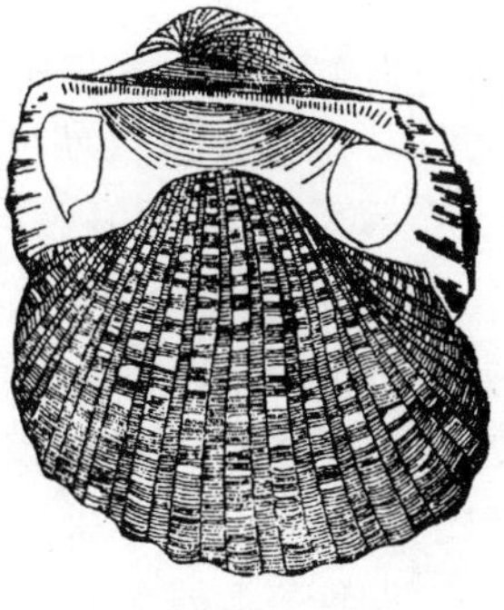

图 7-4 蚶(自张玺等)

2. 蚶(*Arca*)

见图 7-4。壳质坚厚，较膨胀；铰合部直，具一长列同形的铰合齿；壳表面有数目不等的粗放射肋，放射肋的多少为分种的依据之一。如泥蚶(*A. granosa*)放射肋为 18～20 条；毛蚶(*A. subcrenata*)约 34 条；魁蚶(*A. inflata*)为 42～48 条左右。

3. 牡蛎(*Ostrea*)

见图 7-5。二壳不等，左壳大，略凹，以此固着外物；右壳小，较平。无绞合齿或具有结节状的小齿；壳面有放射肋和鳞片层。为海产贝类中主要的养殖种类，经济价值高，我国沿海约有 20 种。如：僧帽牡蛎(*O. cucullata*)，壳小，呈三角形，右壳平坦如盖，左壳凹下很深如僧帽状。全国沿海均有分布，生活在潮间带岩石上，为东南沿海重要的养殖种类。

图 7-5 牡蛎(自张玺等)

4. 贻贝(*Mytilus edulis*)

见图 7-6。壳薄，呈楔形，二壳同形；壳顶尖，位于壳的顶端，具2枚小主齿；腹缘平直，背缘高起呈弧形，后缘圆形；壳长不及壳高的2倍；后闭壳肌发达，前闭壳肌退化；具足丝，足小，以足丝附着于外物上生活。其肉体干制品称淡菜，味鲜美，已大量人工养殖。

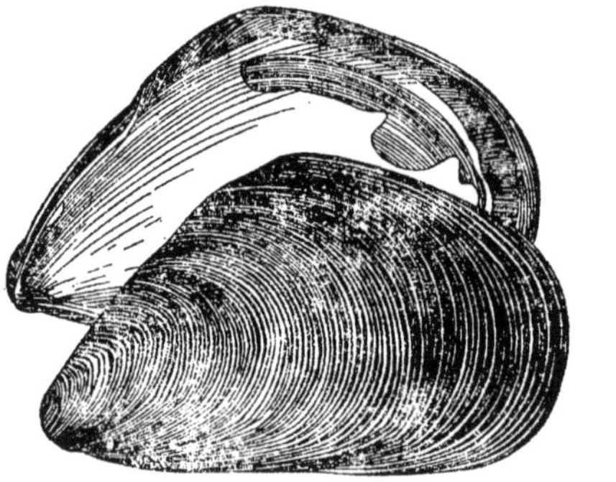

图7-6 贻贝(自张玺等)

5. 栉孔扇贝(*Chlamys farreri*)

见图7-7。贝壳呈扇形，两壳几乎相等，但右壳稍平，左壳较突。壳面具同心的生长线及隆起的放射肋，左壳约有10条主肋(变化于8～13条之间)，极发达，主肋间尚有小肋，肋上有强大的棘状突起；右壳主肋15～30条左右，较左壳的主肋细弱，这些放射肋在顶部细而平，至腹面渐粗大。壳顶尖，前后缘约成60°，腹缘圆形。壳具前耳和后耳，前耳大，后耳小，左右壳后耳同形，前耳相异。左壳前耳三角形，上具细肋；右壳前耳长方形，腹侧有一凹，形成一足丝孔，孔下具小形栉状齿6～10枚。壳内面白色或粉红色，铰合部直，无铰合齿。后闭壳肌痕大，略呈圆形，位于壳中央近背后方。后闭壳肌的干制品称干贝，为海味中的上品。栉孔扇贝产于我国北部沿海，为我国目前制干贝的主要原料，现已大量人工养殖，生活时常常右壳在下，左壳在上，与牡蛎恰恰相反。

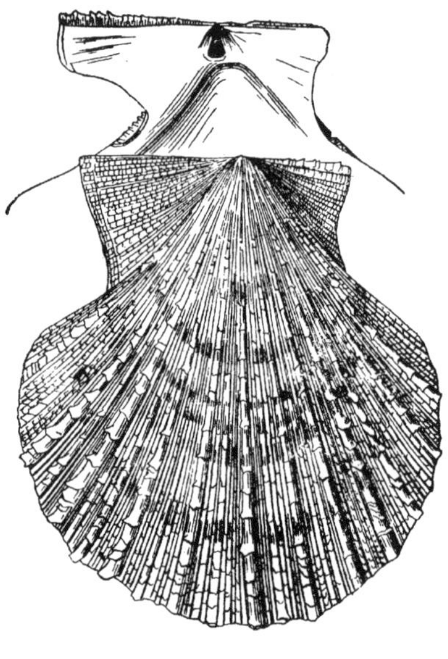

图7-7 栉孔扇贝(自张玺等)
上图：右壳内面；下图：左壳外面

6. 杂色蛤仔(*Venerupis variegata*)

见图7-8。壳小而薄，卵圆形，长22～28 mm，高16～20 mm，壳顶稍突出，偏向前方，小月面梭形。壳面多为暗黄褐色，上具深褐及赤色等弯曲条纹或不规则斑点。放射肋及生长线均很细密，二者交织成布纹状，左右壳各具3枚主齿。全国沿海均有分布，栖于沿岸泥滩。

7. 文蛤(*Meretrix meretrix*)

见图7-8。贝壳略呈三角形，壳质坚厚，壳面光滑，膨胀，具一层漆皮状淡棕色壳皮，并饰以深褐色尖齿形波状纹，壳缘部分不甚明显。壳顶突出，微向前弯，小月面矛头状。壳内面白色，左壳主齿3枚，前侧齿1枚；右壳主齿3枚，前侧齿2枚。全国沿海均有分布。

图 7-8　文蛤和杂色蛤仔(自张玺等)

8. 竹蛏(*Solen*)

见图 7-9。壳长条形,壳质薄脆,双壳合抱似竹筒状,两端多少有开口,壳顶低,足强大,多少呈圆柱状,无足丝,左右壳各具片状主齿 1 枚。竹蛏为食用佳品,经济价值较大,我国沿海均有分布,生活于沙或泥沙滩中。

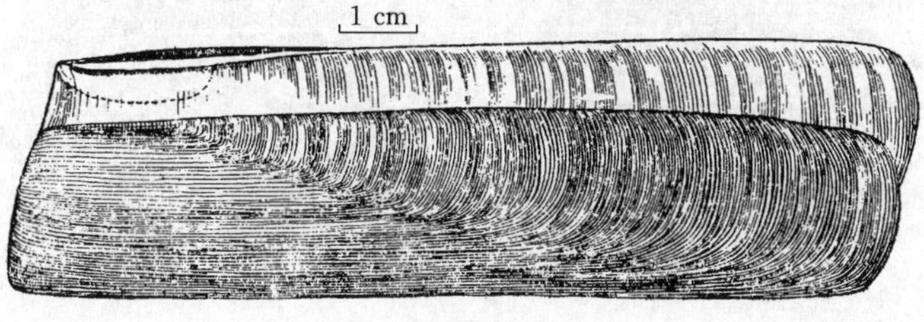

图 7-9　大竹蛏(自张玺等)

9. 船蛆(*Teredo*)

见图 7-10。体细长,呈蠕虫状,凿木穴居,可分泌石灰质管,栖于其中。两壳退化,呈球状,极小而薄,仅能包着身体前端的一小部分。水管极长,基部愈合,末端分叉,在分叉处有 2 枚石灰质的铠。船蛆繁殖力强,生长迅速,对沿海木材建筑破坏严重。

10. 三角帆蚌(*Hyriopsis cumingii*)

见图 7-11。贝壳大而扁平,壳质较厚,坚硬,外形略呈不等边四角形,贝壳后背缘向上伸出一很大的三角形帆状翼。铰合部较发达,两壳皆有 2 枚拟主齿。左壳前拟主齿细长呈三角锥状,后拟主齿极细小,并有 2 枚长条状侧齿;右壳前拟主齿呈长条状,低矮,后拟主齿大,略呈三角锥状,高于前拟主齿 1/2,有一侧齿呈长条状,较左壳强大。珍珠层呈乳白色或肉红色,富有珍珠光泽。三角帆蚌为我国淡水育珠的优良品种，喜生活于水质清、水流急、底质略硬、或为泥沙底、泥底的水域。

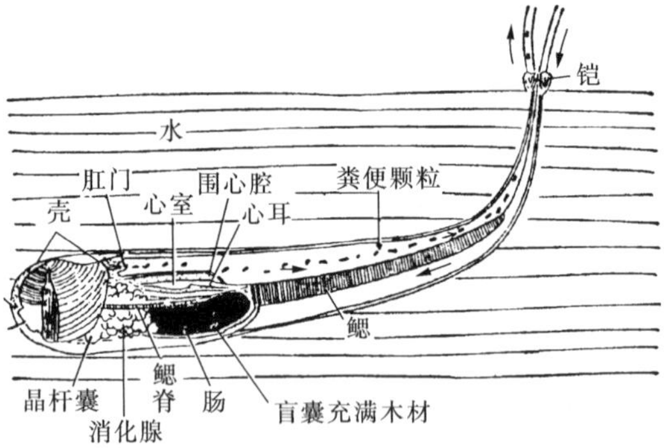

图 7-10 船蛆(自武汉大学等)

图 7-11 三角帆蚌(自张玺等)

图 7-12 褶纹冠蚌(自刘月英等)

11. 褶纹冠蚌(*Cristaria plicata*)

见图 7-12。贝壳大型，壳质厚而坚固，外形略呈不等边三角形。贝壳后背缘向上倾斜，伸展成为大型的冠。背缘易折断，因而常残缺，幼壳背缘冠一般完整无缺。贝壳后背部从壳顶起向后有一系列逐渐粗大的纵肋，一般有 10 余条。铰合齿不发达，左右两壳各具有 1 枚短而略粗的后侧齿及 1 枚细弱的前侧齿，二壳皆无拟主齿。珍珠层白色或淡蓝色，有珍珠光泽，为淡水育珠的优良品种之一。

褶纹冠蚌要求栖息环境不严格，喜生活于泥底或泥沙底，水流较缓或静水的河流、湖泊、沟渠及池塘中，以淤泥底水域中数量最多。本种分布比三角帆蚌广泛，产量高，体型大，成珠快，可育成大型珍珠，产珠质量仅次于三角帆蚌，我国许多淡水育珠地区，大多应用褶纹冠蚌进行育珠。

12. 圆顶珠蚌(*Unio douglasiae*)

贝壳中等大小，长椭圆形，黑褐色，长大于高的 2 倍。壳前部短而圆，后部伸长，末端稍窄扁。背缘与腹缘近平行。壳顶大，位于壳前部壳长的1/4～1/3处，壳顶及其附近有颗粒状和长条形突起，生长线粗大，呈同心圆状。铰合部甚发达，左壳有2枚拟主齿和2枚侧齿，前拟主齿片状，向前延伸，与壳平行，后拟主齿三角形，位于壳顶下方，2枚侧齿呈片状；右壳亦有2枚拟主齿和1枚侧齿，前拟主齿极小，后拟主齿呈片状隆起，侧齿长，呈片状。贝壳珍珠层灰白色或淡蓝色，有珍珠光泽。本种栖息环境广泛，是我国各地湖泊、河流、水库及池塘沿岸的习见种类。

【作业】

绘河蚌内部构造图。

【思考题】

1）总结瓣鳃纲的主要特征。

2）河蚌与其底栖生活方式相适应的主要特征表现在哪些方面？

3）比较瓣鳃纲重要种类的结构特点及其异同点。

实验8 田螺与乌贼

【实验目的】

圆田螺是腹足纲常见的较大型的淡水种类，生活于稻田、池塘、河流等水域，植食性。乌贼则是生活于远海、游泳迅速、捕食性的软体动物。通过实验观察，了解腹足纲和头足纲动物结构上的主要特征及其对各自生活方式的适应。

【实验材料】

圆田螺及其他常见的腹足类标本。

乌贼及其他常见的头足类标本。

【实验用具】

解剖盘、解剖工具等。

【实验操作及观察】

（一）圆田螺（*Cipangopaludina*）外部形态观察

1. 贝壳

为右旋形螺壳（图8-1）。结合腹足类贝壳各部名称图（图8-2）。观察下列结构：

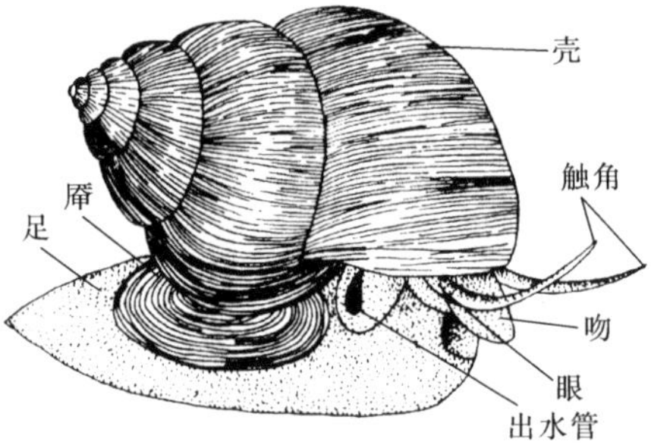

图 8-1 圆田螺(♀)的外形(自张明俊等)

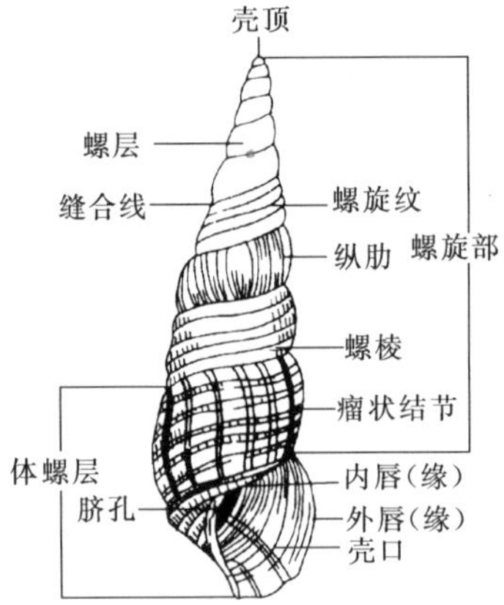

图 8-2 腹足类的贝壳各部名称图解(自刘月英等)

(1) 壳顶

壳之顶端,是最早的胚壳,常磨损。

(2) 螺层

每旋转一圈称为一个螺层。

(3) 体螺层

最底的一个螺层,为头及足的所在处。

(4) 缝合线

各螺层间的沟状界线。

(5) 生长线

与缝合线垂直的平行线。

(6) 壳口

体螺层处的开口。

(7) 外唇

壳口的外缘,即游离侧的边缘。

(8) 内唇

壳口的内缘,附于体螺层处。

(9) 壳轴

自壳顶垂直向下的一条纵轴,在壳的中央部,为螺层围绕的中心。

(10) 脐孔

在壳轴底部,螺层略内陷的小窝。

(11) 厣

在足的背方,为一角质薄片,上有核和生长线,可封闭壳口。

(12) 螺塔

螺壳旋转各层的总称。

附：壳高与壳宽：即螺塔的最长与最宽距离。右旋与左旋：以壳口向观察者，壳顶向上，壳口位置在螺轴右侧者为右旋；壳口在螺轴左侧者为左旋。前后与背腹的区分：自然状态下，壳口一端为前方，壳顶为后方，壳口面为腹面。

2. 头部和足部

观察在水中爬行的圆田螺或麻醉处理较好的标本，可见在壳口下面有一圆柱状物即头部，头部的腹面有一肌肉质的足。

(1) 头部

1) 吻：头前端的突出物。

2) 口：位于吻前端的腹面。

3) 触角：一对，位于吻的基部两侧，雄螺的右触角短粗，特化为交接器。

4) 眼：一对，位于触角基部外侧。

(2) 足

在头的腹面，肌肉质，前端略呈截状，后端圆形。

(二) 乌贼

1. 外形

体两侧对称，分头、足及躯干三部分(图 8-3)，雌雄异体。

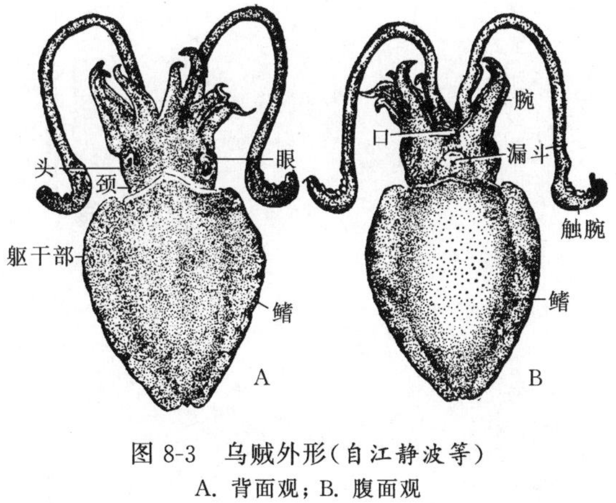

图 8-3 乌贼外形(自江静波等)
A. 背面观；B. 腹面观

(1) 头部

位于体前端，圆形，其两侧具一对发达的眼，眼后各有一嗅觉陷。口位于前端中央，内有颚 2 枚，上小下大，状如鸟嘴。

(2) 足

特化成腕和漏斗。腕在头部口的周围，共 5 对，从背面计算第 4 对特长称触腕，可缩入体内的触腕囊内，其余 4 对基部粗、向末端渐细，内侧具吸盘 4 行，吸盘内具有角质环。雄性左侧第 5 腕特化为茎化腕（有何特点及功能？），漏斗位于头的腹面呈管状三角形，前端游离于外套膜之外，有开口。

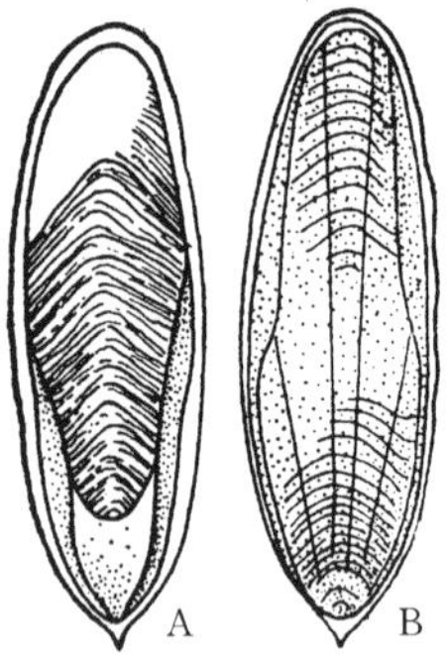

图 8-4 乌贼骨骼
（自江静波等）
A. 腹面；B. 背面

（3）躯干

椭圆形，袋状，左右两侧具鳍，腹侧包有肌肉质的外套膜，外套膜在腹面与体分离形成外套腔，前端有开口。贝壳退化为薄而轻的内壳（图 8-4），包于体背侧皮肤下的壳囊内，以减轻身体的比重，有利于游泳。

2. 解剖

用解剖剪剪开外套膜，观察外套腔内能见到的器官（图 8-5，8-6）

1）漏斗：后部较宽，其两侧后缘处有 2 个软骨闭锁槽，与外套膜内侧 2 个软骨闭锁突嵌合成闭锁器（理解它们的功能）。

2）雌性生殖器官（图 8-6）：卵巢，黄色三角形，位于体后端的生殖腔内。输卵

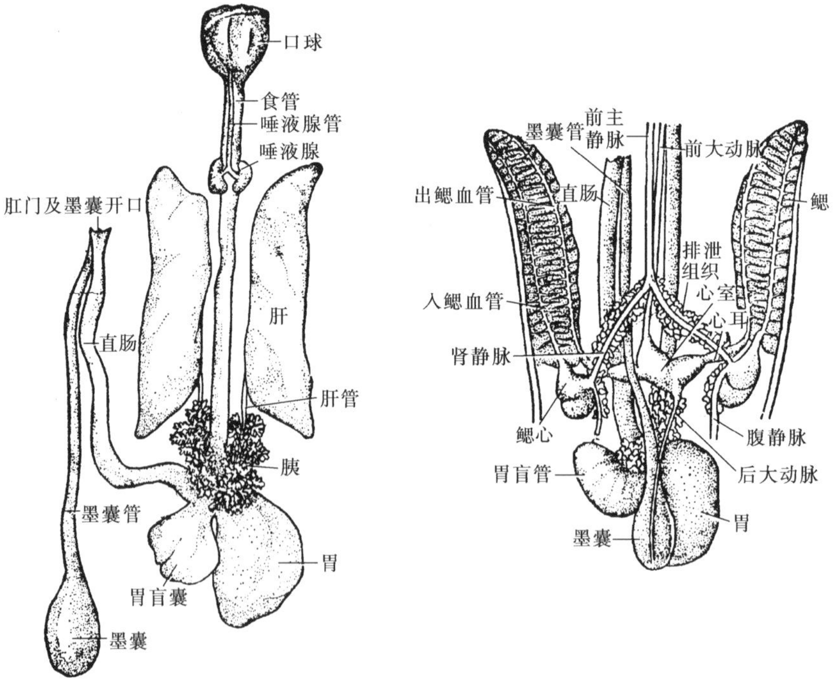

乌贼的消化系统　　乌贼的呼吸系统及循环系统

图 8-5 乌贼的消化、呼吸及循环系统（自江静波等）

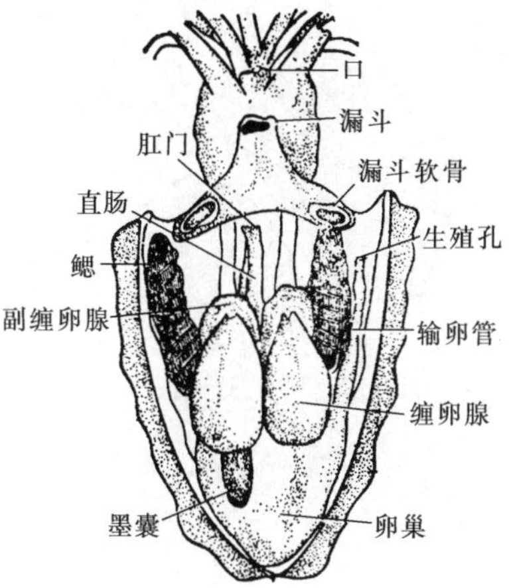

乌贼雌性生殖系统

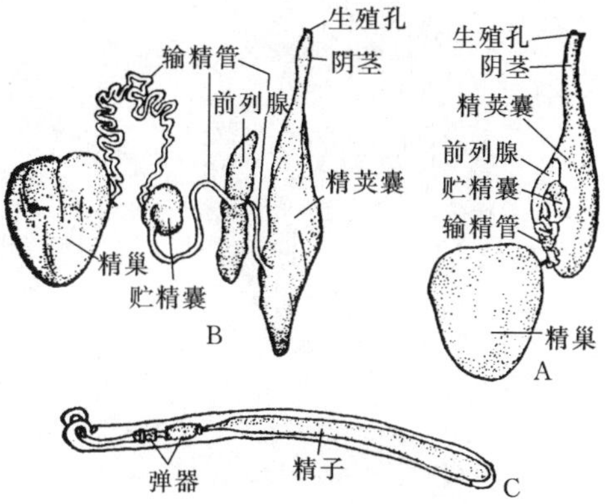

乌贼雄性生殖系统

A. 自然状态；B. 分开状态；C. 精荚

图 8-6　乌贼的生殖系统(自江静波、张玺等)

管,从生殖腔左侧通出的细管,末端有椭圆形的输卵管腺,顶端的开口即生殖孔。缠卵腺,1 对,扁卵圆形,白色,位于卵巢之前的外套腔内,其前还有 2 个副缠卵腺。

3) 雄性生殖器官(图 8-6):精巢,白色,心脏形,位于体后部的生殖腔内。输精管,生殖腔的左侧通出,卷曲成小团,上接储精囊。储精囊,白色,呈卷曲的螺旋状。精荚囊,在储精囊的左侧,为一大的长囊状物。其末端肌肉质细管为阴茎,阴茎顶端的开口,即雄性生殖孔。

4) 其他器官(图 8-5):直肠,在二副缠卵腺中央处向前的一直管,肛门开口在末端。墨囊,位于卵巢右方,为一黑色的小囊,墨囊管与直肠平行,在近肛门处入直肠。肾孔,2 个,开口在副缠卵腺前方、直肠两侧的短管状突起处。鳃,1 对,羽状,位于外套腔的两侧。星芒神经节,一对,位于漏斗后部、左右两侧的外套膜上。内壳,1 个,钙质,在背侧体壁之下。

(三) 示范标本(图 8-7, 8-8)

1. 鲍(*Haliotis*)

螺塔低,壳坚厚呈耳状,具三螺层,壳顶扁平,体螺层大,体螺层上有一列由突起和小孔组成的旋转螺肋。

2. 红螺(*Rapana*)

壳较大型,坚厚,螺层上具短棘,壳口内面常为橘红色。

3. 钉螺(*Oncomelania*)

螺壳外形如宝塔,螺层上有粗或细弱的纵肋。为日本血吸虫的中间宿主。

4. 椎实螺(*Lymnaea*)

壳椭圆形,很薄,体螺层膨大,壳口大,无厣。为肝片吸虫的中间宿主。

图 8-7　腹足纲代表(自江静波等)

A. 鲍；B. 钉螺；C. 红螺；D. 蛞蝓；E. 圆扁螺；F. 蜗牛；G. 椎实螺

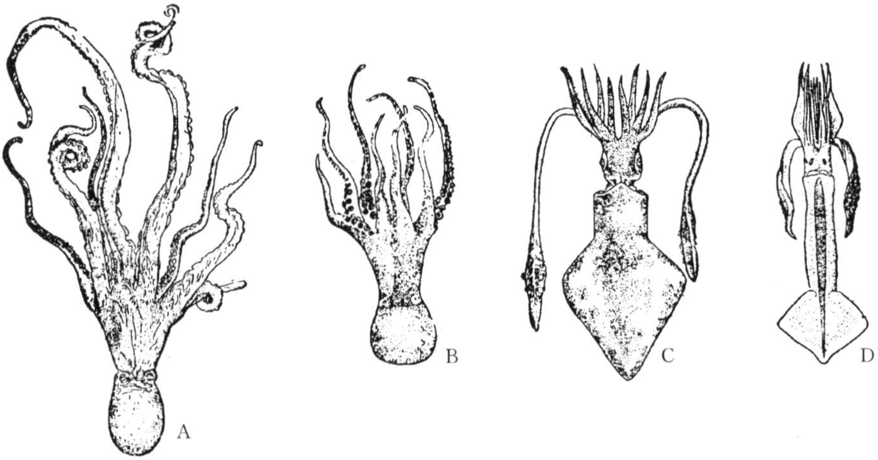

图 8-8　头足纲代表(自南京师范学院生物系)

A. 长腕蛸；B. 短蛸；C. 日本枪乌贼；D. 柔鱼

5. 圆扁螺(*Hippeutis*)

壳小，螺层在一平面旋转，壳呈盘状。为布氏姜片吸虫的中间宿主。

6. 蜗牛(*Fruticicolidae*)

螺旋部中等高，常具色带，无厣。陆栖。

7. 蛞蝓(*Agriolimax*)

身体裸露,无外壳,内壳退化为一石灰质薄板,埋于外套膜内。

8. 章鱼(*Octopus*)

体呈圆球状,具腕8条,吸盘无柄,无鳍。

9. 柔鱼(*Ommatostrephes*)

体略呈圆筒状,鳍在体后部,呈箭头状,短于体长的1/2。

【作业】

绘圆田螺壳的外形图。

【思考题】

1) 比较腹足纲与头足纲的主要区别特征。

2) 乌贼有哪些形态、结构特点与其高速运动的生活方式相适应?

实验9　螯虾的外形和附肢

【实验目的】

1) 通过观察螯虾的形态结构,了解甲壳纲的主要特征。

2) 通过观察螯虾的附肢,了解高等甲壳动物的附肢因长期适应不同的功能和不同的生活方式而发生的特化。

【实验材料】

克氏原螯虾(*Procambarus clarkii*)浸制标本。

【实验用具】

显微镜、放大镜、解剖镜、解剖镊、解剖剪、蜡盘、载玻片、盖玻片等。

【实验操作及观察】

螯虾俗称喇蛄,为淡水底栖爬行虾类。克氏原螯虾原产北美洲淡水中,是美国主要养殖的甲壳动物,后经日本引入我国。现已在江苏、安徽、浙江、湖北、河南等地的池塘、湖泊及小河中大量繁殖,常营穴而居,以水草、藻类以及各种小动物等为食。螯虾体形较大,标本容易获得,适于做实验材料。取螯虾的浸制标本,置于蜡盘中,背部向上,加少许清水,然后仔细观察其外形和附肢结构,分析哪些结构特点与其底栖爬行的生活方式相适应。

(一) 螯虾的外形

螯虾体形粗壮,背腹扁平,深红色(随年龄而异,年龄愈大,颜色愈深),体表具有高度钙化、较坚厚的外骨骼。整个身体分头胸部和腹部两部分(图 9-1)。

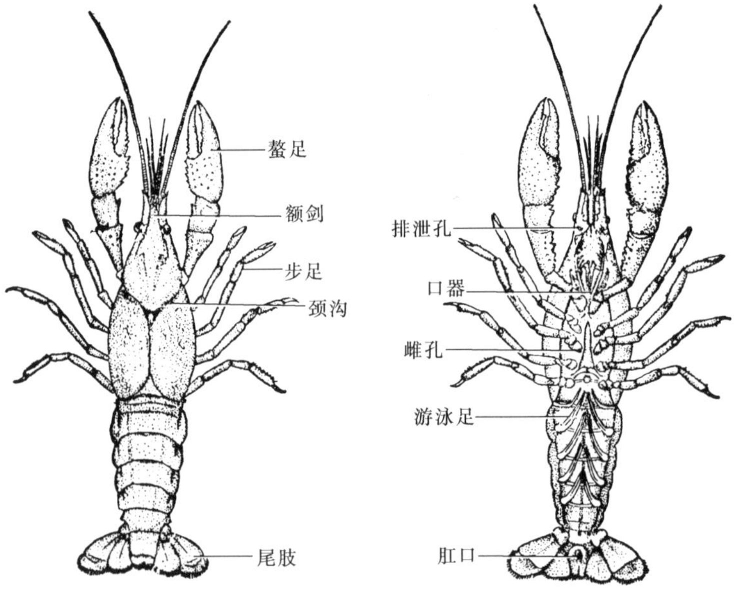

图 9-1　螯虾的背面观(A)与腹面观(B)(自黄正一等)

1. 头胸部

头部与胸部的各节完全愈合构成头胸部,特别发达,粗大,几乎占据身体长度的一半,因此又称大头虾。头胸部外被头胸甲。

(1) 头胸甲

是覆盖于头胸部坚硬的几丁质外骨骼,背侧与胸壁相连(注意两侧是游离还是与胸壁附着在一起?)。

(2) 额剑

头胸甲前缘向前伸出的一背腹扁平的三角形突起,边缘有锯齿,注意锯齿的数目(额剑的形状及锯齿的数目因种而异,为虾类分类的主要依据之一)。

(3) 颈沟

约在头胸甲中部的一条弧形横沟,是头部与胸部的分界线。

(4) 复眼

1 对,深褐色、圆球状,位于额剑的两侧,着生于活动的眼柄上。用解剖刀将复眼垂直于眼柄削下一小薄片,在显微镜下观察其形状和构造。

(5) 生殖孔

螯虾雌雄异体,雄性生殖孔开口于胸部第5对步足基部内侧;雌性生殖孔开口于第3步足的基部内侧。此外,雌虾第4、5步足间腹壁内陷,精子排出后即黏附此处,有受精囊的作用。

2. 腹部

头胸部后为分节明显的腹部,表面有腹甲覆盖,腹部共6节,肌肉发达,第6腹节末端还有一扁平的尾节,肌肉不发达,肛门位于尾节腹面基部,呈纵裂缝状,两边有2个瓣膜以司启闭。

(二) 附肢

螯虾全身共有19对附肢(图9-2),这些附肢多为双肢型,但因长期适应不同的功能,彼此在结构上发生了很大差异。

将螯虾腹面向上置蜡盘中,用镊子小心将其左侧的附肢由后向前逐一摘下,并严格按照原来的顺序逐个排列于蜡盘内,待检查无误后进行详细观察(注意不同着生部位的附肢在结构上有何特点,如何适应其功能)。

1. 头部附肢

5对,包括2对触角和3对口肢(大颚,第一小颚,第二小颚)。

(1) 第一触角(小触角)

位于复眼下方,原肢分3节,第1节长,背侧有一凹陷恰好容纳眼柄,基部丛毛中有一平衡囊(仔细拨开丛毛方可看到),司躯体平衡。第3节末端具内外两触鞭,每鞭分为许多小节。

(2) 第二触角(大触角)

位于小触角下,原肢2节,外肢宽大、扁平呈鳞片状,不分节;内肢末端也有一细长的触鞭。原肢基部腹面有一白色小圆形突起,为触角腺的开口,即排泄孔。

(3) 大颚

原肢不分节,硬化成颚,特别坚硬,分咀嚼体与基柄两部分,前者又分门齿突与臼齿突,有撕裂和研磨食物的作用,基柄着生大颚肌。外肢退化,内肢呈短须状,称大颚须。

(4) 第一小颚

扁平薄片状,原肢2节,薄片状,位于内侧,内缘有刺和刚毛;外肢退化,内肢演变成不分节的小颚须。

(5) 第二小颚

扁平薄片状,原肢2节,薄片状,每节分为2小片。外肢极发达呈扁平宽大的叶片状,称颚舟片(作用何在?)。内肢细小,也演变成须状不分节的小颚须,位于原肢与外肢之间。

2. 胸部附肢

8对,前3对为颚足,后5对为步足。

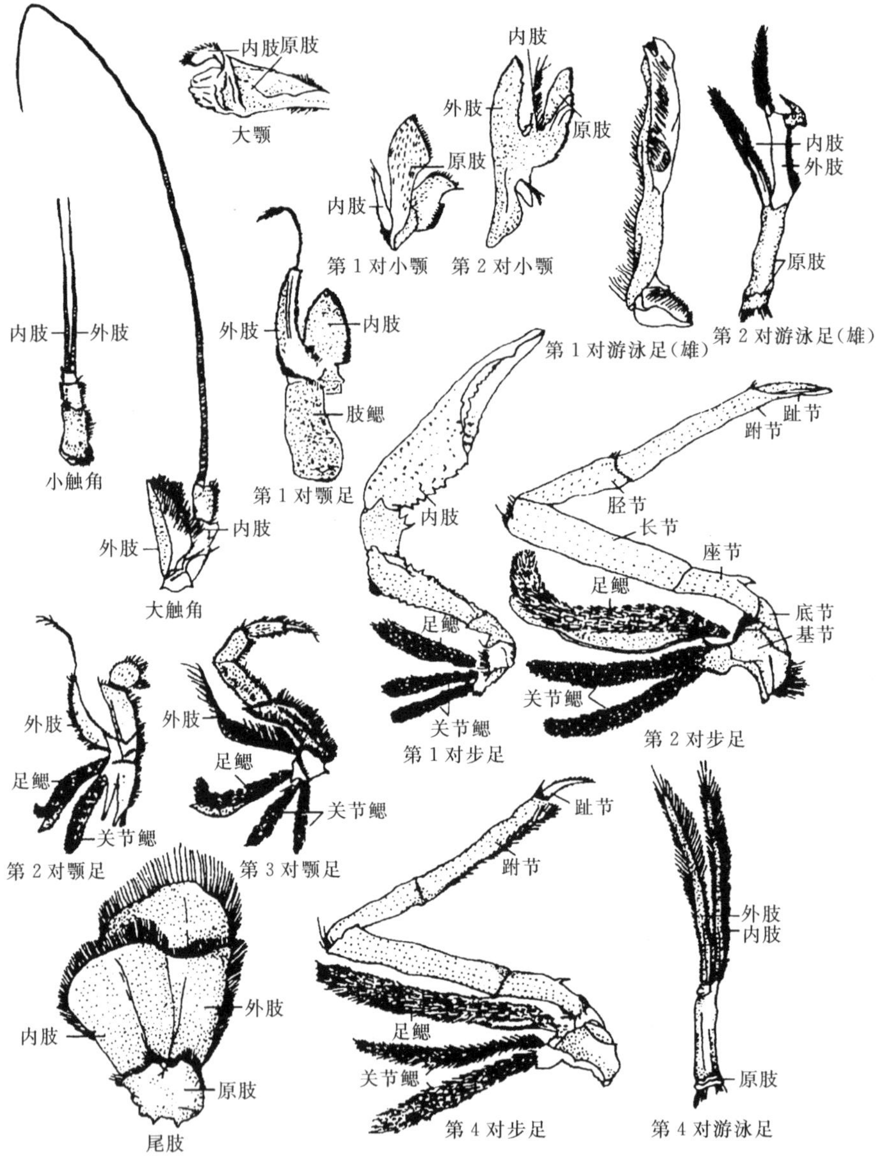

图 9-2　螯虾的附肢(自黄诗笺)

(1) 颚足

为摄食的辅助器官,与 1 对大颚,2 对小颚共同组成口器。

1) 第一颚足:原肢 2 节,基部外侧有一薄片状肢鳃,起辅助呼吸作用。外肢基部大,末端细长,内肢为扁平片状。

2) 第二颚足:原肢 2 节,基节上有一羽状足鳃,内肢 5 节,屈指状,外肢细长,须状,具羽状毛。在附肢与身体相连的关节膜上有一羽状关节鳃。

3）第三颚足：原肢2节，内肢5节，较第二颚足内肢长而发达，外肢须状。具1个足鳃，2个关节鳃。

（2）步足

5对，主要用于在水底爬行，均为单肢型。原肢2节（基节、底节），外肢完全退化，内肢发达分5节。连同原肢各步足共计有7节，即：基节、底节、座节、长节、胫节、跗节和趾节。

螯虾前3对步足跗节末端的尖突起和趾节相对构成钳，用于捕食和御敌。其中第一对步足的钳特别强大，称为螯足，雄性的螯足尤其发达。后2对步足末端都呈爪状。第1、2、3、4四对步足基部各具有1个足鳃和2个关节鳃，第5对步足基部无鳃。因此螯虾共有6对足鳃和11对关节鳃。这些鳃的附属物均呈细管状，因此为丝鳃。

3. 腹部附肢

6对，包括5对游泳足和一对尾肢。

（1）游泳足

5对，双肢型，适应于底栖爬行，螯虾的游泳足退化。原肢2节，内外肢多为细小扁平片状，不分节，周缘有稀疏的刚毛。其中雄性的第1、2对游泳足发达，特化成管状交接器，雌性第1对游泳足极退化。

（2）尾肢

为腹部最后1对附肢，双肢型，原肢1节，短而阔，内外肢扁平、宽大，外肢由一横沟分成2节。尾肢与尾节一起构成扇状的尾扇。

【作业】

绘螯虾一侧附肢简图，并注明有关附肢名称。

【思考题】

螯虾的外部形态和附肢结构如何与其生活方式相适应？

【注意事项】

1）螯虾的附肢较多，并且多数附肢相互叠压，为了有利于摘取并保证附肢完整，在摘取附肢时，一定要按照从后向前的顺序逐一摘取。摘下的附肢要严格按照摘取的顺序，整齐摆放于盛有少量清水的蜡盘内，以便于观察。

2）螯虾的小颚和颚足都比较小，并且多呈薄片状，因此在摘取时一定要细心，动作要轻柔，确保附肢的完整性。

3）在摘取附肢时，要用镊子钳住附肢基部，垂直拔下，不可生拉硬扯。如遇粗大的附肢，也可用解剖剪将其基部的外骨骼和其他组织剪去一部分，再拔下，但不可伤及其他器官。

4）为防止失误，在摘取附肢时，要先摘下一侧的附肢，另一侧的附肢可做替补。

实验10　甲壳纲、蛛形纲及多足纲

【实验目的】

甲壳纲、蛛形纲及多足纲动物的生活环境及生活方式各异，其形态结构各种各样，通过常见种类观察，了解各纲特征的异同。

【实验材料】

各纲常见种类标本。

【实验用具】

解剖镜、放大镜等。

【实验操作及观察】

（一）节肢动物分纲检索表

A_1　触角2对，鳃或体表呼吸，绝大部分水栖……………………………… **甲壳纲**

B_1　体小，体节数不恒定，腹部无附肢，有尾叉 ……………………… **切甲亚纲**

B_2　体大，体节数固定，腹部有附肢，有尾节 ………………………… **软甲亚纲**

A_2　无触角，头胸部附肢6对

B_1　海栖，用书鳃呼吸，体分头胸部，腹部及尾剑 …………………… **肢口纲**

B_2　陆栖，用书肺呼吸，体分头胸部，腹部或愈合一体 ……………… **蛛形纲**

A_3　触角一对，气管呼吸

B_1　体分头及躯干部，足9对以上 ……………………………………… **多足纲**

C_1　生殖孔在体之前半部 ……………………………………………… **前孔亚纲**

C_2　生殖孔在体之后端 ………………………………………………… **后孔亚纲**

B_2　体分头、胸及腹部，足3对，翅1～2对 ……………………………… **昆虫纲**

（二）各纲常见种类观察

1. 甲壳纲

(1) 水蚤 *Daphnia*（图10-1）

枝角目(Cladocera)。

俗称红虫，为鱼类饵料。体小，卵圆形，左右侧扁，背甲大型成双瓣，复眼一对，第二触角巨大，呈双叉型，第一触角微小。胸肢 4～6 对，腹末端有 1 对尾爪。

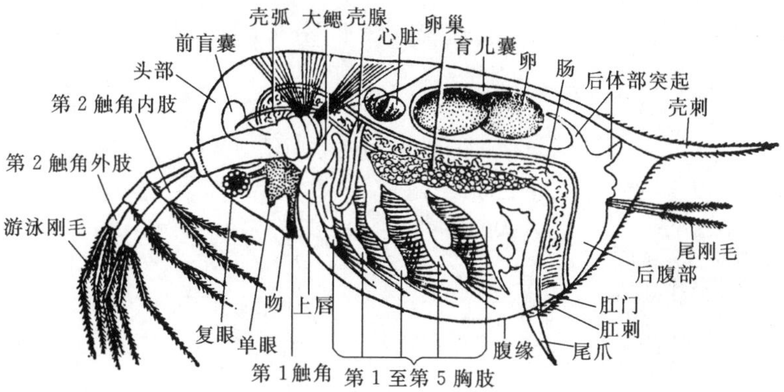

图 10-1　水蚤（自江静波等）

(2) 剑水蚤 *Cyclops*（图 10-2）

桡足目(Copepoda)。

自由生活的种类多为鱼类饵料，亦有寄生鱼类种类。体小，分节，有一中央眼。第一对触角长大，第二对短小，胸肢 6 对，体末具 2 尾叉，雌性繁殖季节在胸腹交界处悬有一对卵囊。

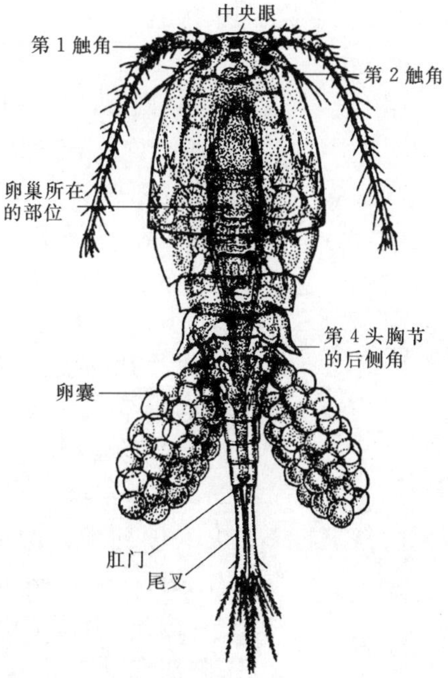

图 10-2　雌性近邻剑水蚤（自徐㞧南等）

(3) 鼠妇 *Porcellio*(图 10-3)

等足目(Isopoda)。

陆栖于阴湿之地,假气管呼吸,体背凸腹平,分节明显,头胸部 7～8 节,腹部 6 节,后触角长,复眼一对,胸足 7 对。

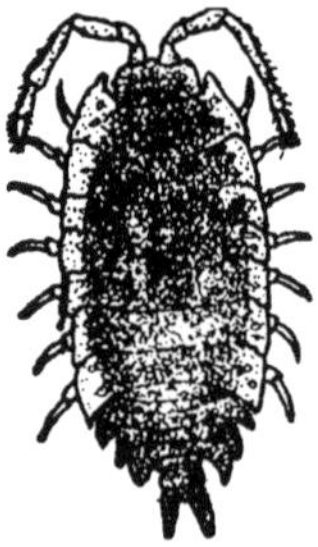

图 10-3 鼠妇(自江静波等)

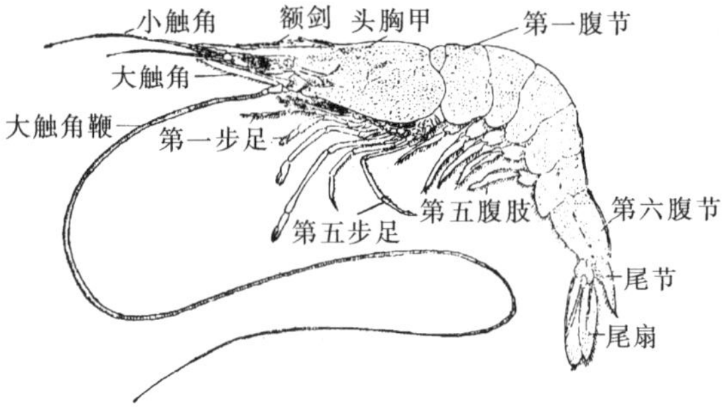

图 10-4 对虾的外形(自刘瑞玉)

(4) 对虾 *Penaeus*(图 10-4)

十足目(Decapoda),游泳亚目(Natantia)。

成群游于黄、渤海,是我国重要资源。雄性腹部第一对附肢内肢愈合成交接器,雌性胸部腹面后部有纳精囊。

(5) 中华绒螯蟹 *Eriocheir sinensis*(图 10-5)

十足目,爬行亚目(Reptantia)。

体圆形,腹部退化成片状,弯曲在头胸部之下方,俗称蟹脐,雄性脐狭而尖,雌性脐宽而圆。螯着生绒毛,为我国特产,海水中孵化,淡水中生长。

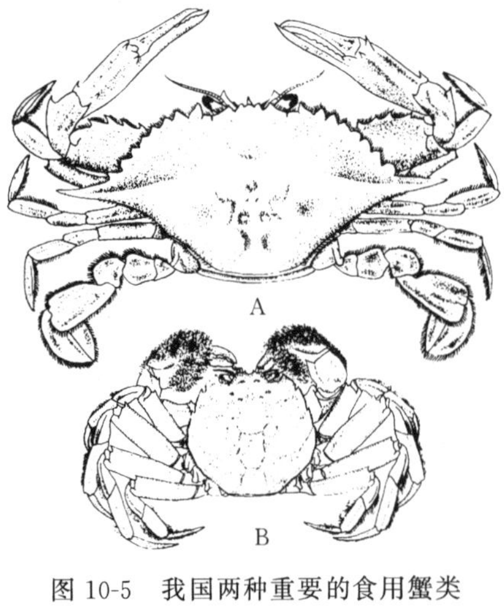

图 10-5 我国两种重要的食用蟹类(自刘凌云等)
A. 三疣梭子蟹; B. 中华绒螯蟹

(6) 梭子蟹 *Portunus*(图 10-5)

十足目,爬行亚目(Reptantia)。

头胸甲两侧有棘,体形呈梭状,步足扁宽,第 5 对步足呈浆状,海产。常见有三疣梭子蟹、红星梭子蟹。

2. 蛛形纲

(1) 钳蝎 *Buthus*(图 10-6)

蝎目(Scorpionida)。

体分头胸部、前腹部、后腹部及尾节。头胸部有眼 3 对,螯肢及脚须都具钳,尤其后者特别强大。胸足 4 对,前腹 7 节,腹面有生殖厣，栉状器 1 对。书肺 4 对。后腹 5 节，尾节具有毒刺。

图 10-6　一对正在婚舞的蝎子（自刘凌云等）

(2) 圆蛛 *Araneus*（图 10-7）

蜘蛛目（Araneida）。体分头胸部及腹部。头胸部有眼 8 个，螯肢简单，脚须足状（雄性端部膨大成交接器）。胸足 4 对，腹部呈囊状，不分节。腹面有书肺及气管的开口，腹后端有纺织器 3 对，是纺丝、结网的类群。

(3) 盲蛛 *Phalangium*（图 10-8）

盲蛛目（Phalangida）。体形如蜘蛛，但头胸部与腹部愈合，腹部分节，头胸部有眼一对，长在疣突上，螯肢钳状，脚须足状。步足 4 对，极细长，气管呼吸。

图 10-7　两种园蛛（自刘凌云等）
A. 大腹园蛛雌体；B. 十字园蛛，上雌体，下左雄体，下右为落网昆虫

(4) 牛蜱 *Boophilus*

蜱螨目（Acarina）。头、胸、腹完全愈合一体，螯肢及脚须形成假头，为刺吸式口器，一般较大，皮革质，体腹面有沟槽。

3. 多足纲

(1) 马陆 *Prospirobolus*（图 10-9）

倍足目（Diplopoda）。体长圆筒状，躯干部除前 4 节外每节有足 2 对，着生在腹面，触角短，二单眼，具臭腺。

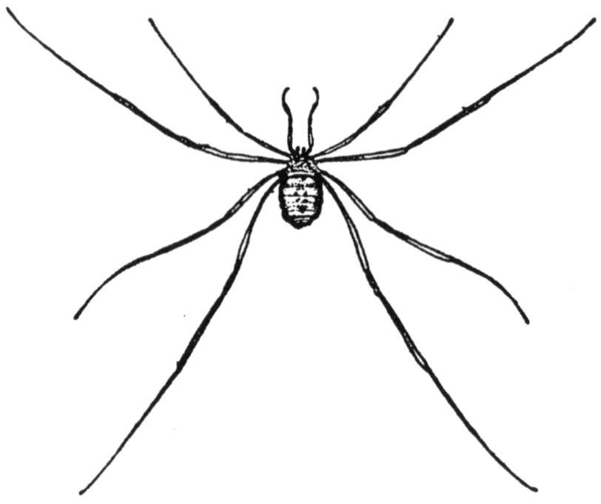

图 10-8 长踦盲蛛(自堵南山等)

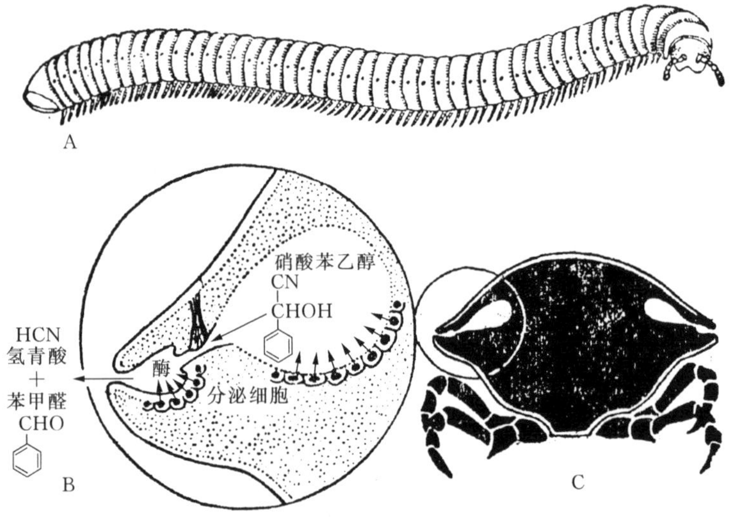

图 10-9 马陆及臭腺(自堵南山等)
A. 臭腺位置；B. 臭腺横切；C. 横切面放大

(2) 少棘蜈蚣 *Scolopendra mutilans*(图 10-10)

蜈蚣目(Scolopendromorpha)。体长而较扁，躯干 21 节，足每节 1 对，着生在两侧，第一对足成颚足，有强爪，内通毒腺。

(3) 花蚰蜒 *Thereuopoda*(图 10-11)

蚰蜒目(Scutigeromorpha)。体较小，触角和足均细长，易脱落。

【作业】

比较甲壳纲，蛛形纲及多足纲的特征。

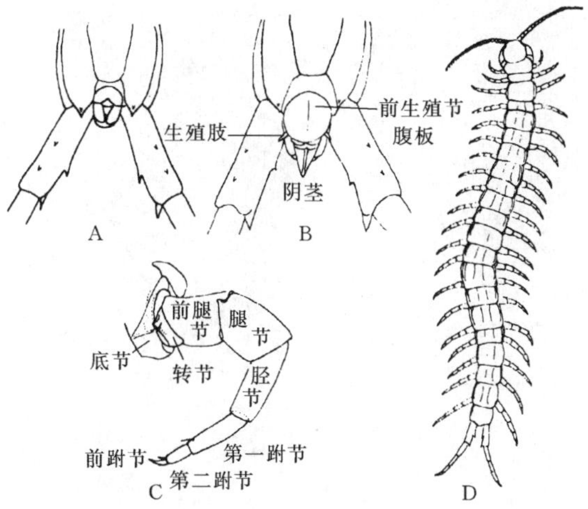

图 10-10　少棘蜈蚣(自张崇洲等)
A. 雌体末端腹面观；B. 雄体末端腹面观；
C. 步足；D. 整体背面观

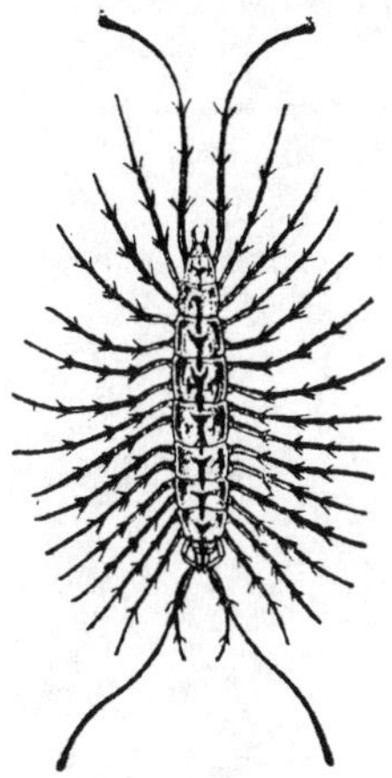

图 10-11　花蚰蜒(自江静波等)

【思考题】

比较蜈蚣、马陆和蚰蜒的主要区别特征。

实验 11　昆虫的触角、口器、足、翅及变态类型

【实验目的】

昆虫的触角、口器、足、翅及变态类型是昆虫分类的重要依据，观察昆虫的触角、口器、足等附肢的基本构造及多样性，以掌握昆虫分类的基础知识，认识附肢结构和机能的统一。

【实验材料】

昆虫不同类型的触角、口器、足、翅标本，昆虫各变态类型标本。

【实验用具】

放大镜、解剖镜、显微镜。

【实验操作及观察】

(一) 口器

口器是昆虫的摄食器官，因食性和取食方式不同，昆虫口器的类型也不相同。

1. 咀嚼式口器(图 11-1)

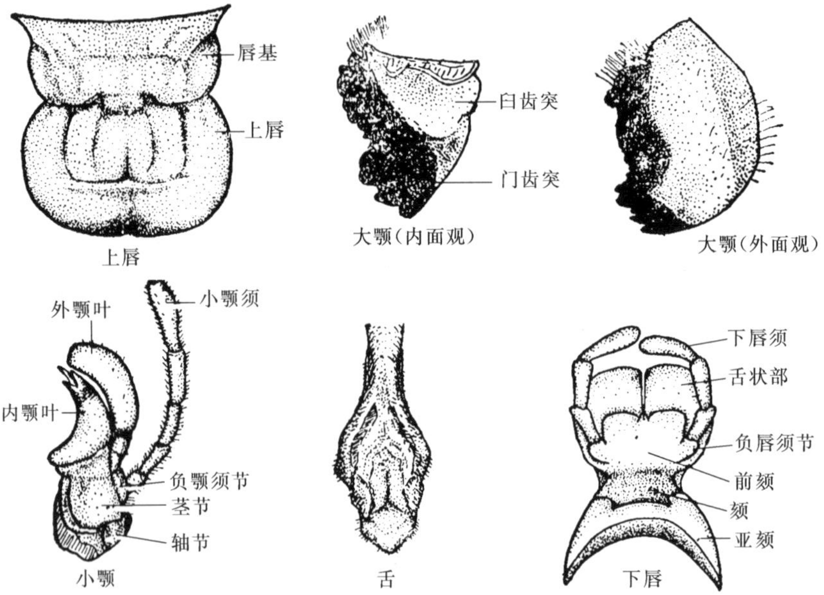

图 11-1 棉蝗口器(仿江静波等)

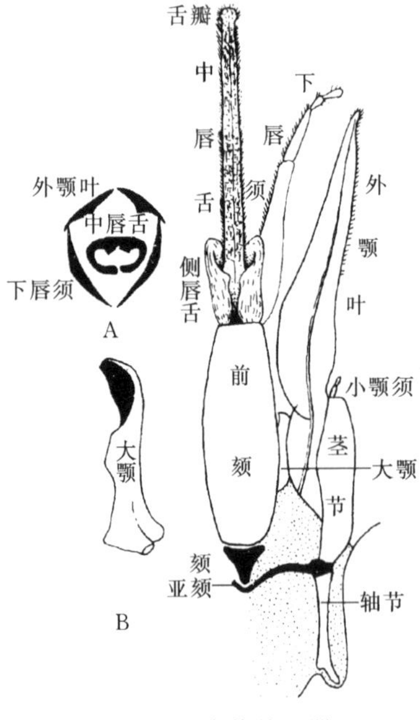

图 11-2 蜜蜂的口器
(自刘凌云等)
A. 吸管横切面；B. 大颚

由上唇、大颚、小颚、下唇和舌 5 部分组成。这种口器的主要特点是有坚硬的大颚，适于咬碎植物组织。如蝗虫的口器。

2. 嚼吸式口器(图 11-2)

上唇和大颚保持咀嚼式口器的形式，小颚的外颚叶延长成刀片状，内颚叶和小颚须不发达。下唇的中唇舌和下唇须延长，中唇舌的腹面凹陷成一纵槽，端部膨大形成一匙状舌瓣。这类口器兼有咀嚼和吮吸两种功能，其特点是大颚发达，可以咀嚼固体食物，小颚和下唇的一部分特化形成吮吸液体食物的食物道。如蜜蜂的口器。

3. 舐吸式口器(图 11-3)

舐吸式口器主要由喙和唇瓣两部分构成。喙分基喙和吸喙，前者宽大，像一个倒置的锥体，由唇基、小颚和下唇基部愈合而成。1 对小颚须仍保留着，但内、外颚叶已消失。吸喙背面中央凹陷，形成 1 条下唇槽，内扣合上唇和舌，上唇腹面亦有槽，与舌合成食物管，同时舌本身还有唾液管。唇瓣由左右下唇须演变而来，末端表层内有许多食物沟(或称伪气管)。大颚完全退化，此种口器适于舔吸食物。如蝇类的口器。

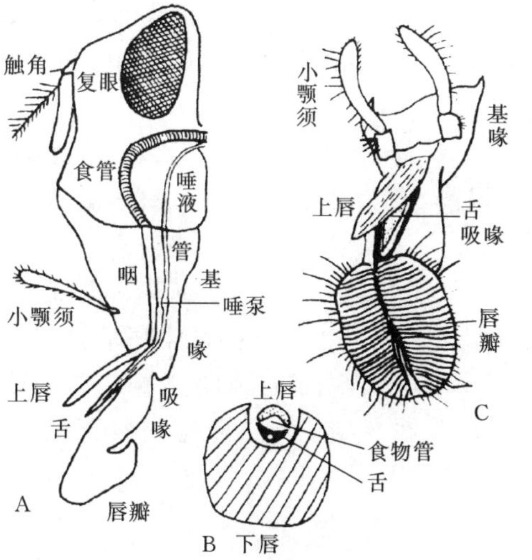

图 11-3　丽蝇的口器(自刘凌云等)
A. 纵切面；B. 吸喙横切面；C. 腹面观

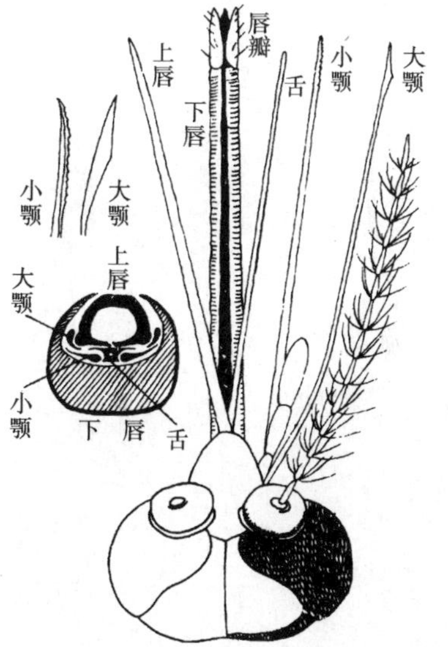

图 11-4　雌库蚊的口器(自刘凌云等)
左上为大、小颚；左下为口器横切面

4. 刺吸式口器(图 11-4)

口器十分细长，大颚与小颚特化为细长的针，下唇延长成外鞘包围着口针，不参加取食。这种口器适于吸取植物的汁液和人畜的血液。如雌蚊的口器，上唇形成食物管；大颚以及小颚的内颚叶特化成穿刺的口针，小颚的外颚叶完全退化，小颚须短；舌演变成唾液管；下唇延长成槽状，上唇、大颚、小颚及舌都嵌合其中。刺吸时，下唇向后折曲，大颚和小颚刺入皮肤，然后上唇伸入刺破的皮肤内吸血，舌则排出唾液。

5. 虹吸式口器(图 11-5)

虹吸式口器的主要特点为小颚的外颚叶十分发达，左右嵌合成一条长而卷曲虹吸式的喙，适于吮

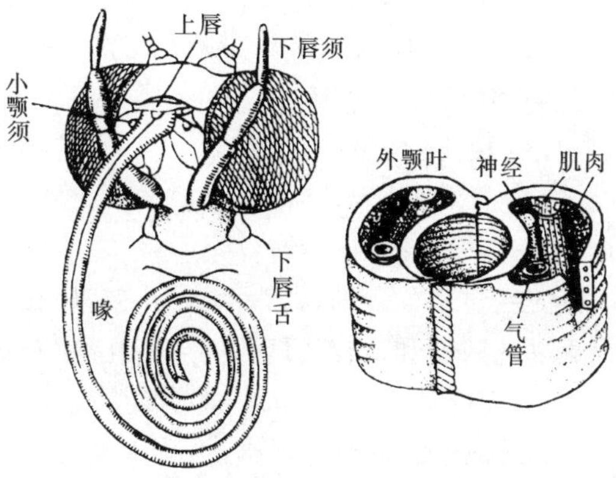

图 11-5　菜粉蝶的口器，右为喙的横切
(自刘凌云等)

吸花蜜等汁液。大颚、小颚的内颚叶、小颚须、下唇等退化。如蝶、蛾的口器。

（二）触角（图 11-6）

昆虫的触角由柄节、梗节和鞭节三部分组成，其中鞭节又由许多亚节组成，因鞭节的变化，形成各种不同的触角类型。

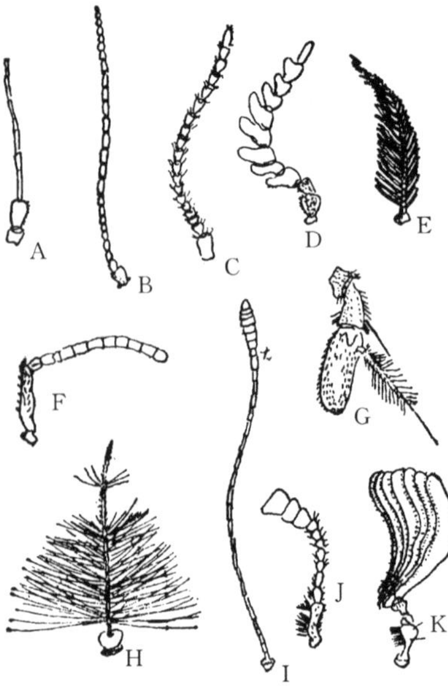

图 11-6 昆虫触角的各种类型
（自管致和等）
A. 刚毛状；B. 丝状；C. 念珠状；D. 锯齿状；E. 双栉状；F. 膝状；G. 具芒状；H. 环毛状；I. 球杆状；J. 锤状；K. 鳃叶状

1）丝状：细长如丝，鞭节各亚节的粗细大致相同，渐向端部变细。如蝗虫、蟋蟀、椿象、天牛的触角等。

2）球杆状：鞭节基部细长如丝，顶端数节逐渐膨大，全体似一根棒球杆。如蝶类的触角。

3）锤状：类似球杆状，但鞭节端部数节骤然膨大似锤。如郭公虫的触角等。

4）鳃叶状：端部数节向一侧扩展成薄片状并叠合在一起，状如鱼鳃。如金龟子的触角。

5）念珠状：鞭节各亚节大小相近，状如圆球，整体好像一串珠子。如白蚁的触角。

6）锯齿状：鞭节各亚节向一侧突出成锯齿形。如叩甲、芫菁等的触角。

7）栉状：鞭节各亚节向一侧突出成梳齿状。如雌蛾、部分甲虫的触角。

8）双栉状：鞭节各亚节向两侧突出成羽毛状。如许多蛾类雄虫的触角。

9）环毛状：鞭节大部分亚节有一圈细毛，愈近基部愈长。如雄蚊的触角。

10）具芒状：触角短，一般仅 3 节。鞭节 1 节，特别膨大，一侧有 1 根触角芒（芒上有时还有许多细毛）。如蝇类的触角。

11）刚毛状：短小，基部 1～2 节较粗，鞭节纤细似刚毛。如蝉、蜻蜓等的触角。

12）膝状：柄节长，梗节短，二者之间形成膝状弯曲。如蜜蜂的触角。

（三）足（图 11-7）

足是昆虫的运动器官，由基节、转节、腿节、胫节、跗节和前跗节组成。昆虫的足因功能改变和适应环境而发生特化，常见有以下几种类型。

1）步行足：各节均较细长，宜于行走，是昆虫中最普遍的一类足。

2）跳跃足：腿节特别发达，适于跳跃。如蝗虫的后足。

3）开掘足：胫节宽扁，外缘具齿，似钉耙适于掘土。如蝼蛄的前足。

4）捕捉足：基节延长，腿节腹面有槽，胫节可以折叠其内，形似折刀，用以捕捉猎物。如螳螂、蝎蝽等昆虫的前足。

5）游泳足：一些水生昆虫的后足，胫节与跗节扁平似桨状，边缘缀有长毛，适于划水。如龙虱、仰泳蝽等昆虫的后足。

6）抱握足：雄性龙虱的前足，跗节特别膨大，其上还有吸盘状构造，在交配时用以抱握雌虫，又称交接足。

7）攀援足：生活于毛发上的虱类，跗节仅 1 节，前跗节为一大型钩状的爪，胫节肥大，外缘有一指状突起，与爪相合成钳状，可牢固地抓住宿主的毛发。

8）携粉足：是蜜蜂类用以采集和携带花粉的构造，由后足特化而来。胫节宽扁，两边有长毛，构成携带花粉的花粉篮，基跗节（第 1 跗节）特别长而扁大，上有 10～12 排横列的硬毛，称花粉刷，用以梳集体毛上黏附的花粉贮存于花粉篮内。

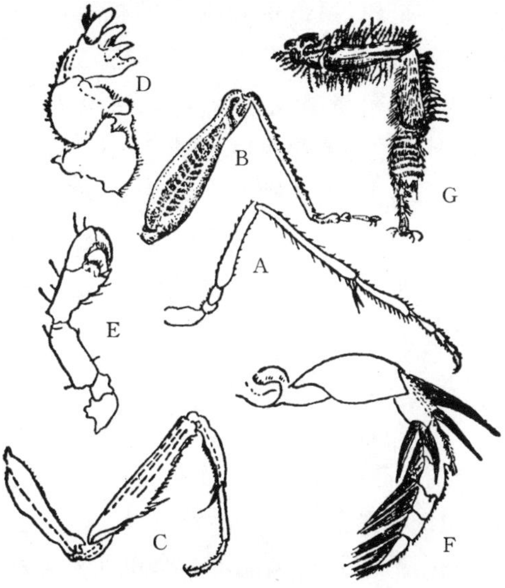

图 11-7　昆虫足的各种类型（自武汉大学等）
A. 步行足；B. 跳跃足；C. 捕捉足；D. 开掘足；E. 攀缘足；F. 游泳足；G. 携粉足

（四）翅（图 11-8）

翅是昆虫的飞翔器官，大多数昆虫的翅为膜质而透明，但在演化过程中，翅的质地和被物等因发生种种适应性的变化而产生许多不同类型，常见的有：

1）膜翅：翅膜质，薄而透明，翅脉清晰，适于飞翔。如蜂类、蜻蜓等昆虫的翅。

2）覆翅：翅质地坚韧如皮革，半透明，翅脉存在，已不用来飞翔，平时完全覆盖在体背侧和后翅上。如蝗虫等直翅目昆虫的前翅。

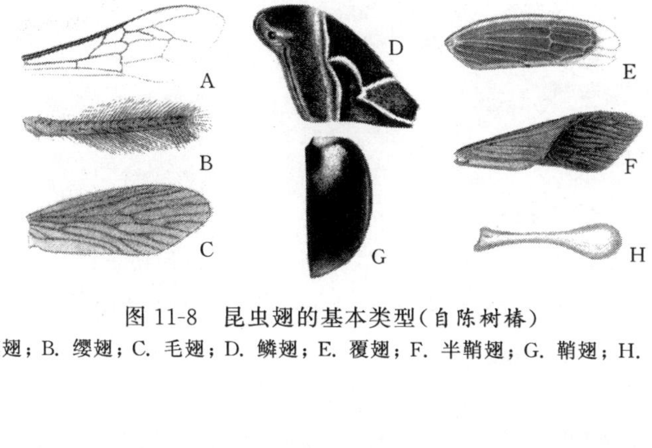

图 11-8　昆虫翅的基本类型（自陈树椿）
A. 膜翅；B. 缨翅；C. 毛翅；D. 鳞翅；E. 覆翅；F. 半鞘翅；G. 鞘翅；H. 平衡棒

3）鞘翅：翅角质、坚硬、翅脉消失，不用于飞行只起保护作用。如各种甲虫的前翅。

4）半鞘翅：翅基半部角质，端半部膜质，薄而透明，翅脉清晰。如蝽类的前翅。

5）鳞翅：翅的质地为膜质，但翅面覆盖有许多鳞片。如蝶、蛾类的翅。

6）毛翅：翅的质地为膜质，但翅面或翅脉上有毛。如石蛾。

7）缨翅：翅的质地为膜质，但翅缘有很长的缨状毛。如蓟马的前、后翅。

8）平衡棒：双翅目蚊、蝇等后翅退化成小棍棒状，在飞翔中起平衡作用，叫平衡棒。

（五）昆虫的变态

昆虫自卵孵化到羽化为成虫的过程中，其形态发生一系列剧烈的变化，这种形态上的变化叫做变态。分不完全变态和完全变态 2 种。

1. 不完全变态

包括卵、幼虫和成虫 3 个虫期。若幼虫和成虫在形态与生活习性等方面相似，只是幼虫翅未长成，生殖器官未成熟，称渐变态（图 11-9）。其幼虫称若虫，如蝗虫、蝽类等。其中，蝗虫的幼虫特称蝻。若幼虫和成虫形态与生活习性明显不同，称半变态（图 11-10）。其幼虫称稚虫，如蜻蜓、蜉蝣等，其中蜻蜓的幼虫称水虿。

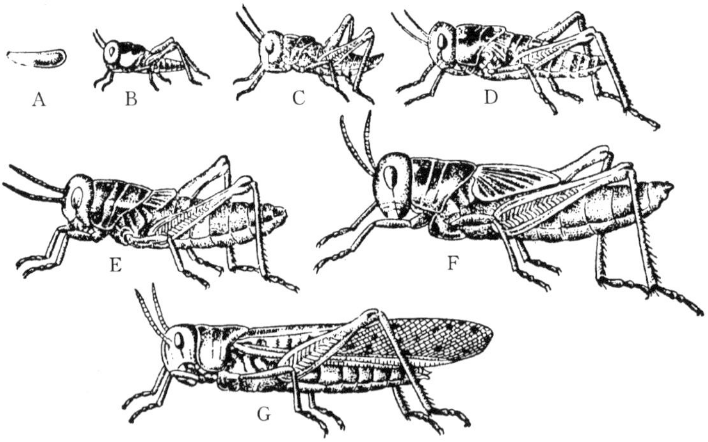

图 11-9　亚洲飞蝗的渐变态（自江静波等）
A. 卵；B～F. 依次为 1～5 龄若虫；G. 成虫

2. 完全变态（图 11-11）

包括卵、幼虫、蛹、成虫 4 个虫期，幼虫和成虫在形态和生活习性等方面明显不同，幼虫在向成虫转变的过程中，形态和生理上发生一系列剧烈的变化。如甲虫、蝶、蛾等。

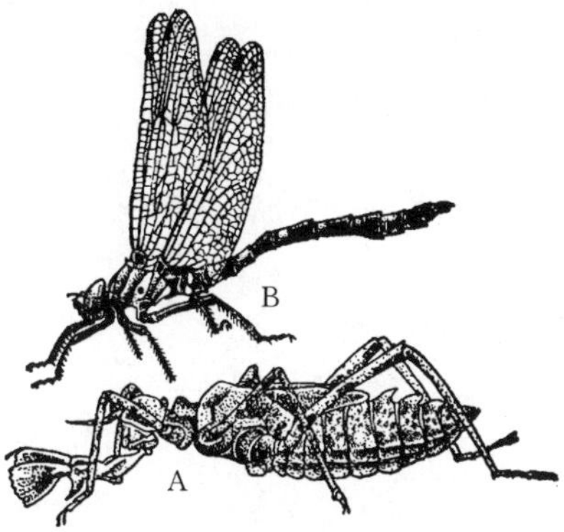

图 11-10　蜻蜓的半变态(自江静波等)
A. 稚虫; B. 成虫

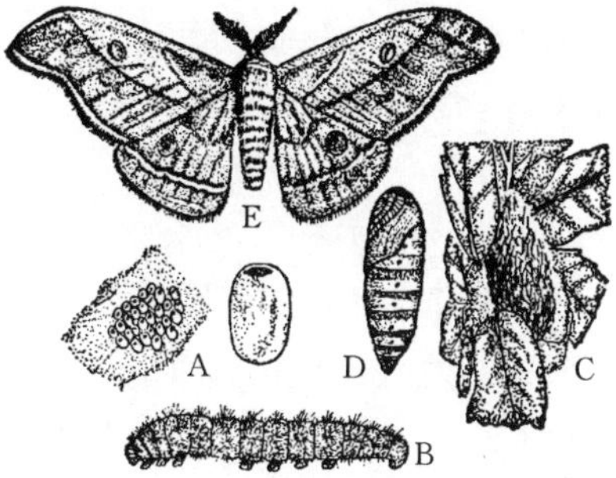

图 11-11　樟蚕的完全变态(自江静波等)
A. 卵; B. 幼虫; C. 茧; D. 蛹; E. 成虫

【作业】

指出昆虫口器和足的基本构造,它们形态结构上的多样性是如何形成的?

【思考题】

昆虫的口器和足的结构特点如何与其功能相适应?

实验 12　海星及其他棘皮动物

【实验目的】

海星是我国华北沿海常见的棘皮动物,以瓣鳃类为食,是养殖业的敌害,通过对海星外形的观察,了解棘皮动物的基本特征,并认识各纲的常见种类。

【实验材料】

海星、海胆、海蛇尾、海参、海百合等浸制标本。

【实验用具】

显微镜、放大镜、解剖镜、解剖盘、解剖器。

【实验操作及观察】

(一) 海星外形观察和内部解剖

1. 外形观察

海星又名海盘车,生活时体橙色,颜色鲜艳,呈五角星形(图 12-1)。

1）体盘：身体的中央部分，向外辐射出五个腕，反口面略拱起，口面平坦。

2）棘：着生于体表很多短钝的突出物。

3）叉棘：微小呈钳状，取下用解剖镜观察。

4）皮鳃：微小之薄膜状突起。为体壁自骨片间隙外凸形成(其功能如何?)。

5）口：位于口面中央，周围之薄膜，即围口膜。

6）步带沟：从口处向腕辐射的五条沟。

7）管足：位于步带沟内，成纵行排列，是具吸盘的管状物(图 12-2)。

8）筛板：在反口面一侧的二腕基部之间，稍突起，为浅黄色圆形多孔的骨片。

9）肛门：在体盘反口面中央，极小，不易见。

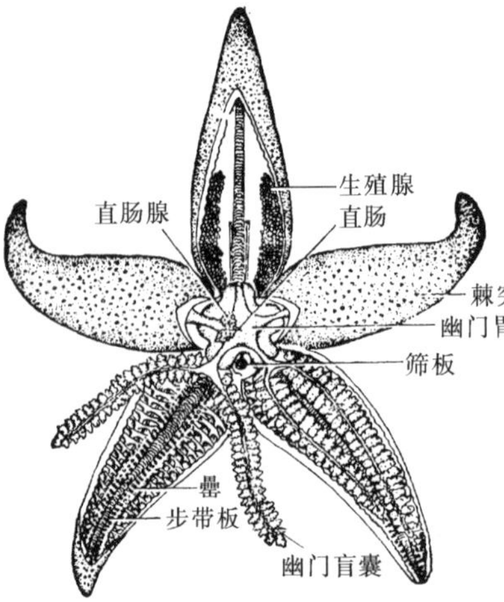

图 12-1　海盘车的内部构造(自黄正一等)

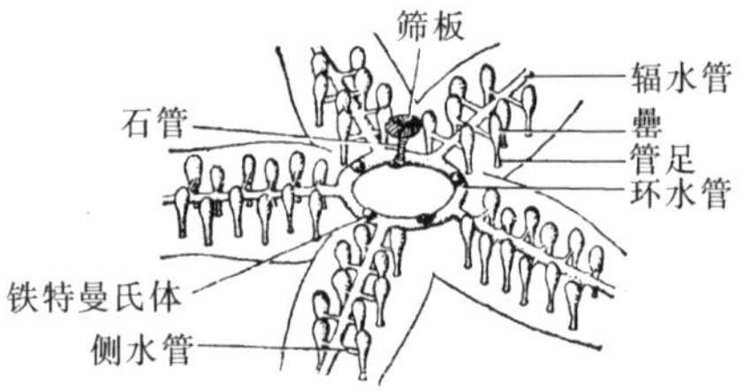

图 12-2　海盘车的水管系统(自黄正一等)

2. 内部解剖

用剪刀沿各腕的侧面剪开，小心地移去背面体壁，但注意不要移去肛门、筛板及与其相连的石管，自背面向下观察(图 12-1)。

(1) 体腔

为体壁与内脏间的空腔，自中央盘一直伸至各腕的末端。

(2) 消化系统

1）直肠与直肠盲囊：消化管末端连接于反口面体壁近中央处的一条短小管道为直肠；直肠旁的 1 对有分支的褐色或黄色盲管为直肠盲囊。

2）胃：分幽门胃与贲门胃。直肠下五角形的膨大部为幽门胃，它向各条腕发出 1 对很大的多分支的盲囊，称幽门盲囊；幽门胃腹方为一个与腕相对的五叶囊状贲门胃。

3）食管：连接口和贲门胃的狭短管道。

(3) 水管系统(图 12-2)

1）筛板：筛板上的许多小孔为海水进入体内的通道。

2）石管：与筛板相连、向体腔发出的 1 根“S”形的石灰质小管。管壁有一系列钙质环所支持，最后通入环水管中。

3）环水管：围绕口周围一圈小管。

4）辐水管：自环水管发出，沿各腕腹面中央伸至腕末端的 5 条辐射状小管，每一辐水管又向两侧分出许多并列的侧管。

5）管足与罍：与侧管末端相连而与侧管垂直的结构，其在体腔内囊状的部分为罍；通至体外的管状部分为管足。

(4) 生殖系统

雌雄异体，生殖腺 5 对，构造简单，分别位于两腕基部近间隔处，呈分支状。

(5) 骨骼

由石灰质骨板构成内骨骼。反口面的骨板不整齐；口面及腕的骨板排列整齐。剪下一腕，从横断面上可见下列骨板。

1）步带板：每腕 2 行，位于腕的腹面中央，两骨板成“∧”形，管足从板间空隙穿出。

2）侧步带板：每腕 2 行，位于步带板两侧。

3）下缘板和上缘板：每腕各有 2 行，下缘板位于侧步带板外侧上方，上缘板位于下缘板上方。

4）背侧骨板：每腕 6 行（每侧 3 行），位于上缘板上方。

5）龙骨板：1 行，位于背中央，与两侧的背侧骨板相连。

（二）各纲常见种类观察

1. 海燕（*Asterina*）（图 12-3）

海星纲，体呈五角星形，腕与体盘分界不明显，步带沟内的管足二列。为我国北部沿海常见种类。

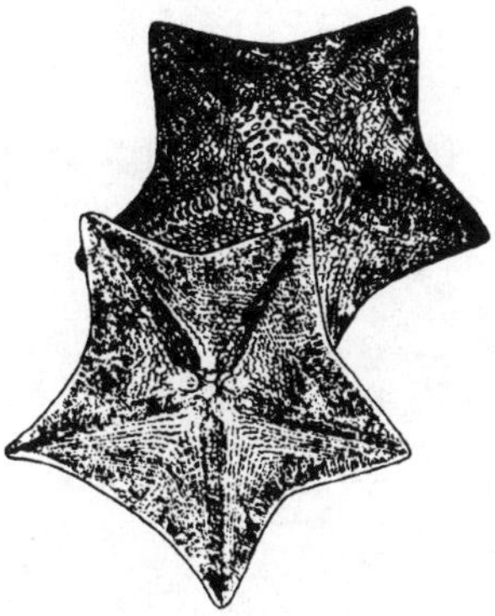

图 12-3　海燕（自张凤瀛等）

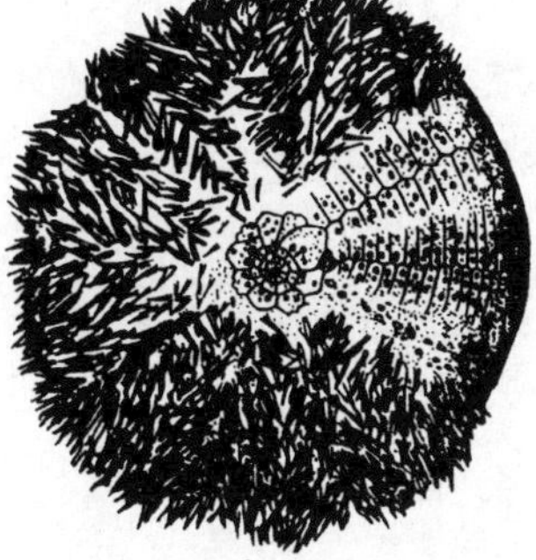

图 12-4　马粪海胆（自张凤瀛等）

2. 海胆(*Hemicentrotus*)(图 12-4)

海胆纲,体半球形,内骨骼形成一壳,壳表具发达的棘刺,管足从壳上小孔伸出。口面平,中央有口,反口面球形,有筛板、生殖板及肛门。

3. 刺蛇尾(*Ophiothrix*)(图 12-5)

蛇尾纲,体背腹扁平,体盘与腕分界明显,腕细长可弯曲,无步带沟,管足由腕侧缘伸出,有口无肛门。

图 12-5 刺蛇尾(自刘凌云等)

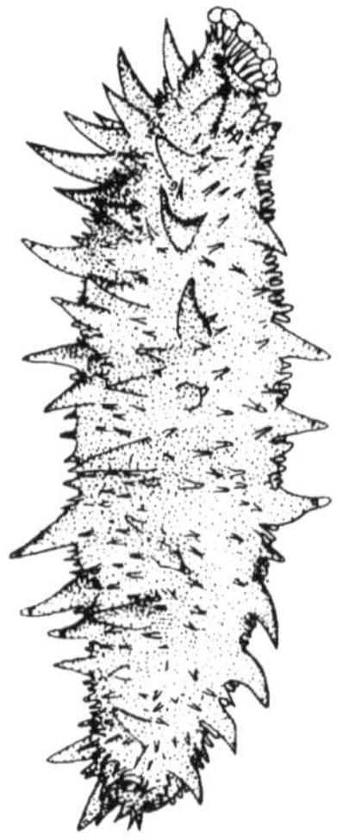

图 12-6 刺参(自张凤瀛等)

4. 刺参(*Stichopus*)(图 12-6)

海参纲,体柔软呈长圆柱形,两侧对称,有前后左右之分,前端有口,口周围有触手,腹面为三个步带区,具管足,背面有不规则的肉刺,后端有肛门。棘、叉棘退化,骨板微小,肌肉发达,营养丰富,故为名贵海产。

5. 海羊齿(*Antedon*)(图 12-7A)

海百合纲,无柄,营自由生活。

6. 海百合(*Metaerinus*)(图 12-7B)

海百合纲,体盘明显,腕具羽状分枝,口及肛门均在口面,反口面具一长柄,在海底营固着生活。

【作业】

总结棘皮动物门的主要特征。

【思考题】

比较海星纲、海胆纲、海参纲、蛇尾纲及海百合纲的异同。

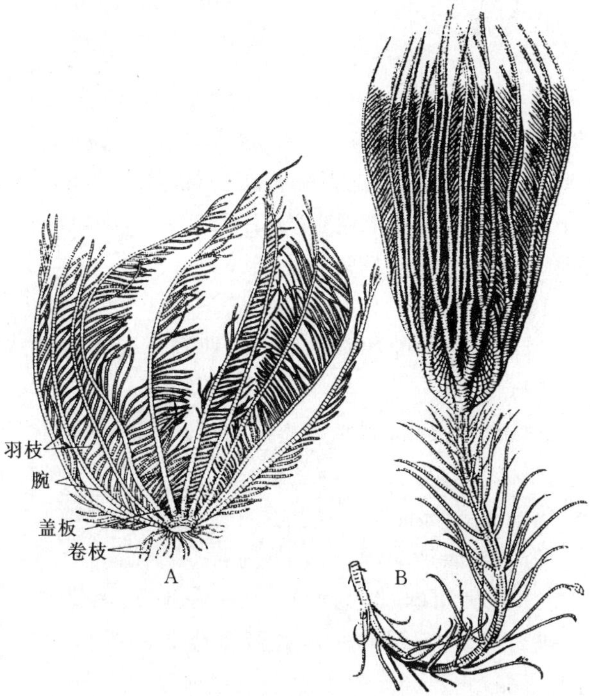

图 12-7　海羊齿(A)和海百合(B)(自刘凌云等)

实验 13　半索动物、尾索动物、头索动物和脊椎动物(圆口纲)

【实验目的】

通过柱头虫、海鞘、文昌鱼和七鳃鳗的外形和内部解剖的观察,了解脊索动物和无脊椎动物的区别,了解脊索动物的主要特征。

【实验材料】

柱头虫、柄海鞘、文昌鱼和七鳃鳗的液浸标本,文昌鱼的整体装片和横切面玻片标本。

【实验用具】

显微镜、双筒解剖镜、放大镜、培养皿和解剖盘。

【实验操作及观察】

(一) 柱头虫 *Balanoglossus misakiensis*(图 13-1)

柱头虫是栖息于我国沿海浅海滩泥沙中的一种蠕虫状动物。将液浸标本置于盛清水的解剖盘中,先识别柱头虫的前、后端和背腹面。柱头虫的躯干部前段两侧向上卷曲,其中央有一纵沟,此为背面。然后逐一观察,全体可分为吻、领和躯干三部分。

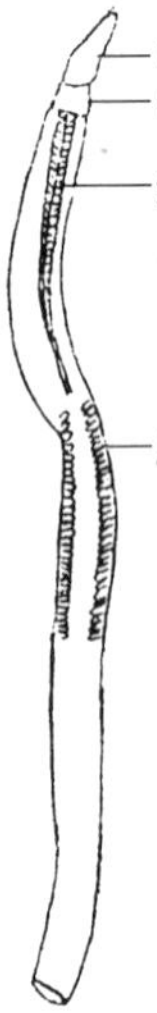

图 13-1 柱头虫的外形示意图(编者)

(1) 吻部

为身体最前端的圆锥形中空肌肉质囊状器官。

(2) 领部

吻后呈短环状的肌肉质部分,外面有横纹,在腹面的前中央有一大孔称为口孔。

(3) 躯干部

为领部以后的部分,它分为:

1) 鳃生殖腺部:为躯干的最前部分,其背中线两侧有两列小孔,即为鳃裂,鳃裂的两侧有两条隆起的纵褶,内藏有白色或红色的生殖腺,此部分即称为鳃生殖腺部分。

2) 肝盲囊部:位于躯干部中段,其背部两侧有向外突出成对的绿色或褐色的盲囊突起,称为肝盲囊部分。

3) 腹部:为躯干部的最后一部分,表面有环状横纹,其末端有肛门。

(二) 柄海鞘 *Styela clava*(图 13-2)

柄海鞘成体营固着生活,外形呈瓶状,外表被覆着粗糙的纤维质的被囊,前端有两个开口,较高的一个是入水管口,低的是出水管口。下段有一长柄,其末端附着在石头等物体上。

图 13-2 柄海鞘的外形(编者)

(三) 文昌鱼 *Branchiostoma belcheri*(图 13-3)

文昌鱼是一种半透明的海产动物。成体体长 42～47 mm。我国厦门的海滩中盛产,它们平时很少活动,将身体钻于泥沙中,仅露出前端便于摄食。

1. 外形和整体封片观察(图 13-3)

取一液浸标本置于盛水的培养皿中,借助放大镜来观察各部分。若取文昌鱼的整体封片进行观察时,可置于双筒解剖镜或低倍显微镜下观察(勿用高倍镜)。对照附图先识别前后端和身体的背腹面,然后依次观察下列各部分。

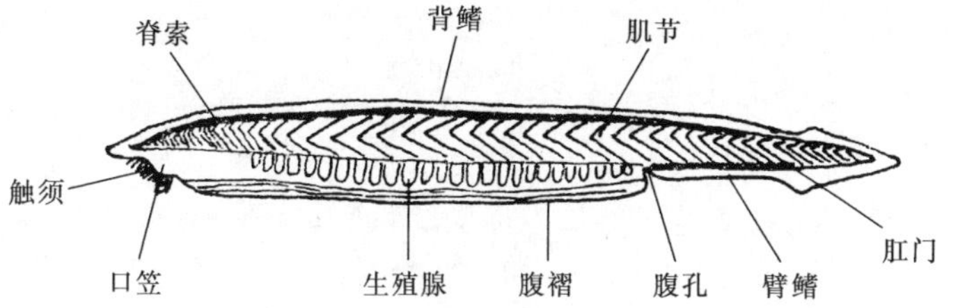

图 13-3　文昌鱼的外形(自 Romer)

1) 口笠与前庭:位于身体前端腹面,有一薄膜构成环状的斗笠,称口笠,其边缘有触须,口笠的内腔称为前庭(图 13-4)。

2) 轮状器官和触手:前庭的底部(内壁)周围有由纤毛上皮构成的指状器官,叫轮状器官(注意它们的数目,它们各具有什么功能?)。轮状器官后方有一隔板即为缘膜,其上生有短细的突起,称缘膜触手。

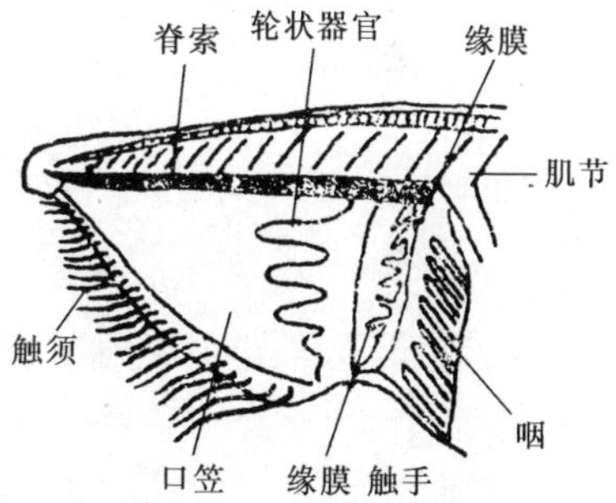

图 13-4　文昌鱼的前端(自孙帼英)

3) 口:为缘膜中央的开口。

4) 咽:口后为一纺锤形的咽。咽的两侧有成对的斜行的鳃裂,两鳃裂之间的咽壁为鳃棒(试数你所观察的文昌鱼的鳃裂数有多少,为什么大小不同的文昌鱼的鳃裂数不同?)。

5) 肠:为咽后方的直管,前端较粗大,后端渐细,末端开口于尾鳍左侧为肛门。

6) 肝盲囊:自肠起始部分的腹侧向前右方伸出一盲囊,称肝盲囊。

7) 鳍:位于身体背部的中央,有一条从前端到后端的突起部分即为背鳍,内有一列短棒状的鳍条,位于身体后端背腹两面有矛状的尾鳍,尾鳍在腹面向前延伸为臀鳍。

8) 背神经管(图 13-5):文昌鱼的背神经管和周围神经位于背鳍正下方与背部肌节之间有一纵贯全身的管即为背神经管,其前方有一色素点,称为眼点。管的两侧各有一排黑色斑点,为司感光作用的脑眼。

9) 脊索:位于神经管与消化道之间,两端尖,呈圆棒状,自前至后纵贯全身。

10) 肌节与肌隔:位于身体两侧,在透明的皮肤下方有"＜"字形的肌节,两肌节之间较透明的部分为结缔组织的肌隔。注意肌节的排列形式和功能以及肌节的数目。

11) 生殖腺:成熟个体,生殖腺呈长方形块状,分节排列于围鳃腔两侧。

2. 文昌鱼过咽部横切面玻片观察(图 13-5)

取经过咽部的横切面玻片在低倍镜(勿用高倍镜)下观察。

1) 皮肤:位于身体最外层,由单层柱状上皮构成,其下为一极薄的胶质状物质

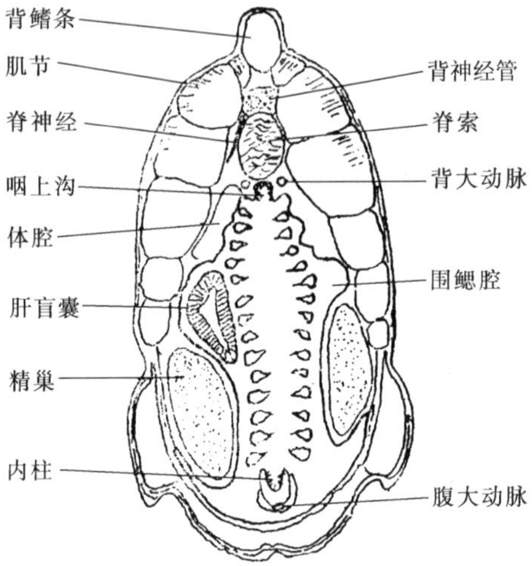

图 13-5　文昌鱼通过咽部的横切面(自杨安峰)

即真皮。

2）背鳍:位于背中央的突起部分,内有卵圆形的鳍条支持。

3）肌节:位于身体背部的较厚,体侧的较薄,肌节由结缔组织的肌隔分开。

4）神经管:位于背鳍的正下方,略呈圆形,中央有一小孔即为神经管。

5）脊索:呈卵圆形,位于神经管的下方,较神经管粗大,其周围有结缔组织形成的脊索鞘。

6）围鳃腔:为一大空腔,占腹面空腔的大部分。

7）咽:位于围鳃腔中央,其两侧有许多斜行排列的鳃棒,两鳃棒之间的空隙为鳃裂。咽之背中线上有一深沟即为(咽)鳃上沟,腹中线也有一深沟即为内柱。

8）体腔:由于被围鳃腔所挤压,仅在咽背面两侧形成一狭长的管。

9）肝盲囊:位于咽部的右侧,为一卵形的中空囊状结构。

10）生殖腺:位于咽部两侧。若是卵巢,可看到圆形的卵细胞,中央具有大型的细胞核;若是精巢,则呈条纹状或点状。

(四) 七鳃鳗 *Lampetra*(图 13-6)

身体可分为头、躯干和尾三部分。身体圆筒形,似鳗,全身光滑无鳞。

1）口漏斗:位于身体前端腹面,为一圆形漏斗状,其四周边缘有乳头状突起,可以吸附在其他鱼体上。口漏斗的内面有黄褐色角质齿。其底部有一突起即舌,

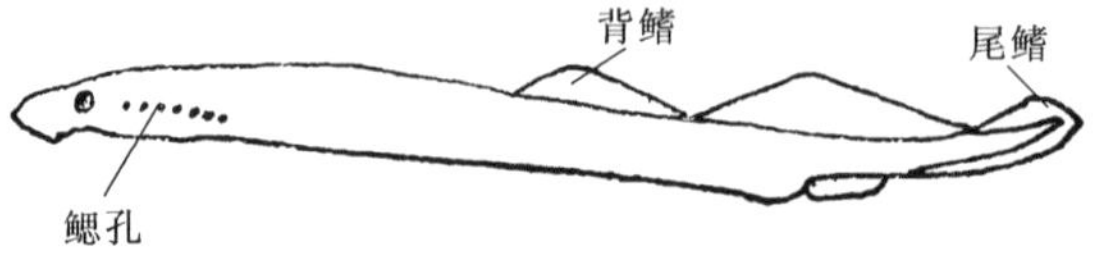

图 13-6　七鳃鳗(自杨安峰)

舌上也有齿。

2）鳍：位于躯干部背面有两个背鳍，尾部有尾鳍。

3）鼻孔：一个，开孔在头顶部，位于两眼之间。

4）眼：一对，位于头部两侧，为半透明的皮肤所遮盖。

5）鳃孔：七对，位于眼的后方。

6）泄殖乳头：在躯干部与尾部交界处的腹面有一凹陷，其前方的小孔为肛门，后方有一小乳头状突起即泄殖乳头，泄殖孔开口于乳头上。

【作业】

绘制文昌鱼经过咽部的横切面图，并注明各部分名称。

【思考题】

1）原索动物在研究脊索动物演化上有什么意义？

2）简述尾索动物的主要特点。

3）圆口纲动物的主要特征。

4）头索动物的三大特征是什么？

实验 14　鲤鱼的外形及内部解剖

【实验目的】

观察鲤鱼的外形及内部各系统的结构特点与生活环境的关系；通过实验要求掌握解剖工具的使用和保管方法，并初步掌握鱼类的解剖技术。

【实验材料】

新鲜的鲤鱼或鲫鱼、鲨鱼的脑及脑神经、内耳和眼球动眼肌示范标本。

【实验用具】

解剖刀、解剖剪、镊子、解剖盘、骨剪、普通剪、菜刀、放大镜、脱脂棉。

【实验操作及观察】

（一）外部形态

把鲤鱼置于解剖盘中，依次观察其外形各部分（图 15-1）。鲤鱼的身体呈纺锤形，两侧较扁平，背部黑色，体侧颜色较浅带有金黄色，腹部淡黄色。整个身体可分为头、躯干和尾三部分。头的后方两侧有鳃盖，鳃盖后缘是头与躯干的分界线。躯干后部腹面有两个开孔，前方为肛门，后方为泄殖孔。肛门是躯干部与尾部的分界线。

头的前端有口，上下颌无齿，口角有二对触须，眼无眼睑，眼前方有一对鼻孔，眼前缘以前部分称为吻部。鳃盖后缘游离，具薄而柔软的鳃盖膜，其后下方的开口称为鳃孔。躯干背部正中线有一个背鳍，躯干腹面前方有一对胸鳍，中部有一对腹鳍，尾部腹面正中线上有一臀鳍，尾后端是一个分叉状的尾鳍。

躯干部和尾部被圆鳞，呈覆瓦状排列。用镊子取下躯干部几块鳞片，可见鳞片前部埋在皮肤中。用放大镜观看鳞片后部，其边缘光滑，无栉齿而略呈圆形，故称圆鳞。靠近体侧中间，从鳃盖后缘一直到尾鳍基部为止的鳞片上，有许多小孔连成一条虚线，叫做侧线。

鲤鱼的外形观察完毕后，用解剖刀去掉体侧的鳞片 4～5 行，剥去一段皮肤，即可见到躯干部的肌肉。

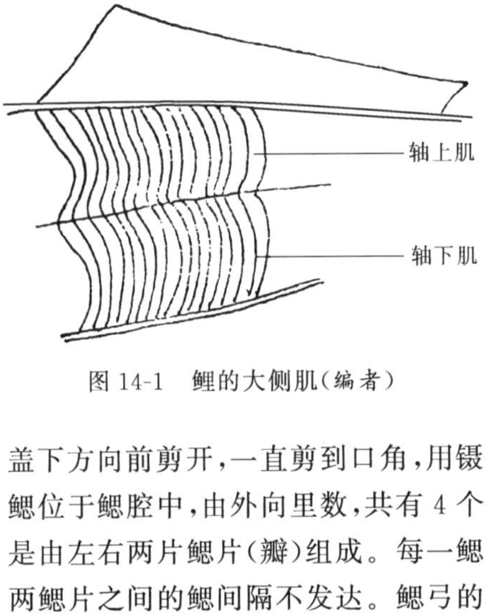

图 14-1　鲤的大侧肌(编者)

(二) 肌肉系统(图 14-1)

本实验只观察躯干部的肌肉，它是由许多弯曲呈分节排列的肌节组成，名叫大侧肌。肌节之间是结缔组织的肌隔，还有一条与中轴平行的肌隔把大侧肌分为背部的轴上肌和腹部的轴下肌。

(三) 呼吸系统(图 14-2)

用骨剪从左侧鳃盖的上方向前剪开至眼下方，再沿眼下方剪到口角，又从鳃盖下方向前剪开，一直剪到口角，用镊子小心将左侧鳃盖掀起，即可见到鲜红的鳃。鳃位于鳃腔中，由外向里数，共有 4 个全鳃。用剪刀剪下一个全鳃，可见每个全鳃是由左右两片鳃片(瓣)组成。每一鳃片又有许多鳃丝，它们着生在弧形的鳃弓上，两鳃片之间的鳃间隔不发达。鳃弓的内侧有齿状突起，名叫鳃耙。

观察胸腹腔内各器官的解剖方法：用左手握住鲤鱼的背部(头向前，尾向后)，使其腹面向上；在肛门前约半公分处剪一横口，将剪刀的一叶插入横口内(注意不

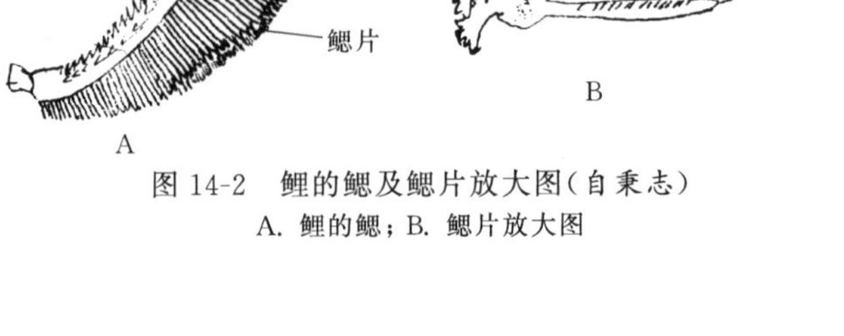

图 14-2　鲤的鳃及鳃片放大图(自秉志)
A. 鲤的鳃；B. 鳃片放大图

要插得太深，以免损伤内脏）；沿着腹中线向前剪至喉部（经过胸、腹鳍处，用骨剪剪开骨骼）；然后将鲤鱼右侧向下置于解剖盘中，用镊子从腹面的纵切口提起左侧体壁；右手持刀，沿肛门的横裂口朝侧线方向剖开，剖至侧线时，刀口转向前方沿侧线剖至鳃盖后缘，刀口又转向下方剖至喉部，与喉部的纵切口相接；最后用镊子掀起左侧体壁即可看见内部各器官（图 14-3）。首先对照图 14-3 观察胸腹腔内各器官系统的自然位置，然后依次剖开各器官进行观察。先把内脏轻轻向腹面拨开，可见靠近胸腹腔背面有两个银白色的囊状体叫鳔，其背方中部覆有褐色的肾脏。鳔的背侧面为生殖腺。若是成熟的雄鱼则为白色的精巢。若为成熟的雌鱼则可见到含卵粒的黄色卵巢。胸腹腔大部分为盘绕的消化管和分散的肝胰脏，其间有一深红色长条形的脾脏。

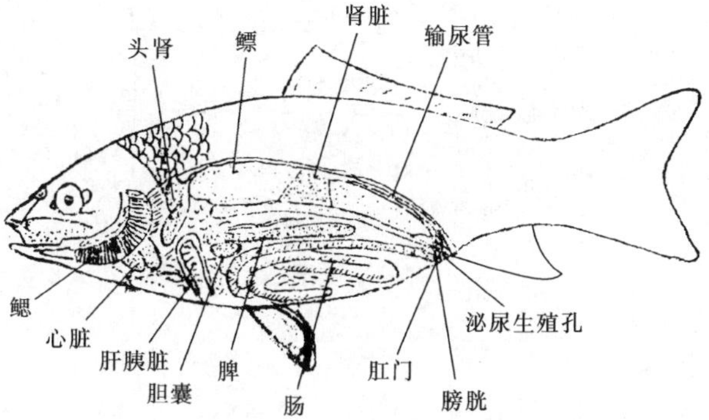

图 14-3　鲤的内脏（左侧面观）（自丁汉波）

（四）循环系统（图 14-4）

将鲤鱼左侧的鳃及鳃弓去掉，再把胸鳍所在处的体壁剪去，可以看到围心腔，心脏位于其中。围心腔与其后面的腹腔有隔膜相隔。心脏在围心腔内被一层薄膜（围心膜）包围，用剪细心地将围心膜剪开，即可看到心脏。

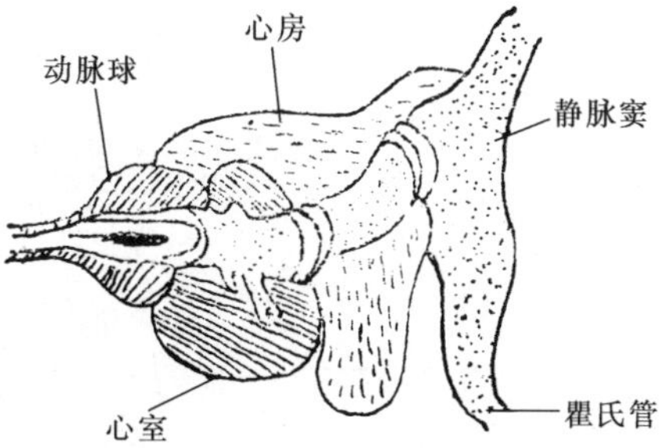

图 14-4　鲤的心脏纵切面（自秉志）

1. 心脏

1）静脉窦：位于心脏后部，近似三角形，暗红色，囊状，壁甚薄。在静脉窦后背侧与左右两条粗大的瞿氏管相通。

2）心房：位于静脉窦的前方，其壁比静脉窦稍厚。

3）心室：位于心房稍偏腹面的前方，圆锥形，淡红色，壁厚。

4）动脉球：位于心脏的前方，略呈三角形的白色小球体。与心室相连，由腹大动脉基部扩大而成，不属于心脏的一部分。

2. 动脉(图 14-5)

动脉球向前接一根较粗大的血管,即腹大动脉。由它向左右两侧分出四对入鳃动脉进入鳃内(观察这些血管时必须小心把动脉球附近的组织向前分开才能看见)。将鲤鱼的腹面朝上,把腹大动脉左侧或右侧的组织清除干净,即可见 4 根淡红色的血管,即为入鳃动脉。血管入鳃后形成微血管,在鳃内进行气体交换后即由 4 对出鳃动脉在头部背后方形成背大动脉,向后分支到躯干部各器官,向前分支到头部各器官。

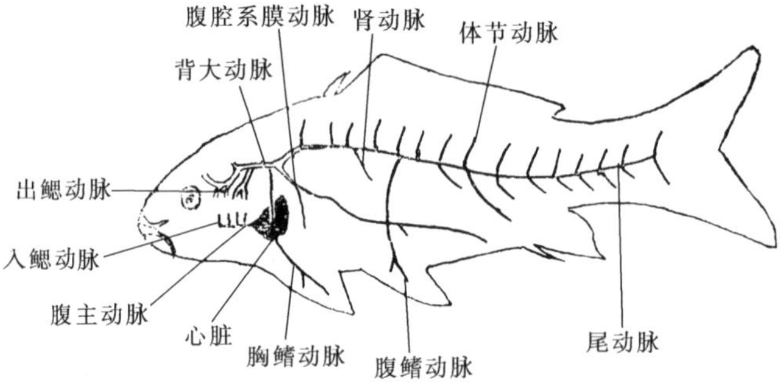

图 14-5 鲤的动脉图(自秉志)

3. 静脉(图 14-6)

自头部各器官回来的静脉血由一对前主静脉运回静脉窦。自躯干部、尾部各器官回来的静脉血由一对后主静脉运回静脉窦。

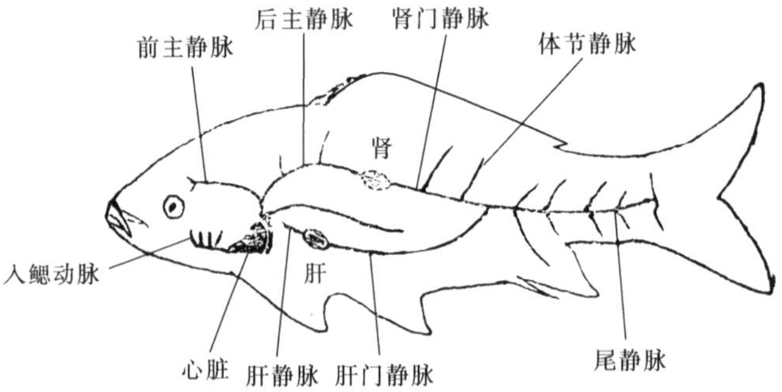

图 14-6 鲤的静脉图(自秉志)

(五) 消化系统(图 14-3、14-7)

1. 消化道

开始于口,剪开口角,掀开上下颌,可见上下颌无齿,其内为口咽腔,有 5 对内鳃裂与之相通。口咽腔后部,第 5 对鳃弓上着生有 3 列齿,叫下咽齿,由内向外排列,内列 3 枚,中列、外列各 1 枚,用齿式表示即书写为 1·1·3—3·1·1。紧接口咽腔之后为一短的食管。观察食管以后的消化道时，要用镊子把肠子周围的组织仔细分开，使肠子充分暴露。鲤鱼的肝胰脏(呈暗红色)分散在肠子之间，注意不要拉碎，留在下面观察。鲤鱼没有胃，肠很长，盘旋在腹腔中，其长度约为体长的2～3倍。前段略粗，后部略细。大肠和小肠不易区分。肠的末端以肛门通体外。

图 14-7　鲤的下咽骨和下咽齿(自丁汉波)

2. 消化腺

鲤鱼的消化腺是肝脏和胰脏。肝脏堆积在肠各部之间，暗红色；胰脏呈分散状态，分布在肝脏的内面和外边，二者不易区别，故合称肝胰脏。在肠前段的背面稍偏右边的肝胰脏内，埋有一个椭圆形的小囊即胆囊，深绿色，胆囊有一较粗短的胆管通入小肠。把附近的组织分开才能看见。

［**附1**］　鳔：位于消化道的背部，为一个充满气体的薄壁囊，前端圆，后端尖，中间很细，把鳔分为前后两室。在后室起始处的腹面有一细长的鳔管与食道相通。

［**附2**］　脾：色深红，较细长，位于小肠背面，鳔的腹面。消化系统各部分观察完毕后，把它分离开，可见贴于腹腔背面的生殖器官和肾脏。

(六) 泌尿生殖系统(图 14-8、14-9)

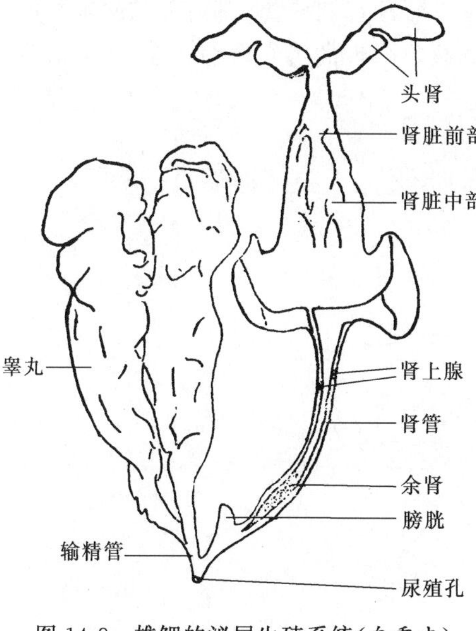

图 14-8　雄鲤的泌尿生殖系统(自秉志)

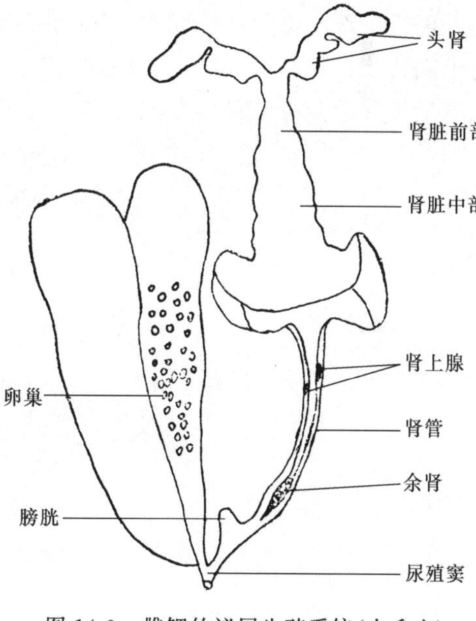

图 14-9　雌鲤的泌尿生殖系统(自秉志)

1. 生殖器官

1) 雄性生殖器官：精巢一对，位于鳔的背侧面，乳白色(未成熟时，色淡红)，呈扁平的长块状。每一精巢后部变细，由精巢壁延伸出一条很短的输精管，左右二输精管汇合为一，通入泌尿生殖窦，经泌尿生殖孔通体外（位于肛门后方）。

2）雌性生殖器官：卵巢一对，位于鳔的腹侧面。发育成熟的鲤鱼，卵巢占体腔的大部分，其长度几乎和体腔长度相等。每一卵巢后部由卵巢壁延伸出一根短的输卵管，左右二输卵管汇合为一，通入泌尿生殖窦，经泌尿生殖孔通体外。

2. 泌尿器官

把生殖腺和鳔拉开即可见到肾脏。肾脏一对，色深褐色，位于腹腔背壁，脊柱下方，鳔的背上方。肾前部较细，后部（即在鳔的前后室相接处）较宽。左右肾各向后伸出一条输尿管，左右二输尿管末端汇合成膀胱，前宽后窄，后端通入泌尿生殖窦，经泌尿生殖孔通体外。

肾脏的前端有一很长的呈倒人字形拟淋巴腺，叫做头肾，色深红，位于鳔的前上方，这一腺体与肾相连，在大体解剖上二者不易区别。

（七）神经系统及感觉器官

这一系统的解剖，放在下一实验进行，先做本实验的作业。以上各系统的解剖做完以后，用骨剪把鱼头自鳃盖后缘上方剪下。放在5%～10%的福尔马林溶液中浸泡两昼夜，然后加入1%～2%的硝酸溶液浸泡24 h，使骨骼软化后即可解剖。先观察鲨鱼的脑及脑神经、内耳和眼球动眼肌等示范标本以后再进行解剖。

用镊子从枕骨大孔背面左右侧，小心剥去耳囊顶部的骨骼、肌肉和结缔组织即见半规管装在耳囊内。顺着半规管的走向，继续将附近的组织清理干净，可以看见三个半规管的全貌（图14-10）。

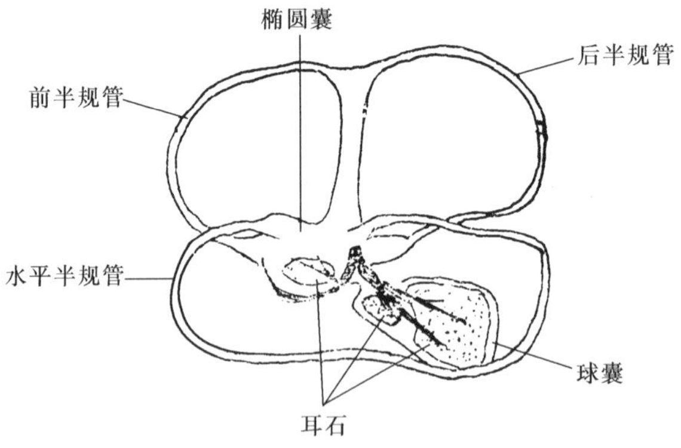

图14-10　鲤的内耳（自秉志）

观察脑的背面时，用镊子小心从枕骨大孔将头骨背面和两侧的骨片逐块掀开，脑即露出。仔细清除附近的组织，尽量不损伤脑神经，依次观察脑的各部及两侧伸出的脑神经（图14-11）。

1）大脑（端脑）：位于脑的前端，是两个小圆球。大脑向前发出一对很长的嗅束(嗅茎)。嗅束末端各有一椭圆形的嗅球。

2）间脑：位于大脑的后下方，它的背面为中脑所遮盖，从背面看不见。仅有一脑上腺(松果体)露出(很容易被拉掉)，用镊子向前轻轻拨开大脑即可见到间脑，其腹面前方是视神经交叉，视交叉后方中央突出部分即漏斗。脑下垂体贴在漏斗的端部。

3）中脑：位于间脑后上方两侧，略呈半月形(鲤鱼)或球形(鲫鱼)，又名视叶。

4）小脑：位于两个视叶的后下方，为一圆形体。

5）延脑：在小脑的后下方，中部称面叶，其背面大部分被小脑遮住，两侧膨大部分称迷叶。面叶、迷叶后方即延脑本体，其末端接脊髓。

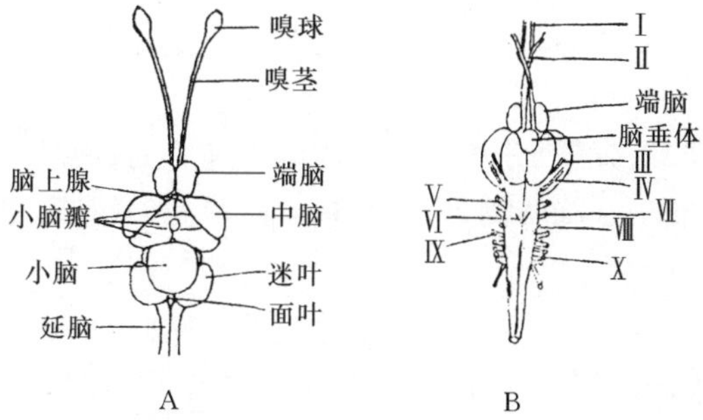

图 14-11　鲤的脑(自秉志)
A. 背面观；B. 腹面观

【作业】

绘出鲤鱼或鲫鱼鳃的侧面图和横切面图

附：鲨鱼的脑及脑神经，内耳和眼球动眼肌(示范)

(一) 脑和脑神经(图 14-12、14-13)

在脑的背面，最前面是一对较大的圆形或杯状的嗅球，与嗅囊的背侧壁相连，由一嗅束连于大脑。大脑半球略呈圆形，大脑之后是一对视叶(中脑)。大脑和中脑之间有一凹陷区即为间脑。中脑后方有一个凸起的椭圆形体即小脑。后方是一个略呈三角形的延脑，后接脊髓。

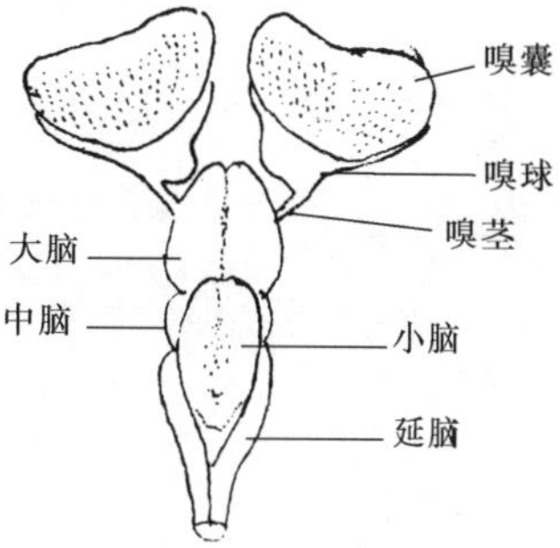

图 14-12　尖头斜齿鲨脑的背面观(自 Well)

观察脑神经时，需小心将脑颅背侧壁和腹壁的软骨和附着的组织去掉，从脑的背侧面，腹面可见到脑神经。

嗅神经(Ⅰ)：从嗅囊的嗅黏膜发出，连接到嗅球上，司嗅觉。

视神经（Ⅱ）：观察脑的腹面，即可看到一对粗大的脑神经从间脑的腹面发出，并在间脑底部形成视交叉。视神经分布于眼球的视网膜上，司视觉。

动眼神经（Ⅲ）：由中脑的两侧，恰在脑下垂体后面发出，分布于眼球的下斜肌、上直肌、下直肌和内直肌上，司运动。

滑车神经（Ⅳ）：起于中脑两侧，分布于眼球的上斜肌上，司运动。

三叉神经（Ⅴ）：起于延脑前侧，分布到眼眶壁和上下颌上，既司运动，又司感觉，为混合性神经。

外展神经（Ⅵ）：起于延脑腹面前端，分布于眼球的外直肌上，司运动。

面神经（Ⅶ）：起于延脑两侧，分布到眼眶、口咽腔和舌颌骨上，为混合性神经。

听神经（Ⅷ）：除去一侧的内耳，即可看见起于延脑两侧，分布到内耳上，司平衡作用。

舌咽神经（Ⅸ）：起于延脑，分布于舌弓和第一鳃弓上，为混合性神经。

迷走神经（Ⅹ）：起于延脑两侧，为一对粗大的神经，分布到鳃弓、侧线和内脏器官上。为混合性神经。

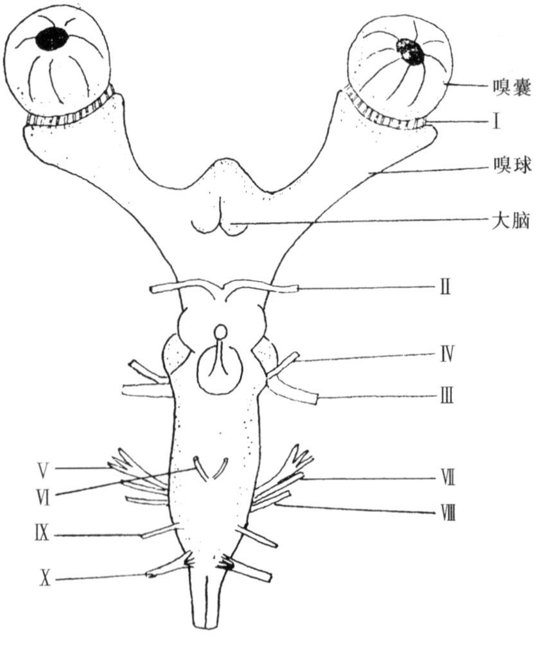

图 14-13　猫鲨脑的腹面观（示脑神经）（自 Well）

（二）内耳（图 14-14）

位于听囊内，用镊子小心地、一点点地剥离听囊上的软骨，内有一腔，腔内有三条呈弓形互相垂直的细管，即半规管。位于前面的（直立着的）为前半规管，位于后面的（亦直立）为后半规管，还有一条位于两者之间，呈水平走向的半规管。这三个半规管连接两个囊状体，位于上部的为椭圆囊，位于下部的为球状囊。这三个半规管和两个囊构成鲨鱼的内耳。

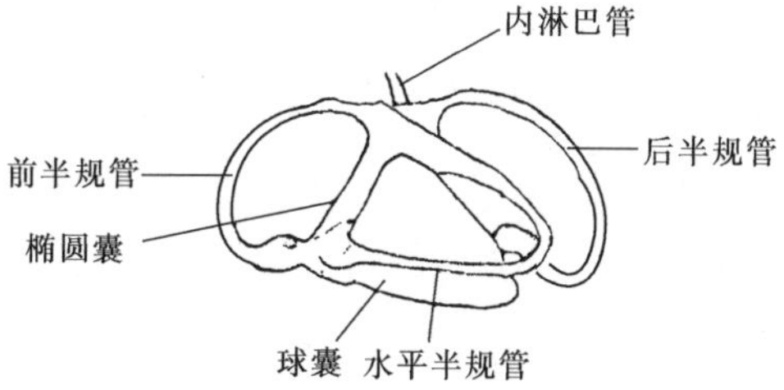

图 14-14 鲨的内耳(自丁汉波)

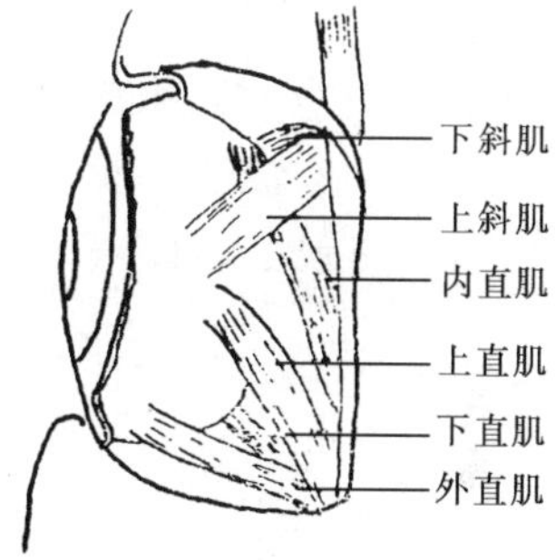

图 14-15 鲨鱼的眼球(示眼肌)(自丁汉波)

（三）鲨鱼眼球的动眼肌(图 14-15)

把眼眶上的皮肤和附近的组织去掉，露出眼球，用手指将眼球轻轻地往下压，并前后转动眼球，可见到从眼眶的内壁上发出 6 根肌肉即动眼肌，它们附着在眼球上，对照附图进行观察。从前面斜向后下方为上斜肌；其下方为下斜肌；从后面斜向前方为上直肌；其下方为下直肌；又位于上直肌和下直肌之间的前后，各有一条肌肉，在前面的为内直肌；后面的为外直肌。

【思考题】

1）简述侧线的结构及功能。
2）以鲤鱼为例，说明鱼类的呼吸系统和循环系统的特点。
3）简述鳔的结构及功能。

实验 15 鱼纲分类(1)

【实验目的】

1）学习鱼类分类的测量、记载和描述方法；
2）认识鱼类的各种鳞片、体型、口型和鳍式的书写方法。

【实验材料】

各种鳞片和供观察体型、口型、鳍式以及测量、描述用的鱼类标本。

【实验用具】

解剖盘、解剖剪、米尺。

【实验操作及观察】

(一) 鱼类的一般测量和记载

鱼类的外部形态和各部分长度比例,往往作为鱼类的分类标准之一(单位:mm),因此,必须了解有关的术语与测量方法(图 15-1)。

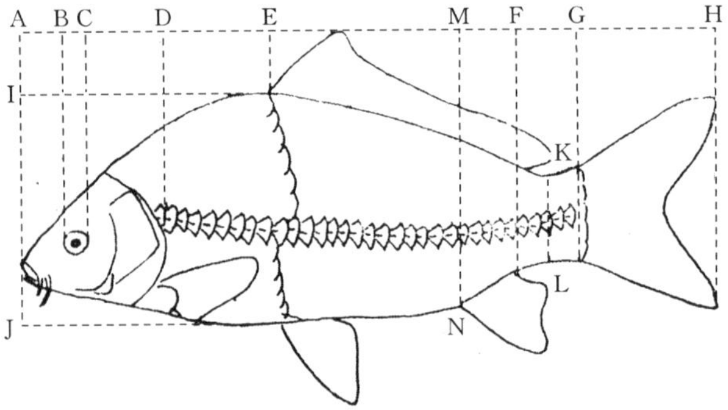

图 15-1 鱼类的外形(自河南鱼类志)

1) 全长:自吻端至尾鳍末端的长度。(A～H)
2) 体长:自吻端至尾鳍基部的长度。(A～G)
3) 体高:躯干部最高处的垂直高度。(I～J)
4) 头长:由吻端至鳃盖骨后缘的长度。(A～D)
5) 躯干长:由鳃盖后缘到肛门的长度。(D～M)
6) 尾长:由肛门至最后一个椎骨的长度。(M～G)
7) 吻长:由上颌前缘至眼前缘的长度。(A～B)
8) 眼径:眼眶的前缘至后缘的垂直距离。(B～C)
9) 眼间距:两眼间的垂直距离。
10) 口裂长:吻端至口角的长度。
11) 眼后头长:眼后缘至鳃盖骨后缘的长度。(C～D)
12) 尾柄长:臀鳍基部后端至尾鳍基部的长度。(F～G)
13) 尾柄高:尾柄最低处的垂直高度。(K～L)
14) 背鳍基长:从背鳍起点到背鳍基部末端的直线长度。(E～F)
15) 臀鳍基长:从臀鳍起点到臀鳍基部末端的直线长度。(M～F)
16) 侧线鳞的数目:从鳃盖上方直达尾鳍基部的一列带孔的鳞片数目。

17）侧线下鳞数目：从臀鳍或腹鳍起点斜行到侧线鳞的鳞片数。

18）侧线上鳞数目：从背鳍起点斜行到侧线鳞的鳞片数。

19）鳞式的书写：侧线鳞的数目$\frac{\text{侧线上鳞数目}}{\text{侧线下鳞数目}}$

20）鳍和鳍式：鳍分为奇鳍和偶鳍。前者有背鳍、臀鳍和尾鳍；后者有胸鳍和腹鳍。鳍由鳍条和鳍棘组成。鳍条柔软而分节，末端分支的为分支鳍条，末端不分支的为不分支鳍条。鳍棘（刺）有两种，一种是硬质，经水煮后，不能分为左右两半（真棘），如鲈鱼；另一种也是硬质，经水煮后即分为左右两半（假棘），如鲤鱼（图 15-2）。

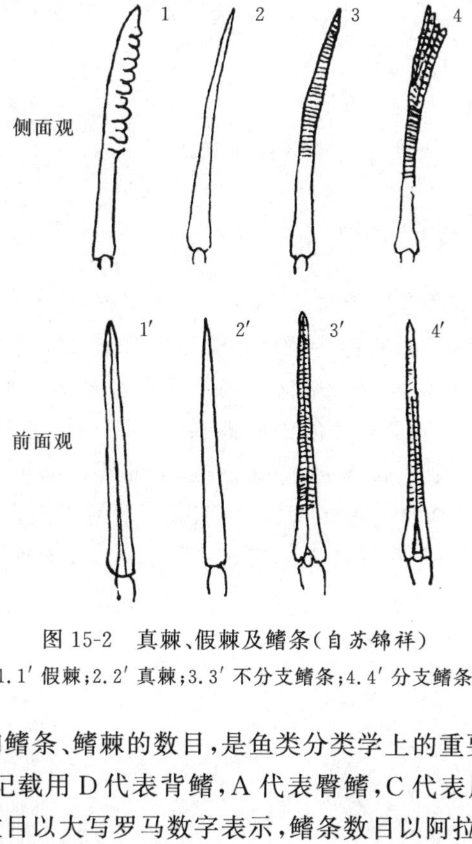

图 15-2 真棘、假棘及鳍条（自苏锦祥）

1.1′ 假棘；2.2′ 真棘；3.3′ 不分支鳍条；4.4′ 分支鳍条

鱼类鳍的组成和鳍条、鳍棘的数目，是鱼类分类学上的重要依据之一。常要记载其数目，即鳍式。记载用 D 代表背鳍，A 代表臀鳍，C 代表尾鳍，P 代表胸鳍，V 代表腹鳍。鳍棘的数目以大写罗马数字表示，鳍条数目以阿拉伯数字表示，背鳍一个时，写出鳍棘和鳍条的数字即可，背鳍为两个时，其中第一背鳍后面以逗号(,)与第二背鳍分开，鳍棘和鳍条之间用破折号(-)分开。若鳍棘或鳍条数目有变化，则变化范围用符号“～”表示。

例如：鲈鱼的鳍式为：D. Ⅻ，Ⅰ-13；A. Ⅲ，7～8；C. 17；P. 16～18；V. Ⅰ，1～5。

鲤鱼的鳍式为：D. 3，15～22（鲤鱼和大多数鲤形目鱼类的背鳍和臀鳍，若有硬棘时，属假棘，用阿拉伯字母表示）；A. 3，5～7；P. 1，15～16；V. 1，8；C. 20～22。

有些鱼类(如鲇形目),在背鳍后方有一个无鳍条的皮质鳍,称脂鳍。

(二) 鳞片(图 15-3)

1) 楯鳞:外层为珐琅质,内层为齿质,中央有髓腔,如鲨鱼。

2) 硬鳞:由硬鳞质构成,作斜方形板状排列,如鲟鱼。

3) 圆鳞:由骨质构成,前端埋于真皮内,后端游离,边缘光滑,如鲤鱼。

4) 栉鳞:由骨质构成,前端埋于真皮内,后端游离,边缘呈锯齿状,如鳜鱼。

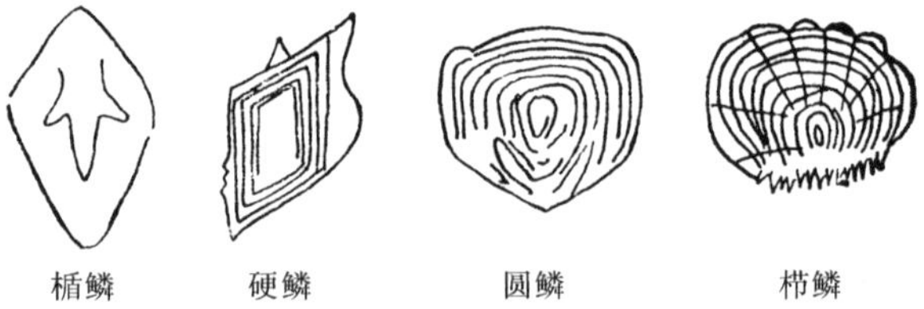

图 15-3 鱼类的各种鳞片(自苏锦祥)

附:鲤鱼的年龄鉴定(图 15-4)

从背鳍与侧线之间取下数枚鳞片,洗净,挑选出 2～3 枚完整的鳞片置于载玻片上,用双筒解剖镜观察,可见每一鳞片分成几个部分,即埋在皮肤内的为前区,露出皮肤外的为后区,鳞片的两侧为侧区。鳞片表面有许多呈同心圆环状的隆起称环片,这些同心圆环片环绕着鳞片的中心即鳞焦。在后区的环片走向常不规则或断裂。鲤鱼一年中各季节生长不同,因此,鳞片上的环片也随生长周期的出现而发生变化。鲤鱼在侧区或侧区与后区交界处,有部分环片的走向各异,在环片间产生切割现象,即形成年轮。观察鳞片上切割的数目多少,左右是否对称等,即可确定鲤鱼的年龄。

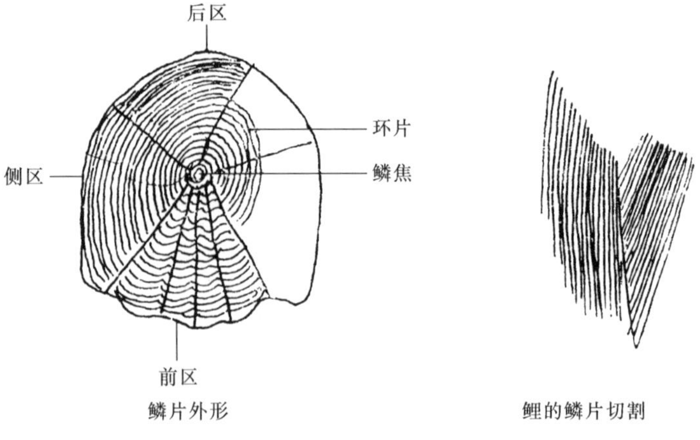

图 15-4 鳞片(作年龄鉴定)(编者)

(三) 体型(图 15-5)

1) 纺锤形:背腹轴略大于左右轴,如鲤鱼。

2) 侧扁形:背腹轴大于左右轴,如长春鳊。

3) 平扁形:背腹轴小于左右轴,如孔鳐。

4) 鳗形:身体圆筒形或扁带形,头尾轴延长,背腹轴和左右轴很短,如黄鳝、鳗鲡。

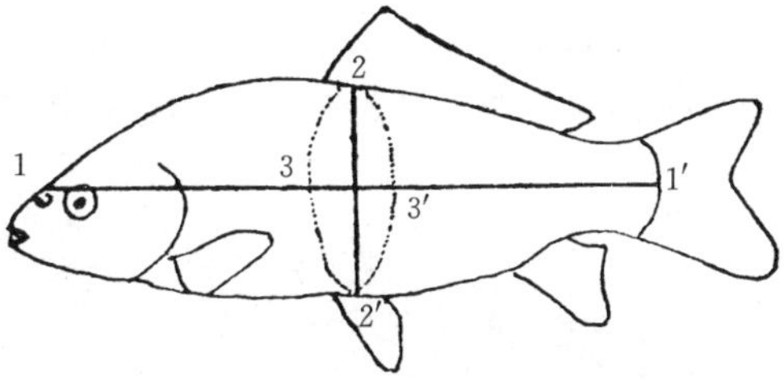

图 15-5 鱼类的体轴(自苏锦祥)
1～1′ 头尾轴;2～2′ 背腹轴;3～3′ 左右轴

(四) 口的位置

1) 上位:口裂向上方开口,如翘嘴红鲌。

2) 下位:口裂向头的腹面开口,如星鲨。

3) 端位:口裂向吻的前方开口,如鲤鱼。

(五) 尾型

1) 圆尾型:椎骨末端平直地插入尾鳍中央,把尾鳍分为对称的上下两叶,如肺鱼。

2) 歪尾型:椎骨末端向上方弯曲伸入尾鳍上叶,把尾鳍分为上下不对称的两叶,如鲨鱼。

3) 正尾型:椎骨末端仍稍向背上方弯曲,但尾鳍外观上的上下叶对称。

(六) 腹棱

腹棱位于肛门前腹部的部分地区或整个腹部正中线形成一扁薄的边缘称腹棱,如白鲢、花鲢。

(七) 腹鳍

腹鳍的位置一般腹鳍位于腹部称腹鳍腹位,如鲤鱼。若腹鳍位于胸鳍下方称腹鳍胸位,如鳜鱼。若腹鳍位于胸鳍的前下方则称腹鳍喉位,如狭鳕(明太鱼)。

(八) 描述某一种类时可参考下列内容(本实验以外部形态为主)

名称:学名、中文名、地方名、采集地等等;

各种量度:全长、体长、体高、头长、眼径、眼间距、尾柄长、尾柄高等等;

体长为体高倍、头长为吻长倍、头长为眼径倍等等;

鳞式、鳍式、口的位置、体型、体色、性别、有无口须、生活习性、分布等。

【作业】

测量和描述 1～2 种鱼类的主要特征。

【思考题】

1）楯鳞、硬鳞、圆鳞、栉鳞的区别。

2）说明鱼类与水生生活相适应的特点。

3）用鳞片研究鱼类的年龄鉴定和生长有什么意义？

实验16 鱼纲分类(2)

【实验目的】

学习使用和编写检索表的方法，认识常见的经济鱼类。

【实验材料】

供观察用的各种鱼类标本。

【实验用具】

解剖盘、解剖器、放大镜、双筒解剖镜。

【实验操作及观察】

根据上一实验对鱼类外形的测量、鳞片、鳍、体色和口的位置等外部形态的特点，认识常见的各种鱼类。使用标本时一定要小心，勿随意掰剥标本，必须观察某些内部结构时，要在教师指导下进行。

（一）软骨鱼类

1(2) 鳃孔5～7对，分别开口于体外 …………………………………… **板鳃亚纲 Elasmobranchii**

2(1) 鳃裂4个，外被一个膜状鳃盖 …………………………………… **全头亚纲 Holocephali**

1. 板鳃亚纲

1(2) 眼侧位，鳃裂开口于头的两侧，胸鳍正常，与头和体侧不愈合 ……… **鲨目 Selachoidei**

2(1) 眼上位，鳃裂开口于头的腹面，胸鳍与头和体侧愈合 …………………… **鳐目 Batoidei**

鲨目　观察星鲨、双髻鲨（头向两侧突出，形似锄头）。

鳐目　观察团扇鳐、孔鳐。

2. 全头亚纲

观察银鲛。头大，鳃裂外有一膜状鳃盖，尾长，呈鞭状。

（二）硬骨鱼类

1(2) 具内鼻孔，鳔有呼吸作用，身体细长 ………………………………… **肺鱼亚纲 Dipnoi**

2(1) 不具内鼻孔，鳔作为浮沉器官，体形各种各样 ……………… **辐鳍亚纲 Actinopterygii**

辐鳍亚纲常见目别检索表

1(2) 体被5行骨板(鲟科),若裸露无鳞,则尾鳍上叶有硬鳞(白鲟科);歪尾型 …………………………………………………………………… 鲟形目 Acipenseriformes
2(1) 体被圆鳞、栉鳞或裸露,一般为正尾型。
3(38) 成鱼身体左右对称,眼位于头的两侧。
4(37) 胸鳍正常,基部不呈柄状;鳃孔一般位于胸鳍基底前方。
5(36) 上颌骨正常,不与前颌骨愈合。
6(9) 体延长,呈蛇形。
7(8) 左右鳃孔不相连 ……………………………………… 鳗鲡目 Anguilliformes
8(7) 左右鳃孔在喉部联合为一,无胸鳍 ………………………… 合鳃目 Synbranchiformes
9(6) 体形多样,不呈蛇形。
10(25) 背鳍一般无鳍棘,一些种类背、臀鳍或胸鳍前有骨化的硬刺(假棘)。
11(24) 腹鳍腹位,背鳍一个。
12(15) 上颌口缘由前颌骨和上颌骨共同组成。
13(14) 无脂鳍,无侧线 ……………………………………………… 鲱形目 Clupeiformes
14(13) 一般有脂鳍,侧线存在 …………………………………………… 鲑形目 Salmoniformes
15(12) 上颌口缘仅由前颌骨组成。
16(17) 无侧线 ……………………………………………………… 鳉形目 Cyprinodontiformes
17(16) 具侧线。
18(19) 侧线位低,接近腹侧;背鳍与臀鳍相对 ………………………… 颌针鱼目 Beloniformes
19(18) 侧线正常。
20(21) 具韦伯氏器,两颌无牙;无脂鳍 ……………………………… 鲤形目 Cypriniformes
21(20) 两颌具牙;一般具脂鳍。
22(23) 体被圆鳞;无口须 ………………………………………… 灯笼鱼目 Myctophiformes
23(22) 体裸露或被骨板,具1~4对口须 ……………………………… 鲇形目 Siluriformes
24(11) 腹鳍胸位或喉位,背鳍1~3个……………………………………… 鳕形目 Gadiformes
25(10) 背鳍一般具鳍棘。
26(27) 吻通常呈管状,背、臀、胸鳍鳍条大多不分支 …………… 刺鱼目 Gasterosteiformes
27(26) 吻不呈管状;背、臀和胸鳍鳍条大多分支。
28(31) 腹鳍存在时,具1~17鳍条,棘有或无。
29(30) 尾鳍主鳍条18~19;臀鳍一般具3鳍棘 ……………………… 金眼鲷目 Beryciformes
30(29) 尾鳍主鳍条10~13;臀鳍具1~4鳍棘 ………………………………… 海鲂目 Zeiformes
31(28) 腹鳍一般具1鳍棘,5鳍条
32(33) 腹鳍亚胸位或腹位;2个背鳍分离颇远……………………………… 鲻形目 Mugiliformes
33(32) 腹鳍腹位或喉位;背鳍两个,接近或连接。
34(35) 第二眶下骨后延,横过颊部和前鳃盖骨相接,形成眶下骨架 …………………………………………………………………… 鲉形目 Scorpaeniformes
35(34) 第二眶下骨不后延成眶下骨架 ……………………………………… 鲈形目 Perciformes

36(5) 上颌骨与前颌骨愈合成骨喙;腹鳍2鳍棘2鳍条或左右合成一硬棘或缺如 ……………………………………………………………………… **鲀形目 Tetradontiformes**

37(4) 胸鳍基部呈柄状;鳃孔位于胸鳍基底后方 …………………… **鮟鱇目 Lophiiformes**

38(3) 成体体不对称,两眼位于头部的一侧(左侧或右侧) ……… **鲽形目 Pleuronectiformes**

鲤形目常见科别检索表

1(4) 上下颌无齿,具咽齿(下咽齿)。

2(3) 身体圆筒形,口须3对以上 ……………………………………… **鳅科 Cobitidae**

3(2) 身体形态各样,口须有或无,若有须一般1~2对 ……………… **鲤科 Cyprinidae**

4(1) 上下颌具齿

5(6) 具脂鳍 ……………………………………………………………… 鮠科 **Bagridae**

6(5) 不具脂鳍 ……………………………………………………… **胡子鲇科 Clariidae**

常见鲤科鱼类检索表

1(4) 有呈螺旋形的鳃上器官,眼位置稍偏于头纵轴下方。

2(3) 鳃耙细密,互相交错成多孔的膜质片;腹棱从胸鳍基部前方起始直达肛门,体银白色 ……………………………………… **白鲢(鲢子)(*Hypophthalmichthys molitrix*)**

3(2) 鳃耙细密,且互不相连;腹棱从腹鳍基部伸展至肛门。体表有许多黑色斑点 ……………………………………………………… **花鲢(胖头)(*Aristichthys nobilis*)**

4(1) 没有螺旋形的鳃上器官,眼的位置偏于头纵轴的上方。

5(8) 臀鳍有硬棘(假棘),其后缘有锯齿。

6(7) 咽齿3行,磨形。触须2对 ………………………………… **鲤(*Cyprinus carpio*)**

7(6) 咽齿1行,侧扁形。无触须 ……………………………… **鲫(*Carassius auratus*)**

8(5) 臀鳍有或无硬棘,如果有,其后缘不具锯齿。

9(18) 臀鳍较长,分枝鳍条在14根以上(很少例外)。腹面通常具有较发达的腹棱。

10(15) 腹棱完全,自胸部至肛门。

11(12) 臀鳍分枝鳍条在20根以下。侧线在胸鳍上方急剧向下弯曲。口端位,鳃耙15~18 ……………………………………… **䱗条(白条)(*Hemiculter leucisculus*)**

12(11) 臀鳍分枝鳍条在20根以上。侧线纵贯体侧中央,无显著弯曲。口端位或上位。鳃耙15~22

13(14) 臀鳍分枝鳍条27~35。口端位,鳃耙15~20;标准长为体高的2.5~2.9倍 ……………………………………… **长春鳊(鳊鱼)(*Parabramis pekinensis*)**

14(13) 臀鳍分枝鳍条24~29。口上位,鳃耙25~29,标准长为体高的3.3~4.4倍 ……………………………………… **红鳍鲌(刀鱼)(*Culter erythropterus*)**

15(10) 腹棱不完全,自腹鳍基部至肛门。

16(17) 口端位,鳃耙短钝16~22枚。臀鳍分枝鳍条24~32,侧线鳞50~60 ……………………………………… **团头鲂(边花鱼)(*Megalobrama amblycephala*)**

17(16) 口上位,鳃耙细长24~28枚。臀鳍分枝鳍条21~25,侧线鳞78~93 ……………………………………… **翘嘴红鲌(*Erythroculter ilishaeformis*)**

18(9) 臀鳍较短,分枝鳍条在14根以下,腹部通常无腹棱,若有也不发达。

19(20) 下颌有薄而锐利的角质边缘,无须。臀鳍分枝鳍条8～10,多数为9。腹部无腹棱,若有也不超过肛门至腹鳍基部距离的五分之一……… **银鲴(*Xenocypris argentea*)**
20(19) 下颌无薄而利的边缘,有或无须。腹部无棱。
21(23) 臀鳍中等长,分枝鳍条7～14。
22(31) 体通常较长,臀鳍起点在背鳍基部之后。雌鱼不具产卵管。
23(24) 咽齿1行,呈臼齿形 ………………………… **青鱼(青鲩)(*Mylopharyngodon piceus*)**
24(23) 咽齿2或3行。
25(26) 咽齿2行,呈梳形 ……………………………… **草鱼(鲩)(*Ctenopharyngodon idellus*)**
26(25) 咽齿3行。
27(30) 无须,眼上无红斑。
28(29) 侧线鳞110～120,臀鳍分枝鳍条10～12,下颌前端无缺口 ……………………………………………………………………………… **鳡(黄介)(*Elopichthys bambusa*)**
29(28) 侧线鳞41～50,臀鳍分枝鳍条通常为9,下颌前端有一缺口,正与上颌突起相吻合 ……………………………………………………… **马口鱼(马口)(*Opsariichthys uncirostris*)**
30(27) 有须,眼上有一红斑……………………… **赤眼鳟(红眼马郎)(*Squaliobarbus curriculus*)**
31(22) 体通常较短,呈卵圆形。臀鳍起点在背鳍基部之下,雌鱼具有细长的产卵管 …… ……………………………………………………………… **鳑鲏(丝光皮)(*Rhodeus sinensis*)**
32(21) 臀鳍短,臀鳍分枝鳍条5～6。
33(34) 咽齿3行。侧线上有7～14个大黑斑 ……… **花鲭(花麻叉)(*Hemibarbus maculatus*)**
34(33) 咽齿1行。
35(36) 唇薄,简单,不分叶……………………………………… **麦穗鱼(*Pseudorasbora parva*)**
36(35) 唇厚,发达,下唇分叶中叶为一对椭圆形的突起 …… **棒花鱼(*Abbottina rivularis*)**

1. 鲤形目常见种类(图16-1)

青鱼(*Mylopharyngodon piceus*) 体长而略呈圆筒形,背部和体侧呈青黑色,头部稍扁平。臀鳍3.8～9;背鳍3.7～8,无硬刺;口端位,无触须;下咽齿1行,呈臼齿状;侧线鳞39～46。为我国著名的四大家鱼之一,属鲤科雅罗鱼亚科青鱼属。

草鱼(*Ctenopharyngodon idellus*) 体延长,腹部圆。下咽齿2行,侧扁,呈梳状;背鳍3,7;臀鳍3,8;侧线鳞39～46;体呈茶黄色,腹部灰白。为我国著名四大家鱼之一,属鲤科雅罗鱼亚科草鱼属。

鲢鱼(*Hypophthalmichthys molitrix*) 体侧扁,从胸部到肛门之间有发达的腹棱;眼小,位置很低;下咽齿1行;鳃耙呈海绵状,有螺旋形的鳃上器;鳞小,侧线鳞108～120;背鳍3,7;臀鳍3,2～13;体呈银白色,无斑纹。为四大家鱼之一,属鲤科鲢亚科。

鳙鱼(*Aristichthys nobilis*) 腹棱不完全,仅自腹鳍基部至肛门前;头大而阔,眼在头侧下部;鳃耙细密但互不相连;背部及体两侧上半部微黑,体两侧有许多不规则的黑色斑点,腹部银白色;鳞小,侧线鳞96～110;臀鳍3,12～3;背鳍3,7;为四大家鱼之一,属鲤科鲢亚科鳙属。

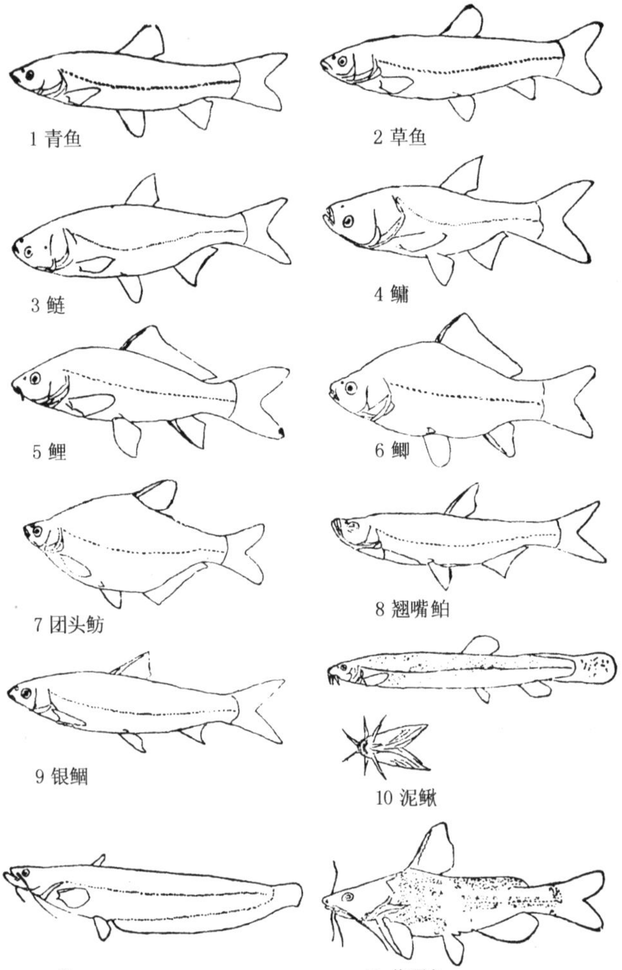

图 16-1 鲤形目和鲇形目常见种类(自郑葆珊等)

鲤(*Cyprinus carpio*) 背鳍、臀鳍具发达的硬棘,其中最长的一棘后缘具锯齿。口须两对;咽齿 3 行,呈臼齿形。侧线鳞 33～39。体背灰褐色,腹部淡黄色。新鲜标本的臀鳍、尾鳍橘红色,属鲤科鲤鲫亚科鲤属。

鲫(*Carassius auratus*) 背鳍和臀鳍中最长的棘后缘有锯齿;口部无触须;咽齿 1 行,侧扁;背鳍 3, 16～18;臀鳍 3, 5～6;侧线鳞 28～30;体呈银灰色,背部较深。属鲤科鲤鲫亚科鲫属。

团头鲂(*Megalobrama amblycephala*) 腹棱自腹鳍基部至肛门;背鳍具硬刺,背鳍 3, 7;臀鳍 3, 27～32,无硬刺;尾柄长小于尾柄高;背鳍棘一般短于头长;体长为体高的 1.9～2.3 倍;鳃耙 13～17。属鲤科鳊亚科鲂属,为我国名贵淡水鱼类。

翘嘴红鲌(*Erythroculter ilishaeformis*) 体侧扁。口上位,口裂几乎与体轴垂直;腹棱自腹鳍基部至肛门;背鳍具硬棘,背鳍 3, 7;臀鳍 3, 21~25,无硬棘,尾鳍灰黑色;体长为体高的 4.0~5.1 倍;头长为眼间距的 4.2~5.2 倍;侧线鳞 83~93;鳔 3 室。属鲤科鳊亚科红鲌属。主要以鱼类为食。

银鲴(*Xenocypris argentea*) 腹鳍与肛门间有不完全的腹棱;下颌有稍发达的角质边缘;背鳍 3, 7~8,第 3 根不分枝鳍条为光滑而粗壮的硬棘;臀鳍 3, 8~10;鳃耙 38~45;侧线鳞 53~64;体背部灰黑色,两侧及腹部银白色,新鲜标本腹鳍与臀鳍基部杏黄色。属鲤科密鲴亚科鲴属,分布于我国各地。

泥鳅(*Misgurnus anguillicaudatus*) 体延长,呈圆筒形;口下位,口须 5 对;鳞小,侧线鳞 154~160;鳔小呈双球形,包于骨囊中;背鳍 2, 7;臀鳍 2, 6;体上密布不规则的黑色斑点。属鳅科泥鳅属。

黄颡鱼(*Silurus fulvidraco*) 具脂鳍,背鳍和胸鳍具强大鳍棘,其后缘有锯齿;背鳍Ⅱ,7;臀鳍 20~21;体无鳞;侧线平直;须长,4 对;体青黄色,腹部淡黄色,体侧具不规则的黑色斑块,鳍灰黑色。属鮠科黄颡鱼属。

2. 鲇形目常见种类

鲇鱼(*Parasilurus asotus*) 无鳞,无脂鳍;背鳍 1 个,甚小,鳍条 4, 6;臀鳍长,具 66~83 根分枝的软鳍条;须 2 对;体灰黑色,腹部白色;属鲇科鲇属。以其他鱼类为食,常危害饲养鱼类。

3. 鲈形目常见种类(图 16-2)

鳜鱼(*Siniperca chuatsi*) 体侧扁,背部隆起,体背橄榄色,体侧有大黑斑;头较大;口大,下颌突出,有锐齿;鳞为栉鳞;胸鳍胸位,背鳍前方有 12 根硬棘;臀鳍前方有 3 根硬棘;鳃盖骨后部有 2 棘;侧线鳞 121~128;为凶猛鱼类,其肉味鲜美,属鮨科鳜属。

真鲷(*Chrysophrys major*) 体侧扁,背面隆起度大,头大,上颌前端具"犬牙"4 个,两侧有"臼齿"4 列,下颌前端具"犬牙"6 个;两侧有"臼齿"2 列;背鳍Ⅻ,9~10;臀鳍Ⅱ,8~9;侧线鳞 52~60;侧线上鳞 8~9;侧线下鳞 15~17;幽门盲囊 4 个;属真鲷科真鲷属。为重要的经济鱼类。

大黄鱼(*Pseudosciaena crocea*)及小黄鱼(*P. polyactis*) 是海洋渔业中重要的捕捞对象。体侧扁;颏部有 4 个或 6 个细孔;背鳍和臀鳍被多行小鳞;耳石很大;鳔大,其上生有许多突起。二者的区别在于小黄鱼的侧线上鳞为 5~6 行,大黄鱼为 8~9 行。属石首鱼科黄鱼属。

带鱼(*Trichiurus haumela*) 体呈扁带状,尾部末端为细长鞭状;口大,下颌突出;背鳍 130~144;臀鳍由许多短棘组成;无腹鳍;两颌齿长而尖。带鱼是我国海洋四大渔业之一。属带鱼科带鱼属。

鲐鱼(*Pneumatophorus japonicus*) 体粗壮;尾鳍基部两则有两个隆起嵴;眼

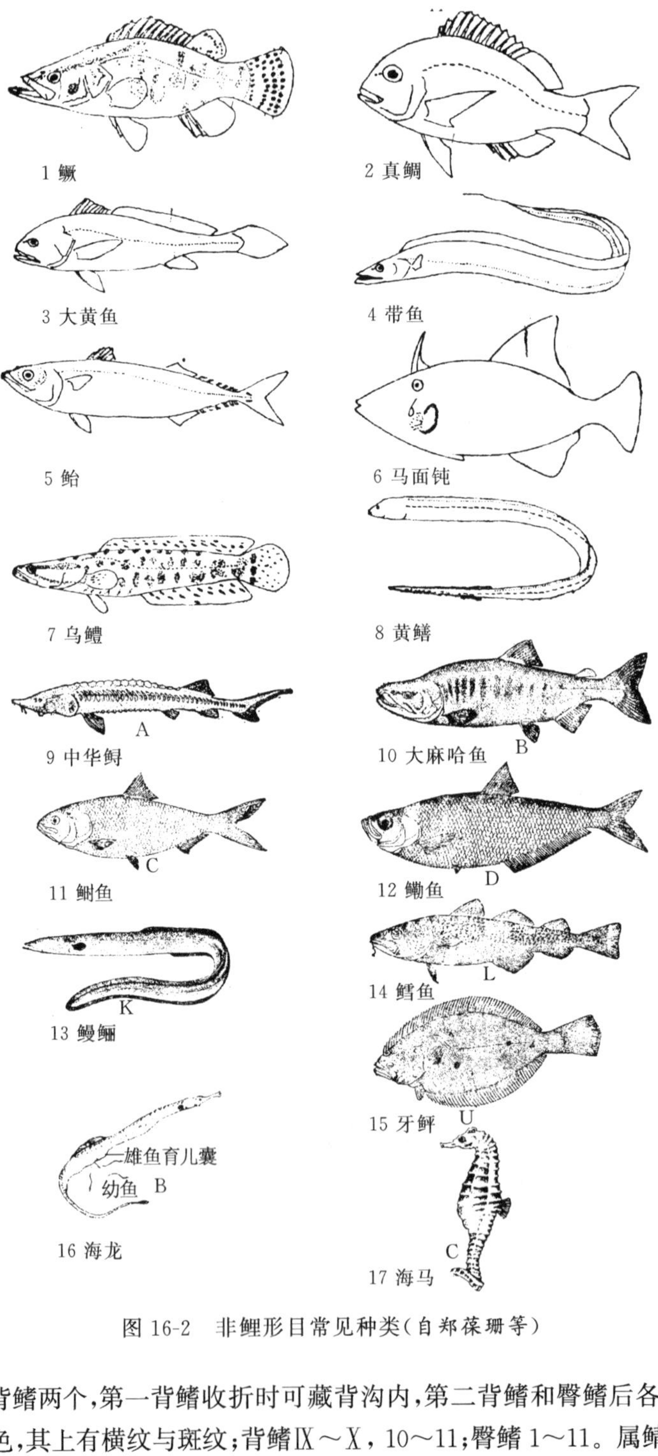

图 16-2 非鲤形目常见种类(自郑葆珊等)

大,位置高;背鳍两个,第一背鳍收折时可藏背沟内,第二背鳍和臀鳍后各有小鳍 5 个;体背呈青蓝色,其上有横纹与斑纹;背鳍Ⅸ～Ⅹ，10～11;臀鳍 1～11。属鲭科鲐属。

4. 鲀形目种类

马面鲀(*Navodon septentrionalis*) 通称剥皮鱼。体侧扁,长椭圆形;眼侧位,很高;口小,端位;第一背鳍2棘,第二背鳍与臀鳍相对;鳞很小,呈绒毛状;无侧线。属鲀科马面鲀属。

5. 鳢形目种类

乌鳢(*Ophiocephalus argus*) 俗称黑鱼。头部被鳞;头和体侧有许多不规则斑纹;有鳃上器官。常捕食其他鱼类,故在养殖业中,常被作为清除对象。属鳢科乌鳢属。

6. 合鳃目种类

黄鳝(*Monopterus albus*) 身体鳗形(圆筒形);左右鳃孔合而为一;无胸鳍;背鳍、尾鳍和臀鳍仅为皮褶。生活能力强,口咽腔上皮有呼吸作用。属合鳃科鳝属。

7. 鲟形目种类

中华鲟(*Acipenser sinensis*) 体被5行硬鳞,具长吻,能用尖长的吻来搅动泥沙,口在腹面,善于伸缩,便于摄食,口前面有4条触须,喜食水底无脊椎动物和小鱼,尾为歪型尾。国家一级保护动物。北半球淡水溯河性鱼类,每年上溯到长江上游产卵,鲟鱼卵大,为名贵食品。幼鱼在江中停留一段时间后回到海中。

8. 鲱形目种类

鳓鱼(*Ilisha elongata*) 我国北方称"脍鱼"、"白鳞鱼",江浙叫"鲞鱼",广东叫"曹白鱼",为主要的食用鱼类。体侧扁,口上位,体被圆鳞,腹部有棱鳞,臀鳍长,腹鳍小。我国沿海各地均产,是近海中、上层鱼类。食物以鱼类和无脊椎动物为主。春末夏初由外海洄游至近海产卵。据介绍,鳓鱼在进入产卵场后,产卵前匍匐于海底,遇雾天或雷鸣时,常成群起浮,一般在黎明或黄昏时起浮和产卵。

鲥鱼(*Macrura reevesii*) 体侧扁而高,腹棱显著,上颌中间有一缺刻,下颌中间有一突起,体被圆鳞,鳞大而薄,鳞下富脂肪。主食浮游生物,是春夏之交溯江产卵的鱼类。我国南、北各地均产。

鲚(*Coilia* sp.) 又称刀鱼,凤尾鱼。我国产4种:凤鲚(*C. mystus*)、刀鲚(*C. ectenes*)、七丝鲚(*C. grayii*)和短颌鲚(*C. brachygnathus*),其中以凤鲚产量最多。它的主要特征是臀鳍长,与尾鳍相连,胸鳍上方有6枚分离成丝状的鳍条。春末夏初集群由海入河口产卵,形成鱼汛。主要以无脊椎动物为食。

鳀(*Engraulis japonicus*) 幼鱼的干制品即市场上出售的海蜒鱼。体侧有一明显的银色纵带,腹部无棱鳞。昼夜作垂直移动。食小型甲壳类。分布在我国黄海、渤海和东海。

大麻哈鱼(*Oncorhynchus keta*) 又名北鳟鱼。口大,口裂斜,牙尖锐,背鳍脂鳍各一个,背鳍和腹鳍相对,脂鳍和臀鳍相对,尾鳍凹入,体被小圆鳞。性凶猛,食小鱼。生殖季节从海进入河流产卵，产卵场为沙底，雄鱼挖洞穴，将雌鱼赶入洞内产卵，雄鱼放精后用尾鳍把沙盖上。产卵后亲鱼已是奄奄一息，大部死亡。幼鱼在河流里过冬，来年春天入海。产于黑龙江流域。

9. 鳗鲡目种类

鳗鲡(*Anguilla japonica*)　亦称"白鳝"、"青鳝"等。能用皮肤来辅助呼吸，因此能离水生活一段时间。是上等食用鱼。体细长呈圆筒形，背、臀、尾鳍相连，各鳍均无鳍棘。世界各地均有分布，主要生长地为温、热带水域，能自由出入咸淡水，一般在淡水中生长。亲鱼在秋季降入深海产卵，卵受精后发育成透明的柳叶状小鱼(也称细头鱼)，经变态发育后为成鱼状，进入淡水中生长。

10. 鳕形目种类

鳕鱼(*Gadus macrocephalus*)　又名"大头鳕"、"大头鱼"等。体长形，稍侧扁，体被小圆鳞，头大，口前位，下颌前端颏部有须一条，背鳍3个，臀鳍2个，腹鳍喉位。食中、小型鱼类和无脊椎动物。为冷水性底层栖息鱼类。产于我国黄、渤海和东海北部。

江鳕(*Lota lota*)　俗名"山鲇鱼"。属冷水性鱼类。下颌前端有颏须，背鳍2个，臀鳍1个，尾鳍圆形。食物以鱼类为主。产于我国东北寒冷的淡水中。

11. 海龙目种类

尖海龙(*Syngnathus acus*)　又名"杨枝鱼"。体细长，被有环状骨板，吻呈长管状，口小位于吻端。雄鱼腹部皮褶形成孵卵囊，雌鱼产卵于囊中。我国沿海均产。

海马(*Hippocampus japonicus*)　亦称"龙落子"。体侧扁，被环状骨板，头与躯干成直角，形似马头，胸腹部突出，鳃孔呈裂缝状，尾细长，呈四棱形。能卷曲，平时以尾卷在海藻或漂浮物上。雄鱼尾部有孵卵囊，受精卵在囊内发育，当小海马要出世时，雄海马用尾部紧缠水草，然后身体前后摆动，此时育儿袋慢慢张开，小海马陆续离开，经过3个月的饲养，就能达性成熟或达到商品海马。我国沿海均产，食物以小型甲壳动物为主。可供药用，有健身、催产、止痛、强心等作用。

12. 鲽形目种类

牙鲆(*Paralichthys olivaceus*)　两眼均在体之左边，背鳍开始于头的前部，至少在眼的上方，腹鳍显著不对称，前鳃盖骨有游离的边缘，口前位。

星鲽(*Verasper variegatus*)　两眼均在体之右面，背鳍开始于头的前部，至少在眼的上方，腹鳍对称，前鳃盖骨有游离的边缘，口前位。

宽体舌鳎(*Cynoglossus robustus*)　眼均在左侧，吻部钩状下弯，口下位，前鳃盖骨边缘不游离，背、臀、尾鳍相连。我国沿海均产。

条鳎(*Zebrias zebra*)　眼均在右侧，吻部有时钩状下弯，口小，前位或下位，前鳃盖骨边缘不游离，有的种类背、臀、尾鳍相连。主要分布在热带和亚热带地区，我国沿海均产。

【作业】

根据目的主要特征，编写一个鲤形目、鲈形目、鲀形目、鳢形目和合鳃目的检索表。

【思考题】

1）编写检索表的作用是什么？
2）比较鲤形目和鲈形目的主要区别。
3）说明鱼类消化道的结构与它们食性的关系。

实验 17　青蛙的外形及内部解剖

【实验目的】

通过对青蛙的外部形态和内部器官的解剖观察，进一步理解两栖类由水生到陆生生活的适应；通过实验操作，熟练解剖技术。

【实验材料】

活青蛙或浸制的青蛙，青蛙的脑和脊髓示范标本。

【实验用具】

解剖蜡盘、放大镜、大头针、解剖器、标本瓶、玻璃管、棉花和乙醚等。

【实验操作及观察】

（一）青蛙的外部形态

蛙全身被覆着柔软而光滑的皮肤，身体由头、躯干和四肢三部分构成。颈部不明显，躯干后端略近背方有一孔，是泄殖腔的开口，称为泄殖孔。头略呈三角形，眼具上下眼睑，在下眼睑的上方有一层透明的薄膜，称为瞬膜，可向上移动遮住眼球（活蛙易看到）。两眼后方各具一片圆形的鼓膜，盖住鼓室，鼓室中有一短的耳咽管（咽鼓管），其末端以一圆孔即耳咽管孔与口腔相通，内鼻孔位于口腔顶部前端。雄蛙头两侧后方近口角处有一对囊状突起，称为声囊（鸣囊）。

蛙的前肢细短，由上臂（肱骨）、前臂（桡尺骨）、手（腕、掌、指）三部分组成。手具四指。在生殖季节雄蛙第一指甚至第二指基部有瘤状突起，称为婚垫（婚瘤），故在生殖季节可以作为鉴别雌雄的一个标志。蛙的后肢特别发达，由大腿（股骨）、小腿(胫骨、腓骨)、足(跗骨、蹠骨、趾骨)三部分组成,足具五趾,趾间具蹼。

观察活青蛙静坐时鼻孔内的瓣膜时而张开,时而关闭,口腔底部时而升起,时而下降,这是呼吸空气时的动作。

中华大蟾蜍身体外表粗糙,具有大小不等的瘤状突起。眼后方有一椭圆形突起即耳后腺,其前下方有鼓膜。

(二) 内部解剖

解剖时,如用活蛙,先把青蛙麻醉或处死。方法有二:①把青蛙置于盛放乙醚棉球的标本瓶内,盖上盖子,经10余分钟后,青蛙被麻醉;②用毁脑髓的方法将它处死。左手执青蛙使其背面向上,右手用解剖针从枕骨大孔中刺入脑腔,将针左右摇动,捣毁脑髓,片刻后,青蛙身体各部分肌肉松弛,立即死亡。

把蛙仰置于蜡盘中,用大头针把四肢的指(趾)尖和吻端固定于蜡盘上,用镊子提起腹部的皮肤,在后肢基部的稍前方偏左处剪一横切口(勿剖开肌肉),然后由横切口用剪子再剪一纵切口,并向前一直剪到下颌。从后肢基部和下颌处的切口分别向左右剪开(与纵切口垂直),然后把左右两块皮肤挪向两侧,并以大头针把皮肤固定于蜡盘上(注意观察皮肤内表面分布有许多血管,这对青蛙的生活有什么意义?)。

肌肉系统只观察腹部和后肢的肌肉。用解剖剪把后肢的皮肤剪开,小心把皮肤除去。擦干标本,观察腹部和后肢的肌肉。

1. 胸腹部肌肉

见图17-1。

腹直肌:位于腹面中央,形成腹腔的腹壁,其中央有一结缔组织构成的腹白线,把腹直肌分隔成左右对称的两个部分。

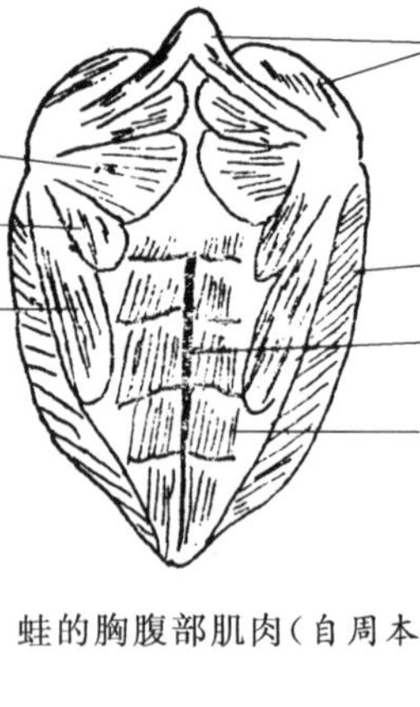

图17-1 蛙的胸腹部肌肉(自周本湘)

胸肌:掩盖胸部的腹壁,略呈扇形,扇柄分别插入左右两肩,可分为三部分。

1) 胸肌前胸部:起于中胸骨,其起点处甚宽,向两端渐狭小。

2）胸肌后胸部：位于前胸部后方，起于中胸骨和剑胸骨，其起点处也较宽。

3）胸肌腹部：位于后胸部后方，与腹外斜肌的腱膜相连。

4）腹外斜肌：呈薄片状，位于胸肌腹部的外侧，其肌纤维向腹部后方斜行，覆盖着整个腹腔的侧壁。

2. 后肢肌肉

先观察腹面后观察背面，对照附图，依自然位置观察(图 17-2、17-3)。

(1) 股部(即大腿)的肌肉

1）缝匠肌：是一块狭长的薄片肌肉，收缩时可使小腿向着股部屈曲，且能牵动整个后肢朝向腹面和前方。

2）大收肌：位于缝匠肌的内侧，收缩时主要将大腿牵向腹面，有时也可使之前阖或后展，因此大收肌是一条内收肌，也是一条外展肌。

3）长收肌：位于大收肌之外侧，往往全被缝匠肌所掩盖，收缩时将大腿牵向腹部的前方。

4）大内直肌：是一大块扁阔的肌肉，位于大收肌和缝匠肌的内侧，收缩时将股骨牵向后面，并能使小腿屈曲和伸展。

5）小内直肌：位于大腿的内侧，亦即屈曲面上，其功能和大内直肌相同。

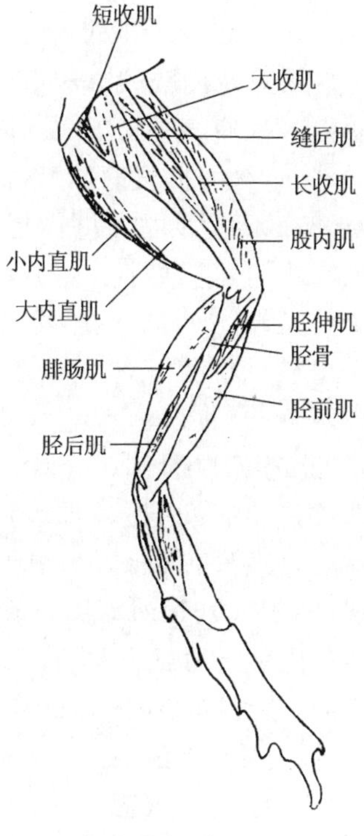

图 17-2　蛙后肢肌肉(腹面观)(自周本湘)

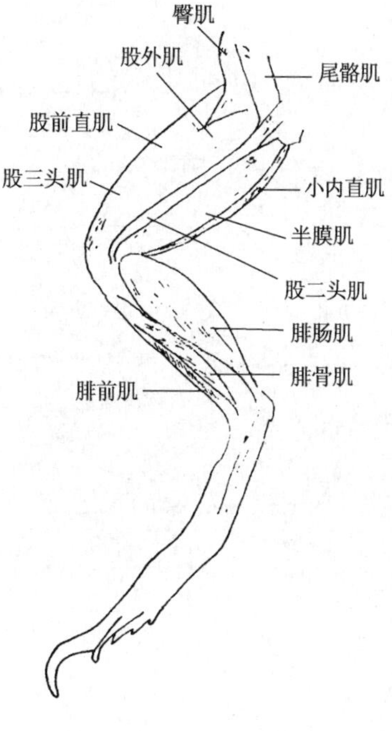

图 17-3　蛙后肢肌肉(背面观)(自周本湘)

(2) 胫部(即小腿)的肌肉

1) 腓肠肌:是小腿中最大的一块肌肉,外形似蒜瓣,位于小腿的屈曲面上,收缩时将小腿屈向大腿,也能伸展两足。

2) 胫后肌:位于胫骨后方,收缩时能弯转足向上。

3) 胫前肌:位于胫骨前方,收缩时可伸直小腿,并能使足背向上屈曲。

(3) 股部的肌肉

1) 股三头肌:具有三个肌头,来自三个不同起点,故此得名。

a. 股前直肌:是股三头肌的中央部分。

b. 股内肌:位于缝匠肌和股前直肌之间是股三头肌的轴前部分。

c. 股外肌:是股三头肌的轴后部分。

股三头肌主要的功能为伸展小腿,并能将其牵引向前。

2) 股二头肌:位于股外肌内侧,收缩时可以屈曲小腿,并能牵提大腿向上。

3) 半膜肌:位于股二头肌的内侧,收缩时能将大腿向前屈曲或向后伸展。

(4) 胫部肌肉

1) 腓肠肌:前面已提及。

2) 腓骨肌:为小腿上仅次于腓肠肌的一块肌肉,位于小腿的轴后面,收缩时可伸展小腿。

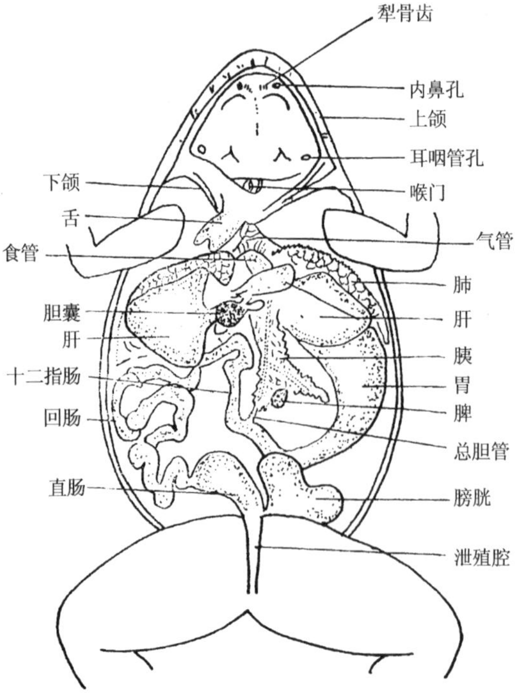

图 17-4 蛙的消化及呼吸系统(自丁汉波)

(三) 系统解剖

用剪开皮肤的方法剪开腹壁肌肉。在腹直肌正中央(即腹白线部分)有一根腹静脉,解剖时要避开这条血管,从腹白线的左侧或右侧剖开腹直肌。另外注意剪子的尖端不要插入过深,以免损伤内脏。将剪开的腹壁肌肉,挪向两侧,与皮肤一起用大头针固定,此时可以看到一个大的空腔即体腔,内藏内脏器官。用解剖器轻轻拨开内脏,观看其自然位置(图 17-4),切勿动用刀剪,以免损伤内脏。内脏自然位置观察完毕后,分别按系统进行观察。

1. 循环系统

心脏:心脏(图 17-5)位于体腔的前部,刚麻醉的蛙,仍然可以看到心脏的跳动。心脏外围包着一层近乎透明的膜，称为心包。左手用镊子稍稍提起心包，右手用小剪细心地将心包剪开，心脏即从心包中滑出。心脏略呈圆锥形，锥尖指向后方。心脏后部壁较厚而呈淡红色的是心室，心脏前部壁较薄而呈红褐色的是心房，仔细观察，可隐约地看见左右心房的界限。用镊子提起心尖稍向前翻，可见心脏背部有一三角形薄壁囊，即为静脉窦。

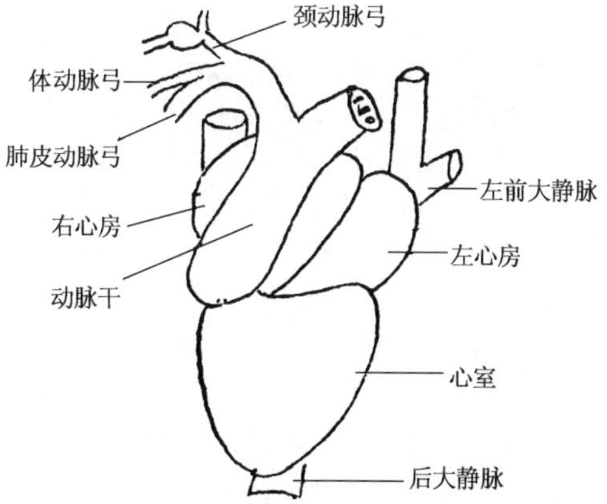

图 17-5　蛙的心脏(腹面观)(自周本湘)

静脉：静脉窦前面左右各连接一根前大(腔)静脉，后面连接一根后大(腔)静脉。身体各部回来的静脉血液，经前后大静脉汇集于静脉窦，再流入右心房(图 17-6)。

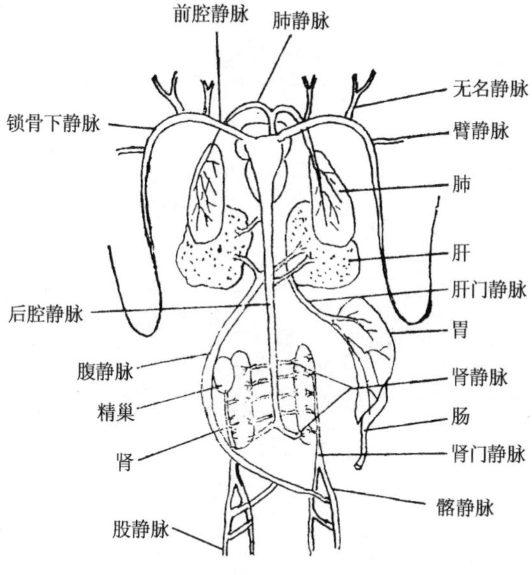

图 17-6　蛙的静脉(背面观)(自郑光美)

动脉:从心房腹面后方(观察者的左侧)通出一根白色管子即动脉干,动脉干沿着右心房腹壁向前行,即分成两支,把附近的组织分开,可见每一支又分为三根动脉弓,前面的一根是颈动脉弓,分支到头部;中间一根是体动脉弓,二体动脉弓向背后弯曲,在心脏的背后方汇合成一条背大(主)动脉,主要分支到内脏和四肢;最后一根是肺皮动脉弓,分支到肺和皮肤(图 17-7)。

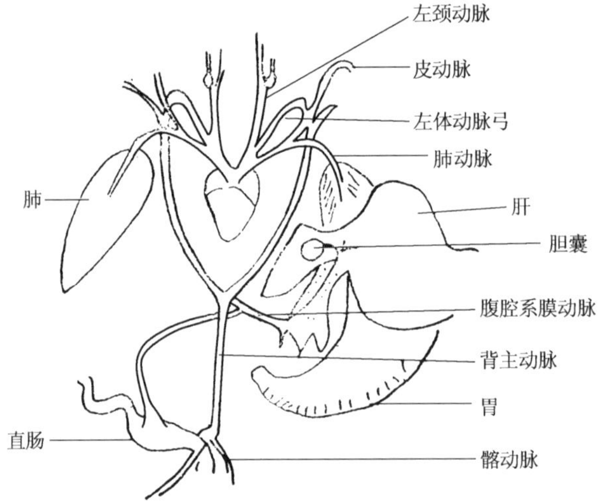

图 17-7 蛙的动脉(腹面观)(自丁汉波)

2. 消化系统

(1) 消化管

是口咽腔到泄殖腔之间的管道,按以下几部分的顺序观察(图 17-4)。

用剪刀将蛙的口角剪开,使上下颌张大,即可观察口咽腔各部分(图 17-8)。

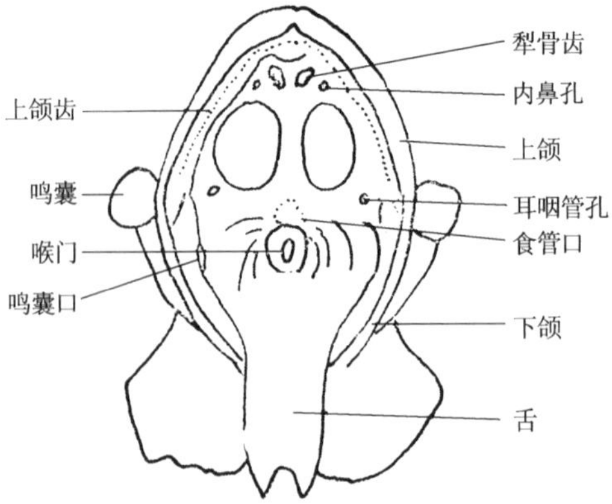

图 17-8 蛙的口咽腔(自周本湘)

颌齿:蛙的上颌具齿,下颌无齿,齿无咀嚼作用,只用于咬住食物。蟾蜍上下颌无齿。

舌:位于口咽腔底部,其根部固定于下颌前端,舌尖游离且伸向后方,能翻出捕食昆虫。

内鼻孔:位于口咽腔前面犁骨齿两侧的小孔。

耳咽管孔:位于口角处有一小孔,称耳咽管孔(咽鼓管孔),与中耳腔相通(有何作用?)。

鸣囊孔(声囊孔):雄蛙近口角处,除耳咽管孔外,尚有一鸣囊孔开口。

喉门:舌后方腹面隆起部分,中央有一裂缝即喉门(声门)。

食管:食管的开口位于喉门背侧。食管较短,壁薄,下连胃(图 17-4)。

胃:食管下端膨大的部分是胃,壁厚,形稍弯曲,位于体腔的左侧。

肠:可分小肠与直肠。小肠前端接于胃的后方,向前方延伸与胃一起形成"U"形的弯曲,又称十二指肠。后段较长,形成几个弯曲,位于体腔偏左侧。

直肠:小肠之后较粗短的部分是直肠,末端开口于泄殖腔。

(2) 消化腺

肝脏:棕红色,位于体腔前部,覆盖着胃的一部分,分 3 叶。在中叶背面,左右两叶中间有一黄绿色圆形胆囊,有一总胆管通入小肠的开始部分,将这部分小肠提起,用手指挤压胆囊,可见绿色的胆汁流入小肠。

胰脏:淡黄色,形状不规则,位于胃和小肠之间的弯曲部分。

脾:提起小肠,在肠系膜上可见到一褐色的圆形小体,名脾脏。

3. 呼吸系统

见图 17-9。

(1) 呼吸道

除了鼻腔、内鼻孔、口咽腔以外,还有喉头气管室。顺着喉门向内是一根粗短的管子即喉头气管室,其后端分两叉与左右肺相连。

(2) 肺囊

位于体腔前部消化道的两侧。小心把心脏和肝脏分离开,移向一侧,即可见肺囊。肺囊壁薄,壁上有许多隔膜,使其内表面形成蜂窝状。如肺内无气体,不利观察,可用玻璃管插入喉头气管室吹气,以便观察肺囊壁的结构。

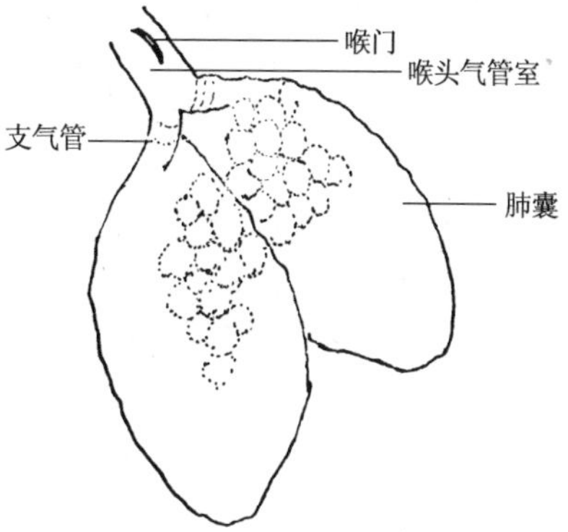

图 17-9 蛙的呼吸系统(仿周本湘)

4. 泌尿生殖系统

除去消化管和肝脏即可看见肾脏和生殖腺(图 17-10、17-11、17-12)。

(1) 泌尿器官

肾脏 1 对,位于躯干后部脊柱两旁,暗红色长卵圆形，其腹面镶嵌着一条淡黄色的带状物即肾上腺。沿肾脏外侧，各通出一根白色输尿管，二输尿管末端分别开口于泄殖腔。在体腔后端中央处剪开腰带，露出直肠后部，可见输尿管向内侧行走。在直肠的腹面有一薄壁囊，即膀胱，膀胱基部呈管状，开口于泄殖腔。

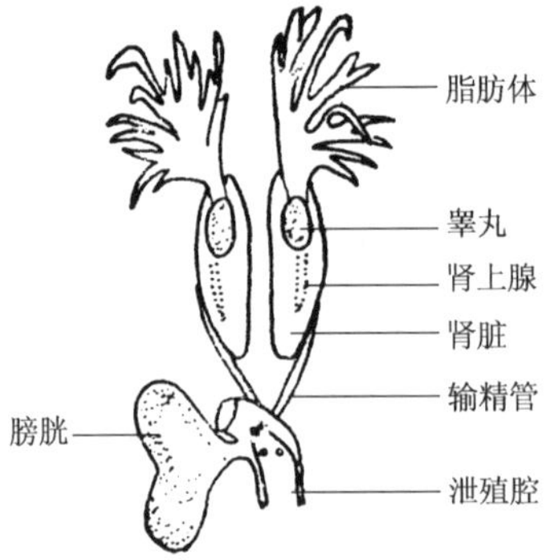

图 17-10 雄蛙的泌尿生殖系统（自丁汉波）

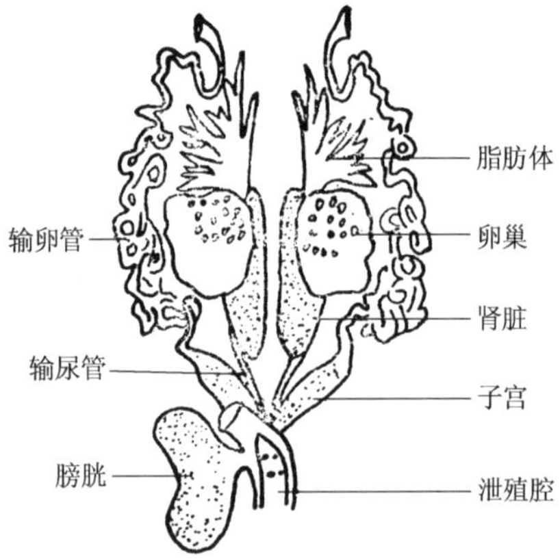

图 17-11 雌蛙的泌尿生殖系统（自丁汉波）

(2) 生殖器官

雄性(图 17-10)：精巢 1 对，位于肾脏前部的腹面，豆形，淡黄色。精巢有许多输送精液的输精小管通入肾（将精巢与肾之间的系膜拉紧用放大镜可看到输精小管），精液通过输尿管排入泄殖腔，故输尿管兼有输精作用。雄蟾蜍的精巢前方有一绿豆大小，形状不规则的退化卵巢，即毕氏器官（图 17-12）。

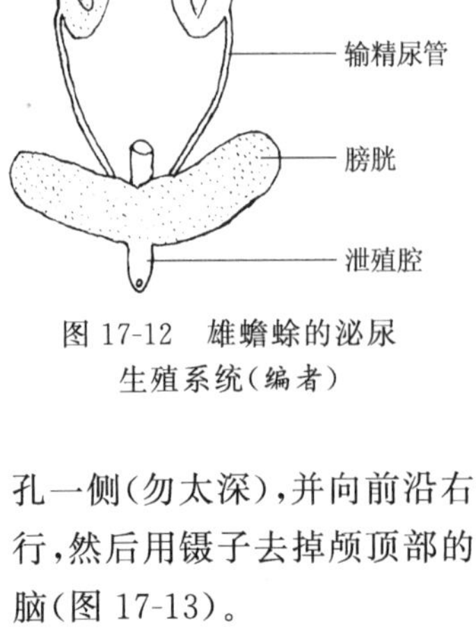

图 17-12 雄蟾蜍的泌尿生殖系统（编者）

雌性(图 17-11)：卵巢 1 对，繁殖季节卵巢很发达，充满体腔大部分，可见许多卵粒。在肾脏外侧可见一根很长而弯曲的输卵管，前端开口于体腔，称喇叭口，后端膨大成子宫，末端开口于泄殖腔。

脂肪体：在生殖腺前端有黄色指状分支的物体，称脂肪体。其大小随季节变化。

5. 神经系统

1) 把头部皮肤剥去，在脑颅和颈椎之间作一切口，使枕骨大孔露出，用小剪刀一叶插入枕骨大孔一侧（勿太深），并向前沿右侧额顶骨的外缘，把骨片剪开，另一侧以同样方式进行，然后用镊子去掉颅顶部的骨片，露出脑的背面，脑分端脑、间脑、中脑、小脑和延脑（图 17-13）。

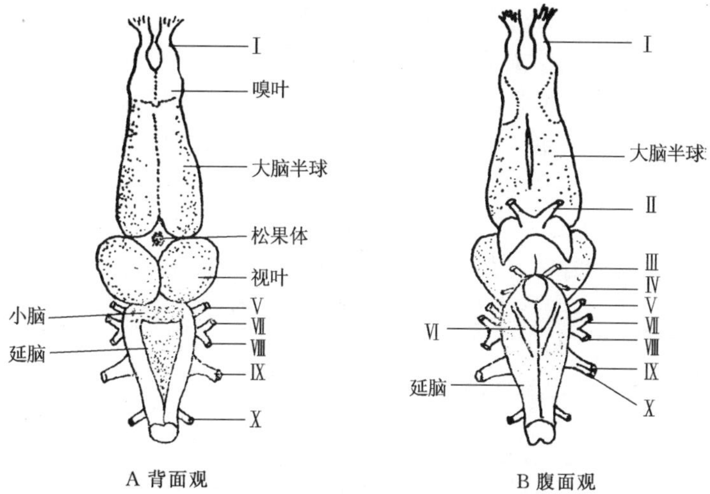

图 17-13 蛙的脑(自丁汉波)

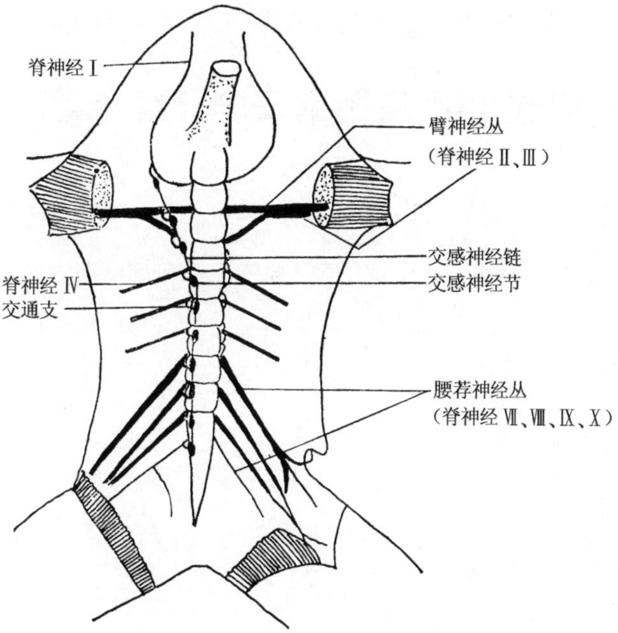

图 17-14 林蛙的脊神经和交感神经系统(自 Well)

端脑:包括大脑和嗅叶两部分。嗅叶位于大脑最前端,从嗅叶前端发出一对粗短的嗅神经,分布于鼻腔。大脑位于嗅叶之后,为一对椭圆形物体。

间脑:是大脑后方菱形凹陷的部分。背面有松果体。

中脑:位于间脑后方,为 1 对卵圆形的视叶,前端分离,后端靠拢。

小脑：极不发达，为一长条形部分，位于中脑后方。

延脑：位于小脑后方呈三角形。

2）将内脏器官全部取出，注意观察延伸于脊柱两侧的交感神经干（示范标本）（图 17-14）。其主干上有膨大的交感神经节，同时注意由神经节伸出的交通支与脊神经相连。小心沿脊柱的一侧，把腹腔背面的腹膜撕开即见下面白色的脊神经由椎间孔伸出。蛙有十对脊神经，第Ⅱ、Ⅲ对脊神经组成臂神经丛，分布于前肢；第Ⅶ、Ⅷ、Ⅸ、Ⅹ四对脊神经共同组成腰荐神经丛，分布于后肢。

【作业】

绘出青蛙的泌尿生殖系统图。

【思考题】

1）简述两栖动物适应陆生生活的特征。

2）结合由水生到陆生环境条件的变化，分析两栖类在各器官系统上的演变。

3）分析青蛙各器官系统特点，如何与水生到陆生生活相适应。

实验 18　两栖纲及爬行纲分类

【实验目的】

掌握两栖纲和爬行纲各自的特征；通过检索表的使用掌握分类方法，并认识一些常见的种类。

【实验材料】

供检索用的常见标本。

【实验用具】

解剖盘、双筒解剖镜、放大镜。

【实验操作及观察】

（一）两栖纲

1. 无尾两栖类外部形态说明

如图 18-1。

体长：自吻端至体后端。

头长：自吻端至颌关节后缘。

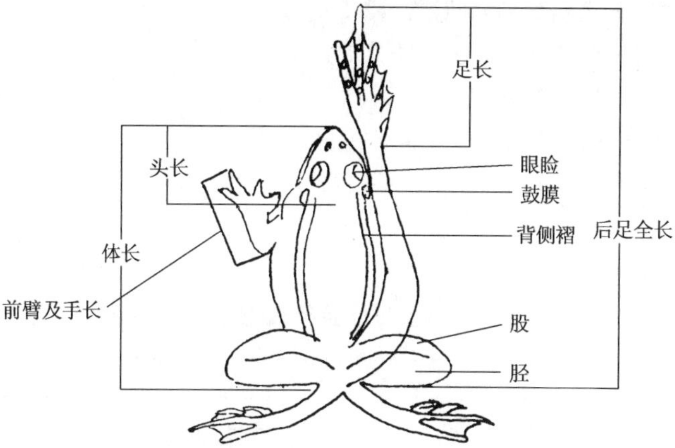

图 18-1　蛙的外形和各部分的量度(单位:mm)(自四川生物所)

头宽:左右颌关节间的距离。

吻长:自吻端至眼前角。

鼻间距:左右鼻孔间的距离。

眼间距:左右上眼睑内侧缘之间最窄距离。

上眼睑宽:上眼睑最大宽处。

眼径:与体轴平行的眼纵长距。

鼓膜宽:量最大的直径。

前臂及手长:自肘关节至第三指末端。

后肢全长:自体后端至第四趾末端。

胫长:胫部两端间的距离。

足长:自内蹠突的近端至第四趾末端。

2. 有尾两栖类的外部形态说明

如图 18-2。

体全长:自吻端至尾末端。

头长:自吻端至颈褶。

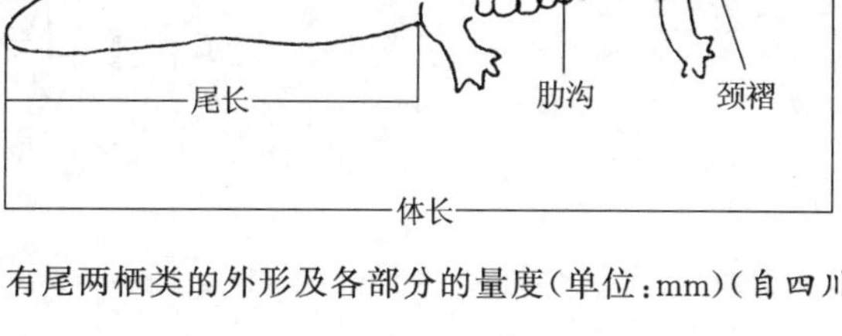

图 18-2　有尾两栖类的外形及各部分的量度(单位:mm)(自四川生物所)

头宽：左右颈褶之间的直线距离（或头最宽处）。

吻长：自吻端至眼前角。

眼径：与体轴平行的眼径长。

尾长：自肛门后缘至尾末端。

尾高：尾最高处的距离。

尾宽：尾基部最宽处。

3. 两栖纲分类

两栖纲分目检索表

1. 终生无四肢……………………………………………… **无足目 Apoda**
1. 成体有四肢，或至少有前肢 ……………………………………………… 2
2. 身体细长，终生有尾，少数种类后肢退化或终生有鳃 ………………… **有尾目 Urodela**
2. 身体短宽，成体无尾，前后肢均存在，后肢特别发达 ………………… **无尾目 Anura**

我国常见科的检索

1. 成体具尾 ……………………………………………… 2
1. 成体无尾 ……………………………………………… 3
2. 眼小，无眼睑，沿体侧有纵皮肤褶 ………………… **大鲵科（隐鳃鲵科）Cryptobranchidae**
2. 眼具眼睑，沿体侧无纵皮肤褶，也无肋沟 ………………… **蝾螈科 Salamandridae**
3. 舌为盘状，周围与口腔粘连，不能伸出自如 ………………… **盘舌蟾科 Discoglossidae**
3. 舌不呈盘状，舌端游离，能伸出自如 ……………………………………………… 4
4. 上颌无齿 ……………………………………………… 5
4. 上颌有齿 ……………………………………………… 6
5. 耳后腺发达，背部皮肤粗糙，有大小不等的瘰粒，肩带属弧胸型（图 18-3）………………………………………………………… **蟾蜍科 Bufonidae**
5. 无耳后腺，背部皮肤一般较光滑，无大的瘰粒，肩带属固胸型（图 18-4）………………………………………………………… **姬蛙科 Microhylidae**
6. 舌卵圆形，舌后端微有缺刻，口部略呈三角形，肩带属弧胸型……………… **雨蛙科 Hylidae**
6. 舌卵圆形，舌后端缺刻深，口部不呈三角形 ……………………………………………… 7
7. 指（趾）末端均有宽大的吸盘，一般在它的背面能看到“丫”形骨迹（图 18-5），肩带属固胸型 ……………………………………… **树蛙科 Rhacophoridae**
7. 指（趾）末端无吸盘，或有吸盘则其背面有横凹痕（图 18-6） ……………… **蛙科 Ranidae**

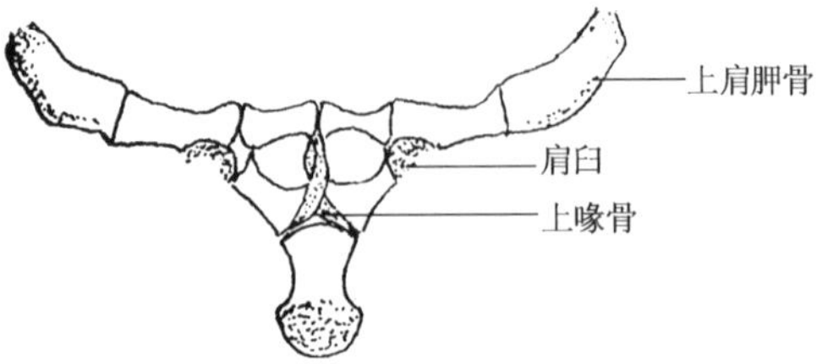

图 18-3　弧胸型肩带（自四川生物所）

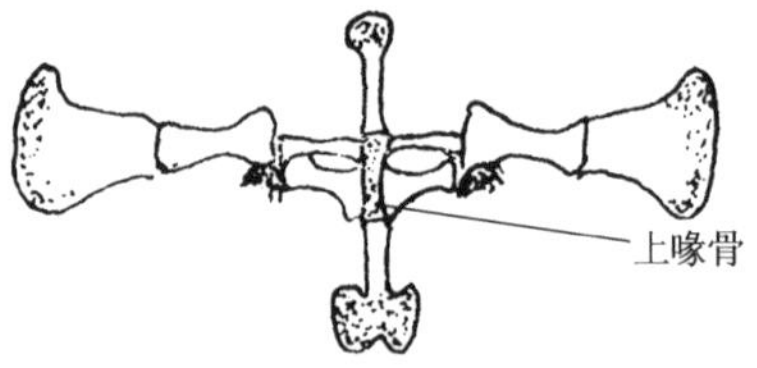

图 18-4　固胸型肩带（自四川生物所）

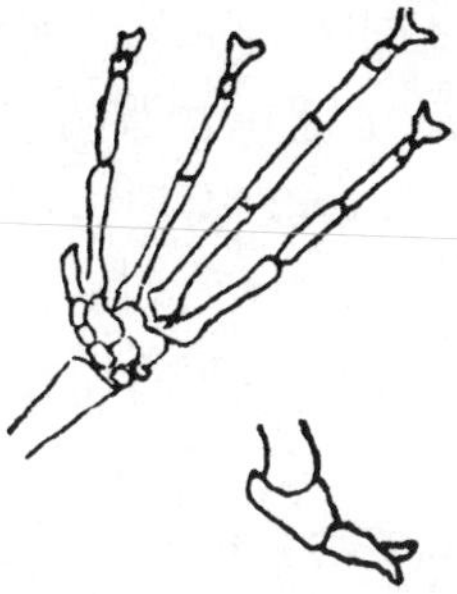

图 18-5　指(趾)端丫形骨迹(自四川生物所)

图 18-6　背面横凹痕(自四川生物所)

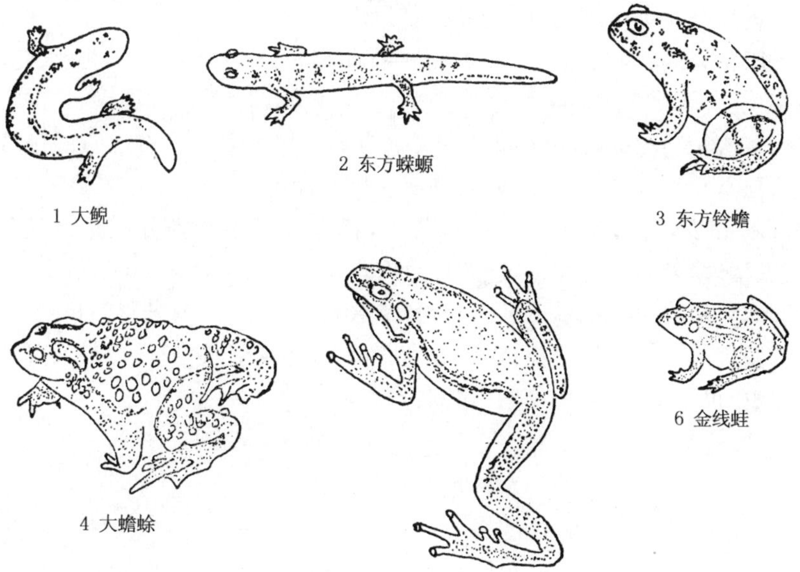

图 18-7　两栖类常见种类(自丁汉波、刘承钊等)

4. 两栖类常见种类

见图 18-7。

大鲵(*Andrias davidianus*)　　属大鲵科(隐鳃鲵科),又名娃娃鱼,是珍贵的保护动物之一。为现存最大的两栖类动物，最大者可达 180 cm。头大而扁阔；口宽大，上下颌具细齿；眼很小；尾部侧扁；前后肢短小，前肢 4 指，后肢 5 趾。

东方蝾螈(*Cynops orientalis*) 属蝾螈科。前后肢均发达，前肢 4 指，后肢 5 趾；腹部有红色和黑色斑块。

东方铃蟾(*Bombina orientalis*) 属盘舌蟾科。体较小，体背有疣粒，体背绿褐色，腹面有醒目的橘红色与黑色相间的花斑。

中华蟾蜍(*Bufo gargarizans Cantor*) 属蟾蜍科。体形大，粗壮，身体上分布有大小不等的瘰粒，耳后腺发达。

无斑雨蛙(*Hyla immaculata*) 属雨蛙科。个体小；指(趾)末端膨大成为吸盘；体侧及大腿全无黑色斑点，体色常有变异。

金线蛙(*Rana plancyi*) 属蛙科。背面绿色；背侧褶很宽，生活时呈金黄色，腹面黄色。

黑斑蛙(*Rana nigromaculata*) 又名青蛙。属蛙科。体背面黄绿色或深绿或灰棕色，混杂有不规则的黑斑，四肢背面有黑色横斑。

泽蛙(*Rana limnochari*) 属蛙科。背面有许多不规则分散排列且长短不一的纵皮肤褶，褶间具小疣粒，后肢背面也有小疣粒。

中国林蛙(*Rana chensinensis David*)(又名蛤士蟆) 属蛙科。体背、体侧为棕灰色，鼓膜区有一三角形的黑斑，大腿背面有黑色横斑，腹部乳白色。其雌体卵巢于秋季取出风干即为“哈士蟆油”，为名贵中药。

(二) 爬行纲

爬行纲分目检索表

1. 体短而略扁，有硬壳。上下颌无齿 …………………………………… **龟鳖目 Testudoformes**
1. 体较长，无硬壳。具颌齿 ………………………………………………………………… 2
2. 齿着生在齿槽内，体外被革质皮，覆以角质鳞及骨板，在躯干的背腹面及尾部略呈方形，纵横排列成行 ………………………………………………………… **鳄目 Crocodiliformes**
2. 齿着生在颌骨表面，体外被覆瓦状或镶嵌排列的鳞片 ………………………………… 3
3. 具四肢，如无四肢亦有带骨及胸骨。一般有鼓膜，尾长一般大于头体长 ……………… ……………………………………………………………… **蜥蜴目 Lacertiformes**
3. 无四肢，无带骨及胸骨。无鼓膜，尾长远短于头体长 ……………… **蛇目 Serpentiformes**

1. 龟鳖目(Testudoformes)常见种类

见图 18-8。

海龟(*Chelonia mydas*) 属海龟科。头颈和四肢均不能缩入壳内。体外被角质鳞片。四肢呈桨状，具 1 或 2 爪。体大，长可达 1 m 余，重数百斤，肉和卵可食用。

玳瑁(*Eretmochelys imbricata*) 属海龟科。头颈和四肢均不能缩入壳内。体比海龟小，体背(幼体)的角质鳞片作覆瓦状排列。上下颌的角质鞘弯曲成喙。

其壳为上等工艺品材料。

乌龟(*Chinemys reevesii*)　属龟科。头部光滑。鼓膜明显。头侧及喉侧有黑边的黄色纵线，背面棕黑色，腹面色较浅。四肢较扁平，有爪，指(趾)间有蹼。尾短而细。

中华鳖(*Pelodiscus sinensis*)　俗称甲鱼。属鳖科。体外被柔软的革质皮肤。颈缩入壳内呈“S”形。有长而活动的吻，鼻孔开于吻的尖端。四肢具发达的蹼。

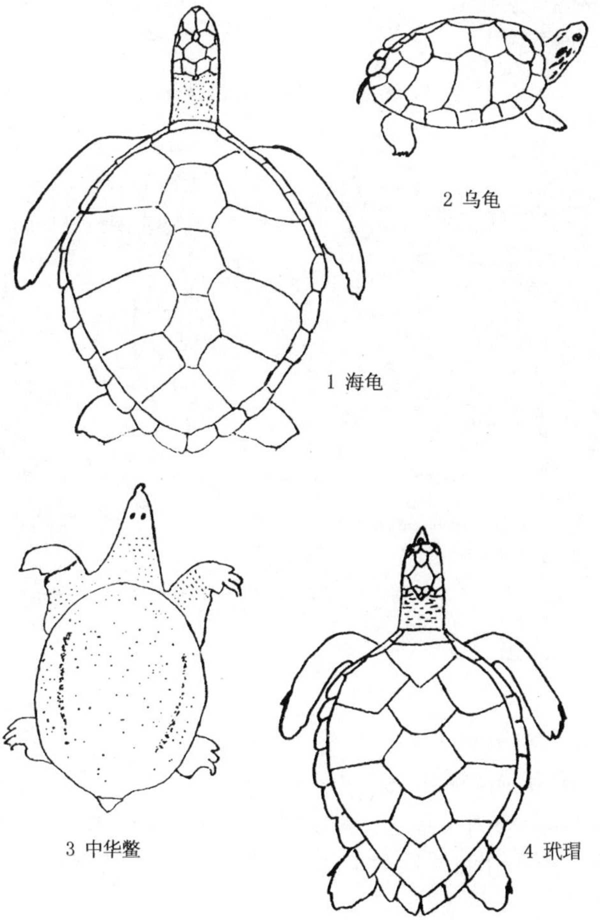

图 18-8　龟鳖目常见种类(自杨安峰等)

蜥蜴目分科检索

1. 头顶无对称排列的大鳞 ………………………………………………………… 2

1. 头顶有对称排列的大鳞 ………………………………………………………… 4

2. 无活动眼睑(睑虎属例外) ……………………………………… **壁虎科 Gekkonidae**

2. 有活动眼睑 …………………………………………………………………… 3

3. 体全长 1 m 以上，背鳞颗粒状 ……………………………… **巨蜥科 Varanidae**

3. 体全长 1 m 以下，背鳞不呈颗粒状，鳞常具棱 ………………… **鬣蜥科 Agamidae**

4. 有股窝或鼠蹊窝(图 18-9)，腹鳞近方形 …………………… **蜥蜴科 Lacertidae**

4. 无股窝或鼠蹊窝；腹鳞近圆形 ……………………………… **石龙子科 Scincidae**

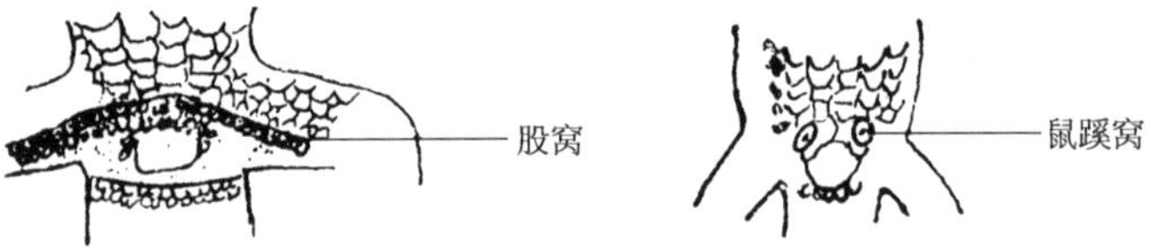

图 18-9 蜥蜴的股窝和鼠蹊窝(编者)

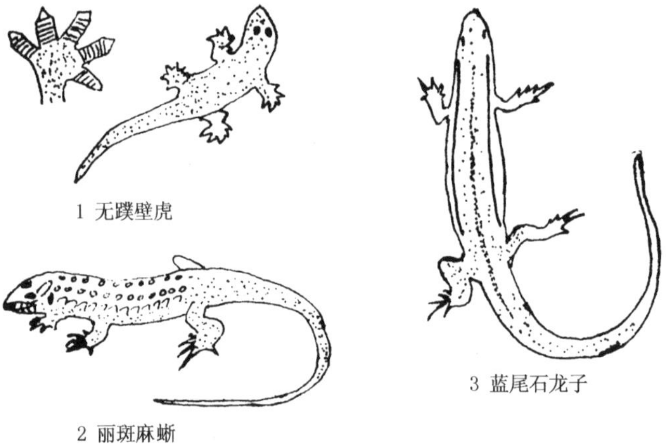

图 18-10 蜥蜴亚目常见种类(自杨安峰等)

2. 蜥蜴目常见种类

见图 18-10。

无蹼壁虎(*Gekko swinhonis*) 属壁虎科。体背有许多颗粒状的鳞片，胸腹部鳞较大，呈覆瓦状排列，尾部有几条灰色横纹，指(趾)端膨大，底部有单行褶襞皮瓣。

丽斑麻蜥(*Eremias argus*) 属蜥蜴科。头顶的鳞片较大，体背鳞片细小，后肢股部内侧有一列小孔名叫股窝。幼体体侧有浅色纵纹，眼斑明显，多少排列成方格状。腹面色浅，无斑。

蓝尾石龙子(*Eumeces elegans*) 属石龙子科。体细长，尾长大于头体长的 1.5 倍，体背面深黑色，有五条黄色纵纹，尾部为蓝色。

蝘蜓(*Lygosoma indicum*) 属石龙子科。又名铜石龙子，体背古铜色，体侧有明显的黑色纵带。

蛇目分科检索

1. 体型较小，呈蚯蚓状；通身被覆大小相似的鳞片，眼不发达 ………… **盲蛇科 Typhlopidae**

1. 体型中等或较大；体腹面正中一般有一行较大的腹鳞(图 18-11)；眼较发达 ………… 2
2. 肛孔(门)两侧有爪状的后肢遗迹(图 18-12) ……………………………… **蟒科 Boidae**
2. 肛孔(门)两侧无爪状的后肢遗迹 ……………………………………………… 3
3. 上颌骨前端没有毒牙 ……………………………………… **游蛇科 Colubridae**
3. 上颌骨前端有较大的毒牙 ……………………………………………………… 4
4. 瞳孔一般为圆形；头椭圆形，体尾的长短、粗细较匀称；体背面以黑或黑褐色为主，或者呈黑白或黑黄相间的横纹，或者以棕褐或红棕为主而具黑横斑或纵线 …………………… ………………………………………………………………… **眼镜蛇科 Elapidae**
4. 瞳孔一般为直立椭圆形；头呈三角形而颈细，眼与鼻孔之间有颊窝(蝮亚科)，或头略呈三角形，无颊窝(蝰亚科)；体粗而尾短；体背面不具上述色斑 …………… **蝰科 Viperidae**

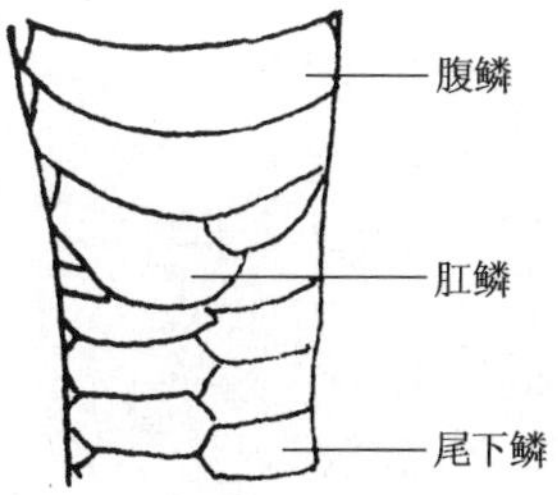

图 18-11　蛇类体后端腹面鳞片(编者)

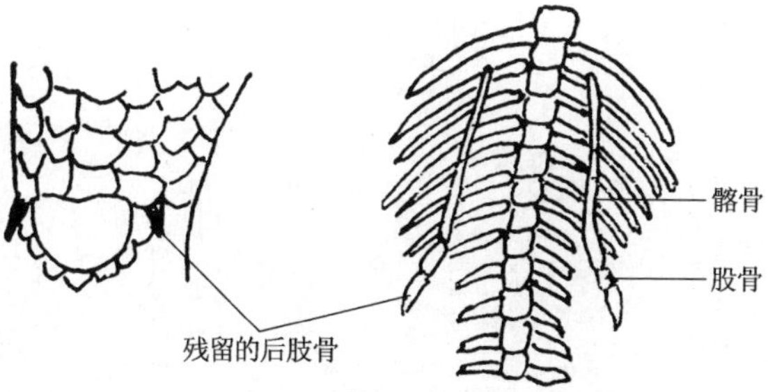

图 18-12　蟒蛇的残留后肢骨(编者)

3. 蛇目常见种类

见图 18-13。

蟒蛇(*Python molurus*)　属蟒蛇科。是生活于热带、亚热带的森林中的大型无毒蛇。体背及两侧均有云豹状的大块斑纹，头背黑色。腰荐部尚有残余的后肢骨，肛门两侧具爪状的后肢。

火赤链蛇(*Dinodon rufozonatum*)　属游蛇科。体背面黑色，具有 70 条左右狭窄的横纹，头部鳞片黑色，有明显的红色边缘。

红点锦蛇(*Elaphe rufodorsata*)　属游蛇科。背面淡红褐色，背中央的一行鳞片及两侧的半行鳞片呈橙色的纵走线，体侧各有暗黑褐色斑纵走线 2 条，腹部鳞片有较大的斑点，头部有人字形黑斑。

黑眉锦蛇(*Elaphe taeniura*)　属游蛇科。眼后有两条明显的黑纹伸向颈部，形状如黑眉，故名。体背面棕灰色或土灰色，有横行黑色梯状斑纹，前段较明显，中段开始有 4 条纵走的黑色纵带伸至尾端为止。

眼镜蛇(*Naja naja*)　属眼镜蛇科。颈部有白色眼镜架状的斑纹，颈部能膨大。体背部黑褐色，有狭窄的黄白横纹 15 个，腹面黄白色。毒蛇。

金环蛇(*Bungarus fasciatus*)　属眼镜蛇科。有黄黑相间的环纹围绕全身，黑带较黄带略宽或相等。躯干部的环纹有23～28个,尾部有3～5个。毒蛇。

银环蛇(*Bungarus multicinctus*) 属眼镜蛇科。体背面有黑白相间的环带,躯干部有35～37个,尾部有9～16个。毒蛇。

蝮蛇(*Agkistrodon halys*) 属蝰科。头三角形,眼与鼻孔间有颊窝,体背灰褐色,体侧有黑褐色的斑纹,腹部灰褐色,有许多黑白斑点。毒蛇。

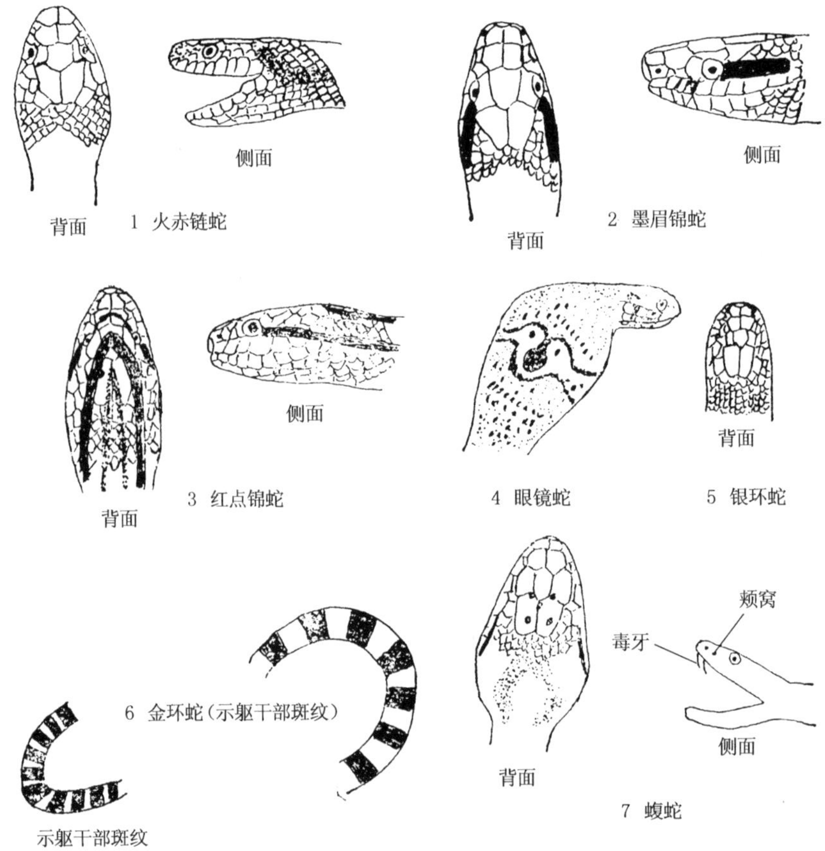

图18-13 蛇目常见种类(自胡淑琴、胡步青等)

4. 鳄目常见种类

扬子鳄(*Alligator sinensis*) 头扁平,吻圆钝,颈部较小,有两对具纵棱的鳞片,躯干部较扁平。背部由前至后有17排矩形鳞片,横贯于背部的有6排,鳞上有纵棱。

【作业】

根据大鲵、蟾蜍、黑斑蛙、海龟、无蹼壁虎、红点锦蛇和扬子鳄的构造特点,编写出一检索表。

【思考题】

1）试列举首次出现于爬行纲的结构。
2）简述爬行类对陆地生活适应的特点。
3）总结两栖纲和爬行纲各系统的异同。

实验 19　鸡的外形及内部解剖

【实验目的】

观察家鸡或鸽子的外形和内部构造，了解和掌握鸟类适应于飞翔生活的特性。进一步熟练解剖技术。

【实验材料】

活鸡（雌雄各半）和神经系统示范标本。

【实验用具】

解剖器、注射器、玻璃管、骨剪、脱脂棉、棉线、双筒解剖镜。

【实验操作及观察】

（一）外形观察

鸡的身体可以分为头、颈、躯干、四肢和尾部。头顶有肉冠，腹面有肉垂，头前端有一长形的角质喙，由上下颌延伸而成，上喙基部有二裂缝即外鼻孔。眼大而圆，有上下眼睑和瞬膜，瞬膜在眼睛的前上角。耳孔位于眼后方，被羽毛掩盖。颈部长而易于弯曲。躯干略呈卵圆形，有两对附肢，前肢特化为翼，后肢的下部被角质鳞，具 4 趾，三前一后，趾端具爪。尾短，其基部背面有尾脂腺，其下面有泄殖腔孔。

鸡身体表面覆盖有各种羽毛。羽毛分为正羽、绒羽和纤羽等三种（图 19-1）。

1. 正羽

是着生在翼、躯体和尾上的大形羽毛，对于飞翔起着重要作用。正羽由羽轴和羽片组成。正羽中央的一根硬轴叫羽轴，羽轴下部中空透明部分叫羽柄（羽根），其末端插入皮肤之中，羽轴末端有一小孔，称下脐，是真皮乳突供给羽毛营养的通路；在羽柄的上端（即羽片开始处的腹面）有另一孔，称上脐，从此处生出发育不完全的副羽。羽轴上部中心充实部分称为羽干。羽轴左右的薄片叫羽片，羽片由许多羽枝和羽小枝组成，将正羽顶端的羽片剪下，用针拨开几个地方。置于低倍显微镜下观察，从羽干两侧生出许多平行的分支构造，即羽枝。从羽枝两侧斜生出许多细小的分支即羽小枝，羽小枝依其伸展的方向分为前列和后列。前列的羽小枝具羽小钩，后列的羽小枝无羽小钩。前列的羽小枝以羽小钩和其前面的羽枝伸出的后列羽小枝相接，组成扁形而富有弹性的羽片，以抵抗飞翔时的气流。

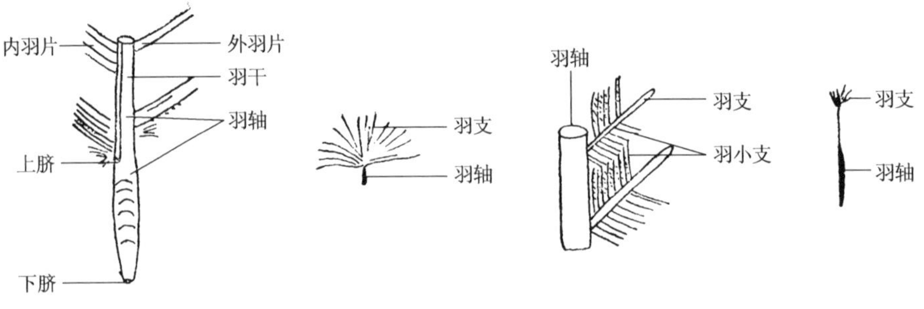

图 19-1　鸽的正羽、绒羽和毛羽(仿丁汉波)

2. 绒羽

绒羽密生在正羽下方，羽轴较短，羽小枝短而不具羽小钩，所以羽枝蓬松，形成绒毛状。

3. 纤羽(毛羽)

夹杂在正羽和绒羽之间，数量稀少，形似毛发，羽轴细长，羽枝数目很少，着生在羽轴先端，无羽小钩。将正羽、绒羽拔去，方可看见。平时杀鸡时将羽毛拔掉后，鸡的皮肤上有许多毛发状羽毛，就是纤羽。

(二) 内部解剖

解剖前先将鸡处死，以备解剖。处死的方法很多，常用的有下列几种：①用乙醚麻醉。②注射少量空气于静脉中，注射部位常从翼的腹面肱骨与桡尺骨之间的静脉进行(静脉呈暗红色)，选择适当大小的针头进行注射。注射后立即把注射器和针头洗净，以防堵塞。③将鸡头浸入水中闷死。

鸡处死后，先拔去羽毛，然后仰置于解剖盘中。注意观察鸡的身体表面羽毛的分布并不均匀，有羽毛的地方称羽区，无羽毛的地方称裸区(图 19-2)。观察完毕后在颈的基部套上一个套结，把一根小玻璃管从口腔插入喉头气管中，然后吹气，当腹腔和颈部被吹胀时，即停止吹气，同时扎紧套结(如果用口吸纸烟，把烟气由玻璃管吹入气囊中，气囊因有烟雾而呈乳白色更便于观察)。解剖时用解剖刀沿龙骨突起切开皮肤，把切口向前延伸到下喙的基部，向后延伸到泄殖腔孔，用刀的钝端把皮肤和肌肉分开(分离颈部皮肤肌肉时要小心，不要损坏颈部的嗉囊、血管和壁

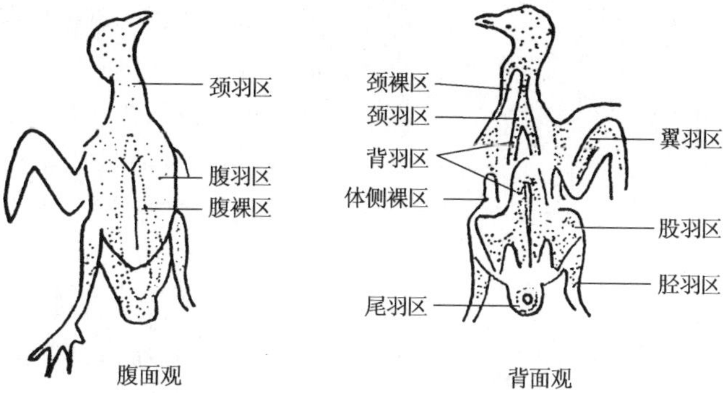

图 19-2　鸽的羽区和裸区(自杨安峰)

薄而透明的气囊)。先观察胸部的肌肉。

在胸骨的龙骨突起的两侧有一对大的肌肉即胸大肌,起于龙骨突起的外侧,止于肱骨的腹侧。切开胸大肌,用镊子牵拉肌块,观察翼的活动。在胸大肌的深层是胸小肌。其肌肉的走向与胸大肌不同,起于龙骨突的内侧,止于肱骨的背侧。用镊子提起并牵引胸小肌,注意翼的活动情况。

观察胸部肌肉后,然后观察呼吸系统中的气囊(图 19-3)。

鸡和其他鸟类一样,气囊有以下几种:分离颈部的皮肤肌肉时,注意在气管的两侧有成对透明的囊状体即颈气囊。将嗉囊轻轻地拉开,可见在锁骨之间有锁间气囊。在泄殖腔孔稍前方提起腹壁剪一切口(注意剪刀尖不能向下,以免损坏气囊),沿腹腔中线剪至胸骨后缘,然后用骨剪剪开整个胸骨(即龙骨突的左右侧),小心提起胸骨将两侧的肋骨自后向前剪断,把胸骨和肋骨提起,自后向前观察,可看见腹腔的两侧有一大的腹气囊,其前方为后胸气囊,再向前是前胸气囊,这些气囊包着内脏。

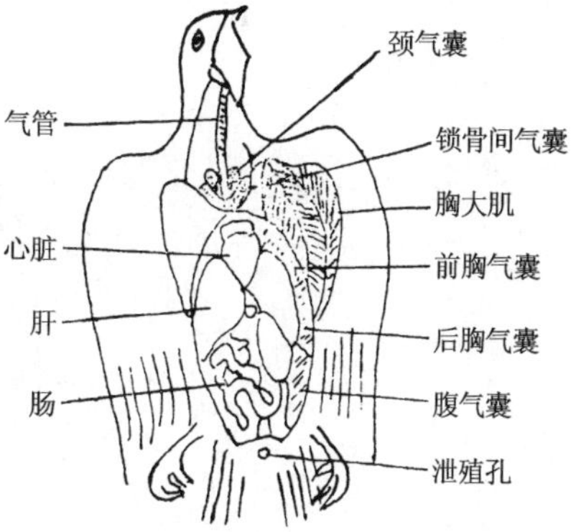

图 19-3　鸡的气囊原位图(自孙帼英)

观察气囊之后,沿着胸骨两侧继续向前剪,剪断肩带的喙状骨和锁骨并把它移去,胸腹腔的内脏即露出,注意参看图 19-4 先观察内脏的自然位置,再依次观察各器官系统。

1. 循环系统

1) 心脏　　位于胸腹腔前方,外被心包,用镊子提起心包,并把它剪开,心脏即可露出(图 19-5)。心脏呈倒圆锥形,前方壁薄的部分是左右心房,后方壁厚部分是左右心室,而左心室较右心室壁厚(本实验结束后把心脏取下剪开观察,沿着心脏

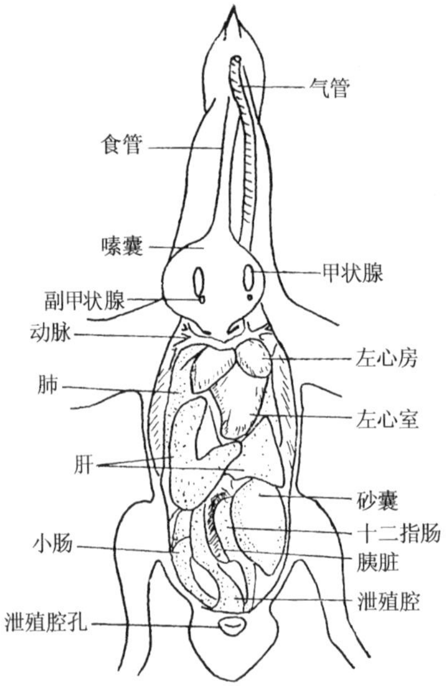

图 19-4 家鸽的内脏器官（腹面观）（自郝天和）

的左右侧各纵剖一刀，即可看见左心房和左心室之间有二片瓣膜，称为二尖瓣；右心房和右心室之间有一片较大的瓣膜，称肌肉瓣）。

2）动脉　　动脉（图 19-6）管壁厚，略呈白色。在靠近心房与心室之间的地方，细心地除去附近的结缔组织和脂肪，找出与心脏相连的动脉。稍微提起心脏，首先区分心脏的左右侧。由右心室发出的肺动脉分两支进入左右肺，由左心室发出主动脉，主动脉离开心室不远即向右弯曲，为右体动脉弓。在右体动脉弓的基部，分出两条无名动脉，每条无名动脉向前又分二支，即到头部去的内外颈动脉，向左右分支到前肢的锁骨下动脉，分支到胸部的叫胸动脉。右体动脉弓分出二条无名动脉后，绕过右支气管向后弯曲，沿着脊柱腹面向后行成为背大（主）动脉，背大动脉发出许多血管到内部器官。

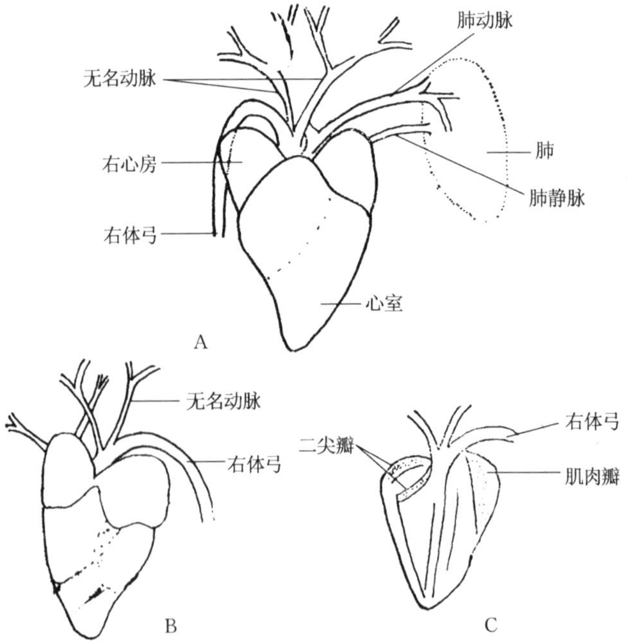

图 19-5 鸡的心脏（标本图）（编者）
A. 腹面观 B. 背面观 C. 背侧剖面

把肝脏推向左右，并稍微提起腺胃和肌胃，可见从背大动脉发出一条到胃、肝及部分肠管去的动脉叫腹腔动脉。在腹腔动脉的稍后方，从背大动脉发出一条到肠的动脉即前肠系膜动脉。在前肠系膜动脉后方，从背大动脉发出一对肾动脉到肾脏。背大动脉至腰部发出一对股(髂)动脉到后肢。背大动脉后端进入尾部即尾动脉。

3）静脉　　静脉(图 19-7)管壁薄，呈暗红色。稍微提起心脏(室)，可见在心室背面有一从后面回来粗大的后腔静脉，它从肝脏背面伸出，收集肝静脉、髂静脉、肾门静脉等部血液回心脏。从前面轻轻掀起右心房，可见到两根从前面回来的较大的前腔静脉，它收集头部和前肢的血液回右心房(注意位于前腔静脉的背方有两根较大的血管伸入左心房即为肺静脉)。将肝脏各叶折向前方，有一条大静脉进入肝组织，即为肝门静脉，它收集胃、肠、胰脏等器官来的血液。

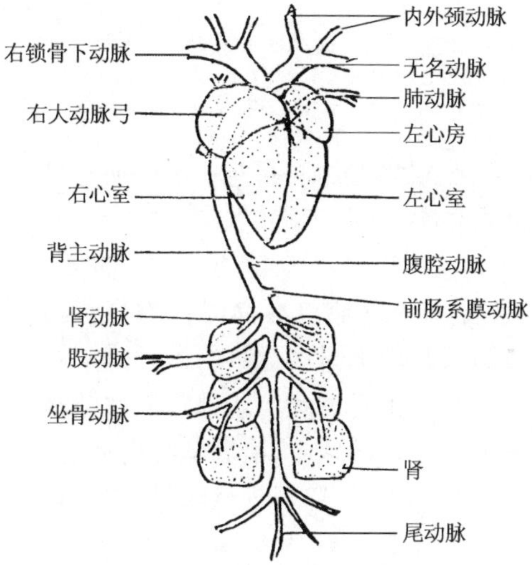

图 19-6　鸽的动脉系统模式图(腹面观)
(自丁汉波)

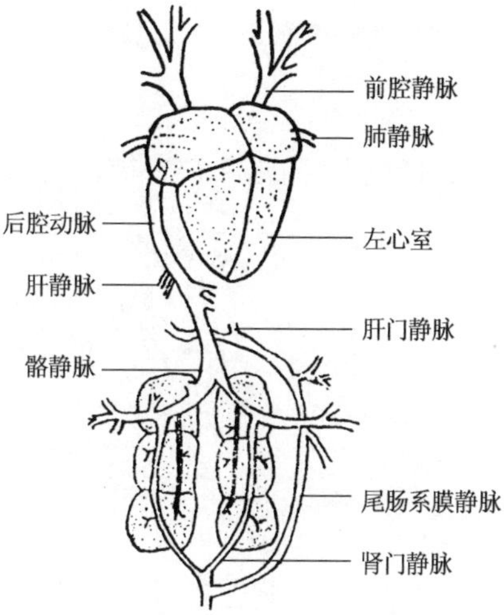

图 19-7　鸽的静脉系统模式图(腹面观)
(自丁汉波)

2. 呼吸系统

见图 19-8、19-9。

鸡的外鼻孔 1 对，略呈椭圆形，位于喙基部背侧，向内通鼻腔。将嘴角剪开，打开口腔拉出舌骨，进行观察。在咽部的底壁，有一长而窄的裂缝即喉门，喉门下接气管。气管呈长管状，由许多骨质环组成，气管末端分为两条支气管进入肺，在气管与支气管相连的地方有一扩大部分即鸣管，为发声器官，这是鸟类呼吸道的特征之一。肺是一对致密的海绵状鲜红色物体，弹性不大，嵌在体腔背壁的肋骨上，沿鸣管向下寻找，并将附近的组织除净，观察肺脏。与鸡的体积相比，肺的体积较小。

气囊是鸟类特有的构造，与鸟类飞翔生活关系密切，前面已观察过。

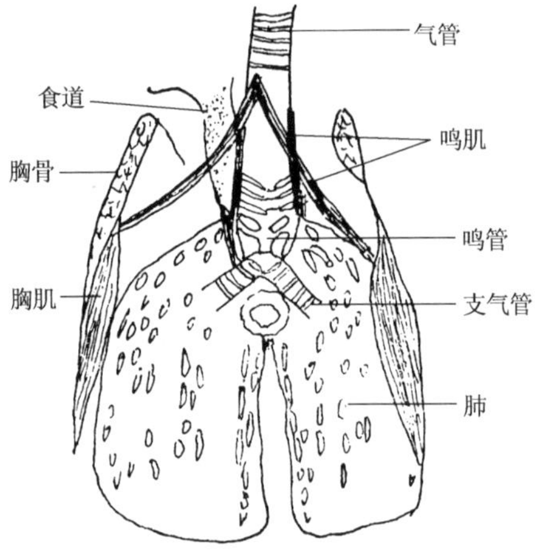

图 19-8 鸽的肺及气管(腹面观)(自郝天和)

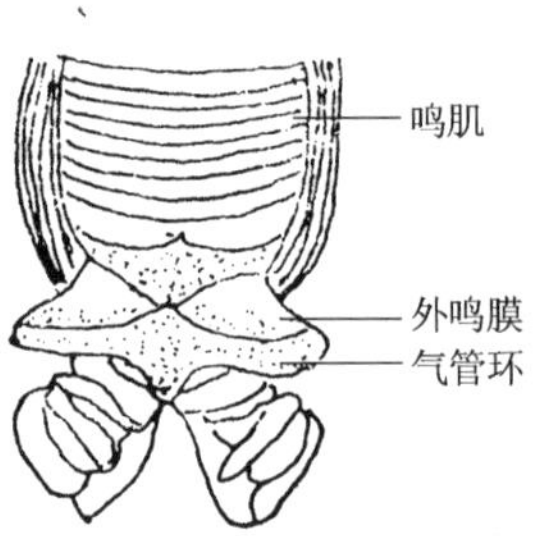

图 19-9 鸽的鸣管(自丁汉波)

3. 消化系统

自口腔向后，沿喉门背面进入食管，当食管进入胸腹腔后，可把心脏移向一侧，依次观察各部分(图 19-10)。

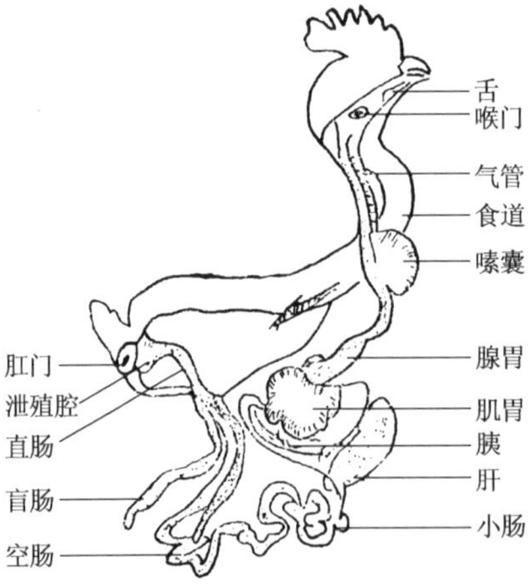

图 19-10 鸡的消化系统(自杨安峰)

1) 消化道：口腔底部有舌，顶部为硬腭，口腔分泌的黏液仅有润湿食物的作用。鸡的食道长且较宽，具伸缩性，沿颈部下行，进入胸腹腔。食管在颈的基部膨大成嗉囊，为暂时贮存食物的地方，沿着嗉囊向后有一略膨大部分即腺胃，腺胃内壁粗糙，多腺体，分泌消化液，腺胃后方是膨大的砂囊(肌胃)。砂囊形如双凸透镜，表面被闪光的腱膜所覆盖，用刀切开，即见砂囊肌肉壁很厚，其内壁覆盖有黄色的角质膜(鸡内金)，内藏有砂粒，有何作用？砂囊接小肠，小肠较长，前段呈"U"形部分为十二指肠。十二指肠以后的小肠部分，长而弯曲，小肠和大肠交界处有一对较长的盲肠。大肠直而短，也叫直肠，开口于泄殖腔，借泄殖孔通体外。

2) 消化腺：肝脏赤红色，分左右两大叶，右叶较大，其后方有一胆囊，胆囊以输胆管通入十二指肠后部。胰脏位于十二指肠弯曲部内，淡黄色，有胰管 2～3 条通入十二指肠后部。小心分开附近胰脏即可见到。

位于十二指肠附近，有一卵圆形的紫色小球，即脾脏，属淋巴器官。

4. 泌尿生殖系统

见图 19-11、19-12。

把观察过的心脏和消化系统部分小心移去，勿撕破附近的生殖腺、肾脏等器官。

1）泌尿器官　　肾脏 1 对，赤褐色，长扁形，分 3～4 叶，紧贴于脊柱两侧。左右肾的腹侧各分出一细而直的输尿管通入泄殖腔，无膀胱。输尿管与肾门静脉并行，小心用镊子把附近的一些结缔组织膜拉开，把血管和输尿管分开，方可看见。

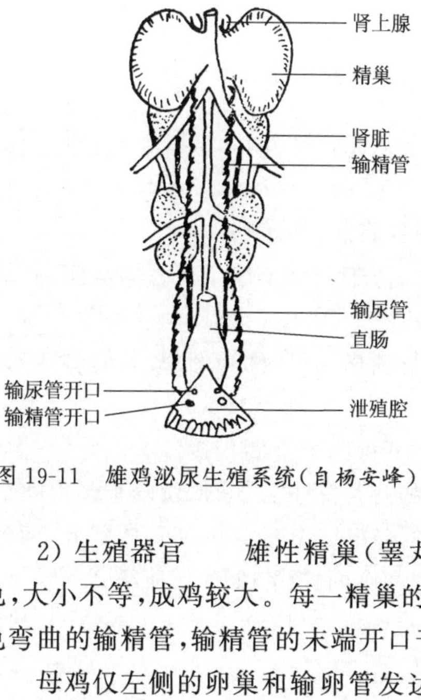

图 19-11　雄鸡泌尿生殖系统（自杨安峰）

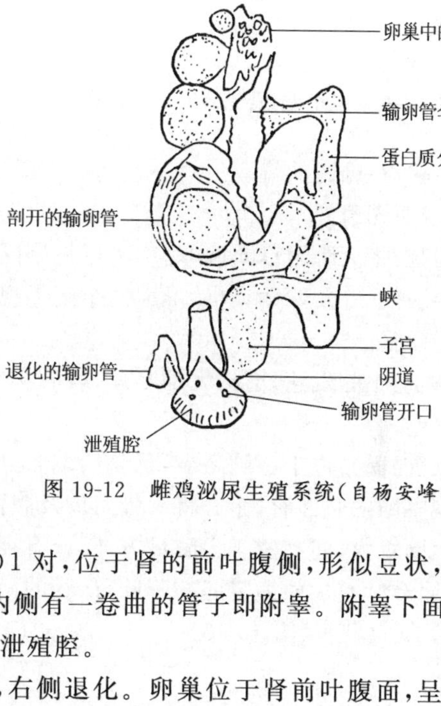

图 19-12　雌鸡泌尿生殖系统（自杨安峰）

2）生殖器官　　雄性精巢（睾丸）1 对，位于肾的前叶腹侧，形似豆状，浅黄色，大小不等，成鸡较大。每一精巢的内侧有一卷曲的管子即附睾。附睾下面为白色弯曲的输精管，输精管的末端开口于泄殖腔。

母鸡仅左侧的卵巢和输卵管发达，右侧退化。卵巢位于肾前叶腹面，呈葡萄状，内有各种成熟程度不同的卵。输卵管为一迂回的长管，前端呈喇叭状，即喇叭口，开口于体腔，输卵管末端开口于泄殖腔。

5. 神经系统和视觉器官

见图 19-13、19-14。

本实验做完后把头部剪下，剥去皮肤，浸泡在 5％～10％福尔马林-硝酸溶液中 1～2 天，脱钙软化后方可解剖。将附着在头骨上的结缔组织和肌肉去净，用剪刀从背后即枕骨大孔部分向前及两侧把头骨逐片剥离（剪刀先端勿向下，以免伤及脑组织），使大脑各部分露出。剥离头骨两侧的骨片时，注意勿把脑神经拉掉，先观察脑的背面，后观察腹面，再从两侧寻找脑神经（示范标本）。

1）脑的各部分

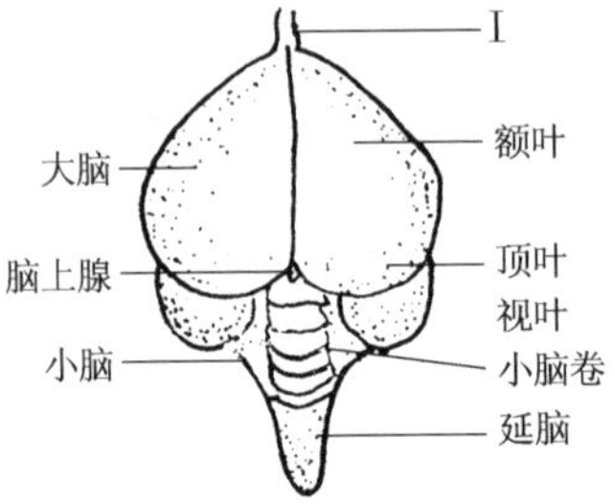

图 19-13 鸽的脑(背面观)(自丁汉波)

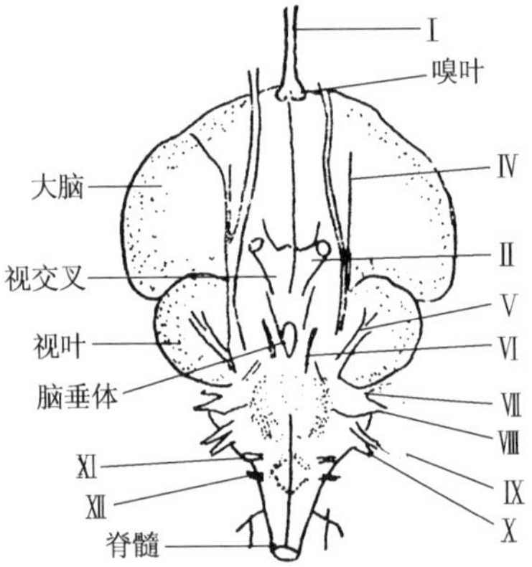

图 19-14 鸽的脑(腹面观)(自丁汉波)

大脑:在脑的前端有一对不发达的椭圆形小体即嗅叶,嗅叶后面是发达的大脑半球,表面光滑。

间脑:将大脑半球向两旁分开,可见有圆形的隆起,即间脑。

中脑(视叶):两侧突出,形成两个圆形视叶,位于大脑半球后下方的两侧,其体积大于间脑。

小脑:小脑发达,前接大脑半球,表面有平行的横沟纹,称为蚓部,其两侧突起,称小脑卷。

延脑(髓):位于小脑之后,延脑后端急剧向下弯曲与脊髓相接。

观察脑的腹面时,小心将头骨两侧及腹面的骨片除去,尽量保留脑神经以备观察。大脑宽大,间脑位于大脑后方,其上有视神经交叉,其后方为脑垂体部分,两侧为中脑(视叶),后面为突起的延脑,从脑的两侧和腹面伸出 12 对脑神经。

2) 视觉器官(图 19-15)。

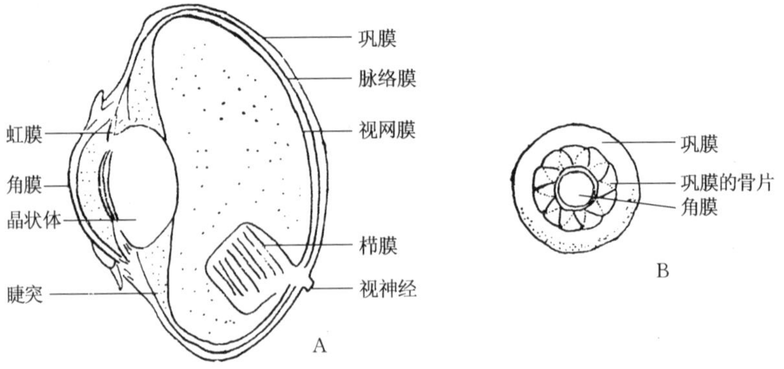

图 19-15 鸽的眼球(自丁汉波)

A. 鸽的眼(纵切); B. 巩膜骨片

将鸡的眼球与四周的肌肉分离，取出眼球，先对照附图熟识各部分，然后再解剖。从正面观察，可见中央有透明的角膜，其四周有巩膜骨片。视神经位于眼球之后下方，用剪刀从眼球上面剪一横切口用镊子从切口夹起，用放大镜观察，可见眼球壁由三层膜组成，外层是巩膜，中层是脉络膜，内层是视网膜。眼球中央有一个略呈椭圆形的晶状体，其周围与睫状体(睫突)联结。晶状体与角膜之间的空间称为前房，晶状体与视网膜之间的空间称为后房。在视神经进入后房的内上壁有一突出物即为栉膜。

【作业】

绘家鸡心脏及其分出的动脉的腹面图。

【思考题】

1) 鸟类消化系统的主要特点是什么?

2) 鸟类肌肉系统与飞翔相适应有哪些变化?

3) 鸟类与爬行类相比，它的进步性特征是什么?

4) 试述鸟类呼吸系统的特点，何谓“双重呼吸”?

实验 20　鸟 纲 分 类 (1)

【实验目的】

掌握现代鸟类的分类方法，学习使用和编写检索表，并熟悉各主要目的分类特征；认识一些常见种类。

【实验材料】

供观察鸟类外部形态和测量用的家鸡、供实验用的非雀形目鸟类标本。

【实验用具】

卡尺、钢卷尺等。

【实验操作及观察】

(一) 鸟体的外部形态

见(图 20-1)(单位：mm)。

1. 头部

上面(自前至后)：额、头顶；

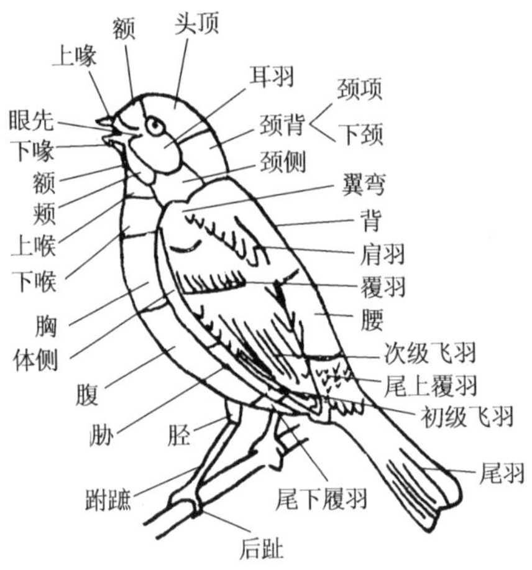

图 20-1　鸟的外形图(自郑作新)

侧面:眼先、围眼部(眼的周围)、颊和耳羽;

下面:颏。

2. 颈部

上面:颈项(上颈)、下颈;

侧面:颈侧;

下面:喉包括颐(上喉)与下喉,形特长者称前颈。

3. 躯干

上面:背、腰;侧面:胸侧、胁(腰的两侧);

下面:胸、腹。

4. 翼

(1) 飞羽

初级飞羽:附着于掌骨和指骨;

次级飞羽:附着于尺骨。

(2) 覆羽

掩覆于飞羽的基部,翼的表里两面均有分布。

5. 脚

股:与躯干相接,通常被羽;

胫:在股之下跗蹠之上,被羽或裸出;

跗蹠:在胫之下趾之上,被羽或附生鳞片;

距:跗蹠后缘着生的角状突起;

趾:通常 4 趾,即称外、中、内及后(大)趾。

6. 尾

见图 20-2。

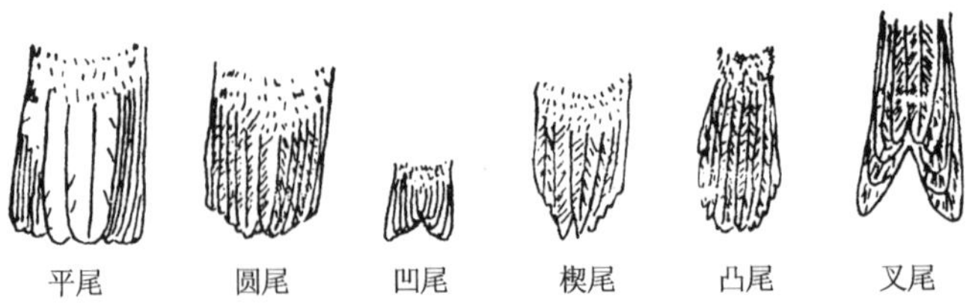

图 20-2　尾羽的类型(自郑作新)

尾羽:分中央尾羽和外侧尾羽,前者为居中的 1 对,后者为中央尾羽外侧者。

尾羽的形状:

1) 平尾:各尾羽长短相等,如鹭。

2）圆尾：外侧尾羽比中央尾羽稍短，如八哥。

3）凸尾或楔尾：前者的外侧尾羽比中央尾羽较短，如伯劳；后者的外侧尾羽则短得多，如啄木鸟。

4）凹尾：外侧尾羽比中央尾羽稍长，如果长得多则为叉尾，如黑卷尾。

7. 趾型

见图 20-3。

1）不等趾足（离趾型）：或称常态足，三趾向前，一趾向后，如鸡。

2）对趾足：第 2、3 趾向前，第 1、4 趾向后，如杜鹃。

3）异趾足：第 3、4 趾向前，第 1、2 趾向后，如咬鹃。

4）并趾足：趾的排列为常态足，但向前三趾的基部互相并着，如翠鸟。

5）前趾足（转趾型）：4 趾均向前方，如雨燕。

图 20-3　鸟趾的类型（自郑作新）

8. 蹼

见图 20-4。

1）蹼足：前趾间有极发达的蹼相连着，如雁鸭类。

2）凹蹼足：与蹼足相似，但蹼膜中部往往凹入，如燕鸥。

3）半蹼足：蹼大部分退化，仅于趾间基部留存，如鹬、鹭。

4）全蹼足：前趾及后趾间均有蹼相连，如鸬鹚。

5）瓣蹼足：趾的两侧附有叶状蹼，如䴙䴘。

图 20-4　蹼的类型（自郑作新）

（二）鸟体的测量

见图 20-5（单位：mm）。

1）体长：自嘴端至尾端（此项测量应在标本采得后未剥制前进行）。

2）嘴峰长：自嘴基生羽处至上嘴先端的直线距离。

3）翼长：自翼角（即腕关节）至最长飞羽先端的直线距离。

4）尾长：自尾羽基部至最长尾羽先端的直线距离。

5）跗蹠：自胫骨与跗蹠骨关节后面的中点至跗蹠骨与中趾关节前面最下方之整片鳞的下缘。

6）嘴裂、趾和爪等长度，根据需要加以测定。

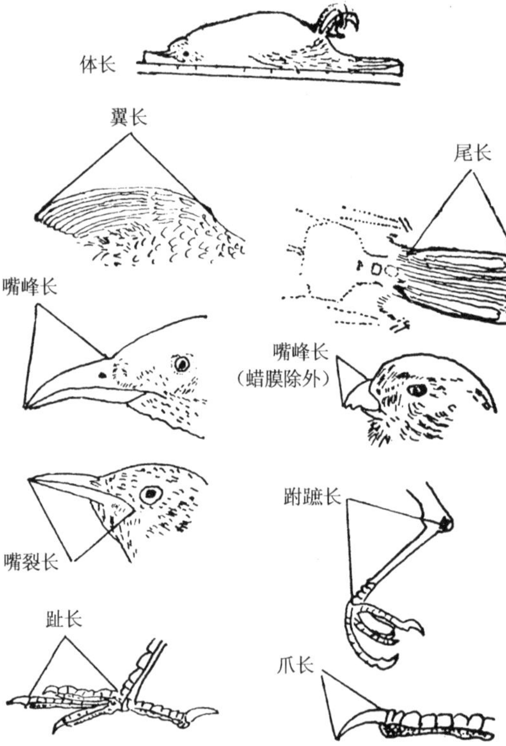

图 20-5　鸟体的测量（自郑作新）

（三）鸟类标本的检索

中国鸟类目别检索表

1. 脚适于步行；蹼不发达或缺 ………………………… 2
1. 脚适于游泳；蹼发达 ………………………… 16
2. 颈脚均短；胫全被羽；无蹼 ………………………… 3
2. 颈脚均长；胫的下部裸出，脚适于涉水，蹼不发达 ………………………… 14
3. 嘴爪均特强锐弯曲；嘴基具蜡膜 ………………………… 4
3. 嘴爪形状或平直或稍曲；嘴基不具蜡膜（鸽形目除外） ………………………… 6

4. 足呈对趾型;舌厚而为肉质;尾脂腺被绒羽,非掠食性 …………… 鹦形目 Psittaciformes
4. 足不呈对趾型;舌正常;尾脂腺被绒羽或裸出,掠食性 ………………………………… 5
5. 蜡膜常为硬须所掩盖;两眼向前;尾脂腺裸出,三趾向前,一趾向后,外趾能反转;夜禽 ………………………………………………………………………… 鸮形目 Strigiformes
5. 蜡膜裸出;两眼侧位;尾脂腺被绒羽,趾三前一后,外趾除鹗属外,不能反转;昼禽 …… ………………………………………………………………………… 隼形目 Falconiformes
6. 三趾向前,一趾向后,彼此分离(除极少数外) ………………………………… 12
6. 趾不具上列特征 ……………………………………………………………………… 7
7. 足呈前趾型;嘴短阔而平扁,无嘴须 ………………………………… 雨燕目 Apodiformes
7. 足不呈前趾型;嘴强而不平扁(夜鹰目例外),常具嘴须 ……………………………… 8
8. 足呈异趾型 ………………………………………………………… 咬鹃目 Trogoniformes
8. 足不呈异趾型 ………………………………………………………………………… 9
9. 具对趾足 ……………………………………………………………………………… 10
9. 具并趾足 ……………………………………………………………………………… 11
10. 嘴强直呈凿状;尾羽通常强硬;产卵于树洞中 …………………… 䴕形目 Piciformes
10. 嘴端稍曲,不呈凿状;尾羽正常,羽干不硬;卵大都产于他鸟巢中 ………………… ………………………………………………………………………… 鹃形目 Cuculiformes
11. 嘴短阔;中爪具栉缘;夜禽 ……………………………… 夜鹰目 Caprimulgiformes
11. 嘴长而强,或细而稍曲;中爪不具栉缘;昼禽……………………… 佛法僧目 Coraciiformes
12. 嘴基柔软,被以蜡膜,尖端膨大而具角质;嗉囊能分泌乳状液…… 鸽形目 Columbiformes
12. 嘴全被角质,嘴基无蜡膜;嗉囊存在时不分泌乳状液 ……………………………… 13
13. 嘴脚均强;雄性具距;营巢于地上 ………………………………… 鸡形目 Galliformes
13. 嘴脚软弱;无距;营巢于树上 …………………………………… 雀形目 Passeriformes
14. 四趾平置;眼先大部裸出……………………………………………… 鹳形目 Ciconiiformes
14. 后趾大都形小而较他趾稍高,或完全退化;被羽 …………………………………… 15
15. 翼形稍圆,最外侧初级飞羽较最长者为短;眼先被羽或裸出 ……… 鹤形目 Gruiformes
15. 翼形尖,最外侧初级飞羽较其他飞羽为长或等长;眼先被羽…… 鸻形目 Charadriiformes
16. 鼻成管状………………………………………………………… 鹱形目 Procellariiformes
16. 鼻不成管状 ………………………………………………………………………… 17
17. 趾间具全蹼………………………………………………………… 鹈形目 Pelecaniformes
17. 趾间不具全蹼 ……………………………………………………………………… 18
18. 嘴大都扁平,先端具嘴甲,侧缘具栉状突或锯齿;雄性具交接器 …… 雁形目 Anseriformes
18. 嘴不具上列诸特征;雄性不具交接器 ……………………………………………… 19
19. 翼尖长;尾羽发达 ……………………………………………………… 鸥形目 Lariformes
19. 翼短圆;尾羽短,被覆羽所遮盖 …………………………………………………… 20
20. 前趾间具蹼 ………………………………………………………… 潜鸟目 Gaviiformes
20. 前趾间具瓣蹼 ………………………………………………… 䴙䴘目 Podicipediformes

图 20-6 非雀形目常见种类(自郑作新)

1. 鸊鷉目

体小;细直而尖;翼短;尾短小或退化;趾具瓣蹼。常见种类:

小鸊鷉(*Tachy batus ruficollis*) 又称水葫芦,似鸭而小;体羽灰褐色,后肢位于体后部;瓣蹼足。

2. 鹈形目

为较大型的鸟类。善游泳。四趾间具全蹼;嘴强大具钩、喉部具发达的喉囊,是善飞的食鱼游禽。常见种类:

斑嘴鹈鹕(*Pelecanus Philippensis*) 体形大,嘴扁平,喉囊大,相当于嘴的全长。

鸬鹚(*Phalacrocorax carbo*) 全身黑色,肩和翼具青铜色光泽。

3. 鹳形目

大中型涉禽。颈、嘴及腿很长;趾细长。四趾在同一平面上,趾基部有蹼相连;

眼先裸出。常见种类：

灰鹭(*Ardea cinerea*) 又名苍鹭，俗称"老等"。为较大型鸟类。头顶及颈白色，头侧及枕部黑色，上体灰色，下体白色，胫的裸出部分较后趾长(不包括爪)。

白鹭(*Egretta garzetta*) 全身白色，背和上胸披以丝状羽，背上的丝状羽特长，超出尾外。

4. 雁形目

大中型游禽。嘴扁，边缘有锯齿状突起(可滤食)，嘴端具嘴甲；前三趾具蹼；翼上常有绿色、紫色或白色翼镜。常见种类：

绿头鸭(*Anas platyrhynchos*) 雌雄异色，雄鸭头颈黑绿色，有金属光泽，颈下部有白环，胸部栗色，两翼各具一块鲜明的紫蓝色翼镜，体羽大体灰褐色，雌鸭棕褐色。

鸳鸯(*Aix galericulata*) 羽色华丽，雄鸟具赤铜色羽冠，两翼最内两枚三级飞羽竖立呈扇形，直立如帆。

豆雁(*Anser fabalis*) 上体褐色，羽毛大多数具有浅色羽缘，尾上覆羽部分白色，腹部浅灰色；嘴黑色，近先端处有一黄斑。

大天鹅(*Cygnus cygnus*) 体大。遍体洁白色；嘴尖黑色，从眼先至嘴基部淡黄色；颈很长，头长和颈长超过躯体的长度。

5. 隼形目

猛禽，昼间活动。嘴钩曲锐利；脚强健有力，先端有锐爪，为捕食利器；善飞翔，视力敏锐。雌鸟较雄鸟大。常见种类：

红脚隼(*Falco vespertinus*) 系小型猛禽，雄鸟背羽灰色，翼下覆羽白色，腿脚红色；雌鸟稍大，下体多斑纹，脚腿黄色。

鸢(*Milvus migrans*) 又名老鹰，全身大部暗褐，翼下各具一白斑，尤其高翔时更明显，尾羽呈叉状。

6. 鸡形目

适于陆栖步行，脚健壮有力，爪强钝，便于抓土觅食；雄性有距；嘴短而强健，利于啄食，翼短圆，不善飞翔；雄性色艳，雌雄易辨。常见种类：

环颈雉(*Phasianus colchicus*) 又名野鸡。雄鸟具有鲜明的紫绿色颈部，且有显著的白环纹，尾羽长，具横纹；雌鸟羽色不鲜艳，不具绿颈及白环纹，背面为灰色、栗色和黑色相杂，尾羽不长。

鹌鹑(*Coturnix coturnix*) 体型似雏鸡，头小尾秃，通体褐色，杂以淡黄色斑。

7. 鹤形目

后趾退化，如具后趾时，则高于前三趾，不在同一平面上，蹼大多退化，眼先大多被羽。常见种类：

骨顶鸡(*Fulica atra*) 又称白骨顶，全身羽毛近黑色，嘴和前额白色，趾间具瓣蹼。

丹顶鹤(*Grus japonensis*) 身体高大,体羽大部分为白色,头顶皮肤裸露,呈朱红色,似肉冠状,故名丹顶鹤。

8. 鸻形目

喙长短不一;四趾以中趾最长,具蹼或不具蹼,后趾外形小或消失。常见种类:

金眶鸻(*Charadrius dubius*) 嘴基、前头、眼先、经眼下连耳区,有黑色环带,上背及上胸有黑色环带。上体大部分为灰褐色,无后趾,眼眶四周金黄色。

白腰杓鹬(*Numenius arquata*) 头、颈、背、肩和翼上覆羽黑褐色,下背、腰和尾上覆羽白色,体侧有较粗的黑褐色斑纹,尾下覆羽灰黄色。

白腰草鹬(*Tringa ochropus*) 前头、头顶、后颈、背和肩呈橄榄褐色,有古铜色光泽,体侧白,有黑褐色横斑,下体白色。

9. 鸥形目

喙形直;翼长而尖,善飞;足短,前三趾具蹼,后趾小而位置高;尾羽发达。常见种类:

白额燕鸥(*Sterna albifrons*) 前额及眉纹上方有一狭窄的白纹,上嘴基部有一黑纹,向后伸至眼的上方,头顶及颈背黑色。尾上覆羽和尾羽纯白,下体纯白。

银鸥(*Larus argentatus*) 背、腰以及两翅的覆羽和内侧飞羽均为深灰色,下体白色,嘴黄,爪黑。

10. 鸽形目

喙短,基部大多柔软,具蜡膜,翼发达,腿短,四趾位于一平面上,趾间无蹼。常见种类:

原鸽(*Columba livia*) 为家鸽祖先,头、颈、胸和上背为石板灰色,颈部有金属绿或紫色闪光,尾不具白色横斑。

珠颈斑鸠(*Streptopelia chinensis*) 雌雄体色相似,前头灰色,后颈有明显的珠状斑,上体褐色,下体葡萄红色,外侧尾羽暗褐色,先端白色,脚和趾暗红褐色。

11. 鹦形目

足呈对趾型,攀禽,嘴基具蜡膜,喙坚强,先端具利钩。常见种类:

绯胸鹦鹉(*Psittacula alexandri*) 额基有一黑纹,向后伸达眼。头蓝灰色,背和肩以至尾上覆羽为草绿色,尾羽天蓝色,腹部中央蓝色。上喙红(♂)或黑(♀)。

虎皮鹦鹉(*Melopsittacus undulatus*) 形小,羽色有黄、绿、蓝和白色相间。

12. 鹃形目

足呈对趾型,适于攀援,喙稍向下弯曲,大都不营巢。常见种类:

四声杜鹃(*Cuculus micropterus*) 上体暗灰色,两翼暗褐,翼缘纯白,不具褐斑。鸣叫为四声一度,又叫光棍好过。

大杜鹃(*Cuculus canorus*) 体色似四声杜鹃,但翼缘白而杂以褐斑。个体较上者稍大,鸣叫二声一度,又称布谷鸟。

13. 鸮形目

足呈对趾型,头大而宽;眼大向前,多数种类眼周有辐射状羽毛形成面盘;喙坚强而钩曲;耳孔大,其周围有耳羽;脚强健,爪锐利。常见种类:

长耳鸮(*Asio otus*) 面盘很显著;耳羽发达;体背橙黄色,具褐色纵纹及杂斑;腹羽具横斑。

14. 夜鹰目

喙短而软,基部甚宽,嘴须发达,呈硬毛状;羽毛柔软,飞翔无声;翼尖长;足为并趾型,中趾爪内侧缘具栉齿。常见种类:

夜鹰(*Caprimulgus indicus*) 又名贴树皮,蚊母鸟。嘴短宽;体褐色,杂以黑色斑纹。停息在树上时,身体长轴与树枝平行,故名贴树皮。吃大量蚊子,故名蚊母鸟。

15. 佛法僧目

喙长而强直或细而曲;腿短,趾三前一后,并趾足。常见种类:

翠鸟(*Alcedo atthis*) 俗称小鱼狗。体小;尾羽短;喙强直而尖;背羽翠蓝色,胸部栗褐色。

戴胜(*Upupa epops*) 又名山和尚、臭姑鸪。嘴细长向下弯曲;头顶具发达的褐色羽冠,张开时呈扇形;两翼表面大都黑色,杂以棕色或白色斑纹,尾羽黑色,其中部横贯以一道明显的白斑。

16. 䴕形目

足为对趾型;喙强直而呈锥状,适于啄木;舌长,舌尖具倒钩,善于钩取树洞中的蛀虫。常见种类:

黑枕绿啄木鸟(*Picus canus*) 全体绿色,雄性头顶有明显的红斑。

斑啄木鸟(*Dendrocopos major*) 额、眼先和颈均白色,头顶至尾部表面黑色,最外侧尾羽大都白色,杂以黑色横斑,两翼黑色,飞羽横贯数条白斑。

【作业】

根据喙、翼和尾的形态、趾型、爪的强弱、蹼型、有无蜡膜等特征,将下列各目编一检索表:鸊鷉目、鹈形目、雁形目、鹤形目、鸽形目、鸡形目、鹃形目和鸛形目。

【思考题】

1) 鸟类的三个总目在分类特征上有哪些主要区别?

2) 鸟类的分类主要依据哪些特征?

3) 企鹅有哪些特征与潜水生活相适应?

实验 21 鸟纲分类(2)

【实验目的】

进一步学习鸟类的分类方法、学习使用检索表、认识常见的雀形目鸟类。

【实验材料】

供实验用的雀形目鸟类标本。

【实验用具】

卡尺,钢卷尺等。

【实验操作及观察】

(一) 雀形目(Passeriformes)

体形一般较小,外形极为多样,喙、翼变化大,腿较细,常态足。鸣管发达,大都善于鸣唱,大多善于营巢。

我国雀形目科别检索表

1. 嘴形粗厚而宽阔;向前三趾的基部相并着;跗蹠大部由单列大型的卷形鳞片所包被 …………………………………… **阔嘴鸟科 Eurylaimidae**
1. 嘴形不具上列特征;趾不并合,跗蹠不由单列卷状鳞片所包被 …………… 2
2. 跗蹠后缘钝,具盾状鳞 …………………… **百灵科 Alaudidae**
2. 跗蹠后缘侧扁成棱状,光滑无鳞 …………………… 3
3. 上下嘴前段的嘴缘具细形锯齿 …………………… 4
3. 嘴缘无锯齿 …………………… 5
4. 翅端圆形;初级飞羽 10 枚 …………………… **太阳鸟科 Nectariniidae**
4. 翅端方形;初级飞羽仅 9 枚 …………………… **啄花鸟科 Dicaeidae**
5. 翅端圆形;初级飞羽 10 枚,其第 1 枚较最长者为短 …………………… 6
5. 翅端尖形或方形;初级飞羽大都 9 枚;若为 10 枚时,其第 1 枚特短小,其长度一般不超过初级覆羽(少数例外) …………………… 23
6. 后趾(连爪)与中趾(连爪)等长,或更长;嘴不具缺刻 …………………… 7
6. 后趾(连爪)较中趾(连爪)为短;嘴常具缺刻 …………………… 8
7. 嘴形直或下曲;无嘴须;鼻孔裸出;尾羽坚挺 …………………… **旋木雀科 Certhiidae**
7. 嘴形直;有嘴须;鼻孔有稀疏羽须掩盖;尾羽短而软 …………………… **䴓科 Sittidae**
8. 跗蹠被以靴状鳞(少数例外) …………………… 9
8. 跗蹠前缘具盾状鳞(有时不明显) …………………… 13

9. 体羽柔长而疏松;颈项具发状纤羽;跗蹠短弱 …………………… 鹎科 Pycnonotidae
9. 体羽稠密而结实;颈项不具发状纤羽;跗蹠粗长 …………………………………… 10
10. 嘴形较粗;最外侧初级飞羽达其内侧者 4/5 长度 ……………… 八色鸫 Pittidae
10. 嘴形似鸫或较细;最外侧初级飞羽较短,不及其内侧者 4/5 的长度 …………… 11
11. 无嘴须;尾短 ……………………………………………………… 河乌科 Cinclidae
11. 有嘴须;尾较长 ………………………………………………………………………… 12
12. 嘴粗健而侧扁,缺刻明显;翅长而平………… 鹟科:鸫亚科 Muscicapidae: Turdinae
12. 嘴形细尖,缺刻不明显;翅短而凹………… 鹟科:莺亚科 Muscicapidae: Sylviinae
13. 鼻孔全被羽或须所盖 ……………………………………………………………… 14
13. 鼻孔裸露,或仅有少数羽或须所盖 ……………………………………………… 17
14. 第1枚初级飞羽超过第2枚长度之半 ……………………………………………… 15
14. 第1枚初级飞羽不及第2枚长度之半 ……………………………………………… 16
15. 体形较大;翅长超过 120 mm;嘴须粗长;体羽结实而有光泽 ………… 鸦科 Corvidae
15. 体形较小;翅长不及 100 mm;嘴形短厚,似鹦鹉嘴状;体羽较松 ……………………
……………………………………… 鹟科:鸦雀属等 Muscicapidae: Paradoxorinis
16. 巢呈杯状,营于树洞或岩隙间 ………………………………………… 山雀科 Paridae
16. 巢呈囊状,悬于树枝梢端 ……………………………………………… 攀雀科 Remizidae
17. 鼻孔完全裸露 ……………………………………………………………………… 18
17. 鼻孔多少有羽或须遮盖(莺亚科中有例外) ……………………………………… 19
18. 体形较大,翅长超过 100 mm,尾长超过 60 mm;嘴须存在 …………… 黄鹂科 Oriolidae
18. 体形较小,翅长不及 60 mm,尾长不及 50 mm;无嘴须………… 鹪鹩科 Troglodytidae
19. 腰羽的羽轴坚硬 ………………………………………… 山椒鸟科 Campephagidae
19. 腰羽的羽轴正常 ……………………………………………………………………… 20
20. 嘴强壮而侧扁;上嘴具钩与缺刻,并常有齿突 ……………………… 伯劳科 Laniidae
20. 嘴形较细,常具缺刻;钩与缺刻均存在时,嘴多少呈平扁状 ……………………… 21
21. 体羽纯黑或暗灰;尾羽 10 枚,呈深叉状 ……………………………… 卷尾科 Dicruridae
21. 体羽非纯黑或暗灰;尾羽 12 枚,不呈深叉状 ……………………………………… 22
22. 体羽主要为蓝色,或为绿色或黄绿色;颈项常有纤羽如发;跗蹠较嘴(从嘴角量起)为短
……………………………………………………………………… 和平鸟科 Irenidae
22. 羽色各异,颈无发状纤羽;跗蹠较嘴为长 ……………………………………………
……………………………………… 鹟科 Muscicapidae(主要为画眉亚科 Timaliinae)
23. 第1枚飞羽(最外侧的退化飞羽若存在时亦不计入)最长,其内侧数羽明显短缩,成尖形翼端 ……………………………………………………………………………… 24
23. 第1枚飞羽(最外侧退化飞羽除外)与其内侧数羽几乎等长,成方形翼端 ………… 27
24. 嘴短阔而平扁;初级飞羽仅 9 枚,脚细弱 …………………………… 燕科 Hirundinidae
24. 嘴短强而不平扁;初级飞羽 10 枚,其最外侧甚形退化;脚正常 ………………… 25
25. 翅长达于尾羽之后 ……………………………………………………… 燕贝科 Artamidae
25. 翅长不达于尾羽之后 ………………………………………………………………… 26

26\. 翅与尾无辉斑 ………………………………………… **椋鸟科 Sturnidae(部分)**
26\. 翅与尾均具辉斑 ………………………………………… **太平鸟科 Bombycillidae**
27\. 初级飞羽9枚;最长的次级飞羽接近翼端;后爪常特长 …………… **鹡鸰科 Motacillidae**
27\. 初级飞羽10枚(雀科及部分文鸟科例外),其最外侧者甚形退化;最长的次级飞羽仅达翅长之半或稍超过;后爪正常 ………………………………………… 28
28\. 嘴不呈圆锥状 ………………………………………… 29
28\. 嘴粗短,呈圆锥状 ………………………………………… 32
29\. 嘴形平扁 ………………………………… **鹟科:鹟亚科 Muscicapidae:Muscicapinae**
29\. 嘴不呈平扁状 ………………………………………… 30
30\. 体形纤小,翅长不及60 mm;退化飞羽形小而具锐端,呈镰刀状,上体几纯绿色;眼周具白环 ………………………………………… **绣眼鸟科 Zosteropidae**
30\. 体形适中,翅长超过60 mm;退化飞羽稍大而具圆端;上体无绿色;眼周无白环 …… 31
31\. 鼻孔被以盖膜,完全裸露;嘴须存在 ………………………………… **岩鹨科 Prunellidae**
31\. 鼻孔盖膜被羽掩覆着;无嘴须(鹩哥属例外) ………………………… **椋鸟科 Sturnidae**
32\. 初级飞羽10枚(麻雀等属例外);巢非呈曲瓶状,营巢于窟窿或树洞内 …… **文鸟科 Ploceidea**
32\. 初级飞羽9枚,巢无覆盖,置于地面上 ………………………………… **雀科 Fringillidae**

(二)雀形目的常见种类(图21-1)

1. 百灵科 Alaudidae

体小。喙圆锥形。翼尖长。跗蹠后缘钝,被盾状鳞,后爪长而直。

云雀(*Alauda arvensis*) 又名朝天柱。体背面沙土色,上具黑褐色纵纹。后头具羽冠。两翼和尾均黑褐色,最外一对尾羽几乎纯白色,腹部白色。

2. 燕科 Hirundinidae

体小。喙短而基部宽,嘴裂甚大,适于在飞翔中捕食昆虫,上喙有一小缺刻。翼长而尖,尾叉形,腿短而弱。

家燕(*Hirundo rustica*) 背羽黑色,具紫蓝色光泽,喉栗红色,腹部乳白色。叉尾。

3. 鹡鸰科 Motacillidae

喙先端具缺刻,嘴须发达。翼尖长,尾长。跗蹠前面被盾状鳞。

白鹡鸰(*Motacilla alba*) 头侧和颈侧为白色,体背黑色,翼上的大覆羽和中覆羽为白色,形成翼上白斑。边飞边鸣,着地时尾上下摇摆。

4. 鹎科 Pycnonotidae

翼尖长。跗蹠短而弱。体羽疏松,颈项具发状纤羽。

白头鹎(*Pycnonotus sinensis*) 又名白头翁。额和头顶黑色,后头部白色,背腰橄榄灰色而着染黄绿色,胸部以下白色,喙黑色。

5. 伯劳科 Laniidae

上喙钩曲而有齿状突,与鹰嘴相似,是雀形目中的猛禽。

红尾伯劳(*Lanius cristatus*) 额和头部淡灰色,贯眼纹黑色,眉纹白色,颏和喉纯白,上背及两翼为浓褐色,尾羽棕褐色,腹部近白色,喙黑色。

6. 黄鹂科 Oriolidae

喙形长而稍向下弯曲。嘴须短细。鼻孔裸露。翼尖长。跗蹠短,爪长而曲。

黄鹂(*Oriolus chinensis*) 全体几乎都是黄色,但自鼻孔横过眼睛直达后头的枕部有一黑环,故又名黑枕黄鹂。

7. 卷尾科 Dicruridae

全体通常为黑色或灰色,喙强健,上喙前端具一缺刻,基部具硬的嘴须,翼尖长,尾深叉状。

黑卷尾(*Dicrurus macrocercus*) 俗名"吃杯茶"。全体黑色。尾长而呈叉状,外侧尾羽的先端微向上弯曲。

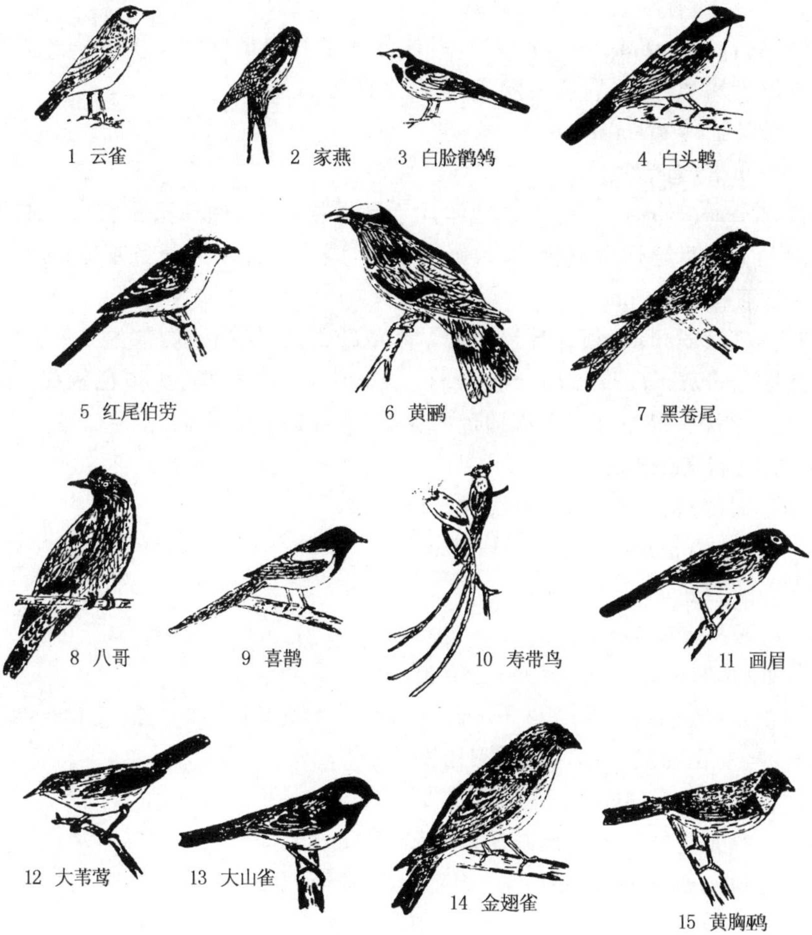

图 21-1 雀形目常见种类(自郑作新)

8. 椋鸟科 Sturnidae

喙长直而尖锐，无嘴须，翼长短适中，跗蹠强健，前缘为盾状鳞。

八哥(***Acridotheres cristatellus***)　全体羽毛黑色，有闪烁的光泽，翼上有一大形白色横斑，飞翔时状如“八”字，故名八哥。嘴基有一束长羽，一部分直竖成冠，另一部分向前倒下，形成鼻的覆羽。尾羽除中央二枚外先端白色。

9. 鸦科 Corvidae

体形较大，喙强健，呈圆锥形，鼻孔圆形，常为发状羽所遮盖。

灰喜鹊(***Cyanopica cyana***)　头顶、头侧和后颈为蓝黑色，其余上体为淡紫灰色，翼青蓝色。

喜鹊(***Pica pica***)　肩羽和两胁及腹部白色，其余体羽大部黑色而带有光泽。

10. 鹟科 Muscicapidae 鹟亚科 Muscicapinae

喙扁平，基部有刚毛，上喙具微缺刻。

寿带鸟(***Terpsiphone paradisi***)　体分栗型和白型两种。前者头蓝黑色，上体自头以下为深洋红色；后者头蓝黑色，其余概为白色。

11. 画眉亚科 Timaliinae

上下喙平滑，有嘴须。

画眉(***Garrulax canorus***)　上体几乎是橄榄褐色，额和头顶棕色。眼圈白，此色由眼的上缘后延伸至颈侧，非常鲜明，故有画眉之称。为著名笼鸟。

12. 莺亚科 Sylviinae

体小。嘴细弱，具嘴须。翼形短圆。跗蹠纤细，为纵列鳞所包。

大苇莺(***Acrocephalus arundinaceus***)　上体橄榄棕色，头顶色较深，眉纹淡黄色，头侧棕褐色，眼先有一条深褐色的纵纹，伸在眉纹的下面。

13. 鸫亚科 Turdinae

嘴粗健而侧扁，缺刻明显，有嘴须。翅尖形。

乌鸫(***Trudus merula***)　上体和翼黑色，下体黑褐，颏和喉杂以棕褐色的羽缘。嘴黄。脚黑色。

14. 山雀科 Paridae

喙短而强，呈锥形。鼻孔为羽毛所盖。翼短。

白脸山雀(***Parus major***)　又名大山雀。头顶黑色，颊白色，上背黄绿色，下背、两肩及尾上覆羽灰蓝色，嘴峰、脚均黑色。

15. 文鸟科 Ploceidae

体小。嘴短呈圆锥形。跗蹠具盾状鳞，初级飞羽10枚。

树麻雀(***Passer montanus***)　自额至后颈纯栗褐色，上背和两肩棕褐，杂以黑褐色斑纹。眼先、眼的下缘、颏和喉的中部均黑色，头及颈侧白色。耳羽下部有一黑色斑块。

16. 雀科 Fringillidae

喙圆锥形，嘴须少而短。跗蹠前缘为盾状鳞。初级飞羽 9 枚。

金翅雀(*Carduelis sinica*)　头顶和后颈均绿灰色，眉纹黄绿色，背和肩黄褐色，腰黄色，两翼大都黑色，而贯以黄色横带，嘴淡黄色，脚灰红色。

黄胸鹀(*Emberiza aureola*)　又名禾花雀。额和头侧以及颜面黑色，上体栗红色，背上各羽具黑褐色纵纹，胸前有一栗红色项圈，下体为鲜黄色。

三道眉草鹀(*Emberiza cioides*)　头顶和枕部栗色，上体全部栗色，并杂以黑褐色纵纹，胸部具栗红色横带，下体余部棕白色，头侧贯眼纹和颊下纹均黑色，眉纹和眼下纹白色。

【作业】

根据喙的形态、嘴须的有无、翼和尾的形态、体色、跗蹠部的鳞片、趾和爪的形态等将下列鸟类编成一检索表：百灵、家燕、红尾伯劳、黑卷尾、灰喜鹊、黄鹂。

【思考题】

1) 鸟类有哪些结构特点与爬行类相似？

2) 列举 10 种常见的益鸟，并指出其分类地位。

实验 22　家兔的外形及内部解剖(1)

【实验目的】

通过家兔的解剖实验，掌握哺乳类的消化系统、呼吸系统和循环系统的结构特点，并进一步熟练解剖技术。

【实验材料】

活家兔、猪心、乙醚。

【实验用具】

解剖器、解剖盘、骨剪、放大镜、注射器、探针。

【实验操作及观察】

(一) 外形观察

兔全身被毛(鼻子的尖端除外)。用镊子分开毛被，可明显地区别出粗而细长的针毛和短而软的绒毛。身体分头、颈、躯干和四肢四部分。口缘有肌肉质唇，上唇中央有纵裂。眼具上下眼睑。眼前部分叫面部,眼后部分叫颊部。头部两侧有长耳壳(外耳)1对,借此收集声音。躯干部分胸、腹二部,雌兔腹部有3～5对乳头。体的末端有尾,尾的基部下方有肛门,肛门的前腹面有泌尿生殖孔,雌性为纵裂的阴门,雄性的泌尿生殖孔呈小圆孔状。若为成年雄兔,在二后肢基部稍前方有阴囊,繁殖期睾丸下降到阴囊中。兔的前肢5指,后肢4趾,指(趾)端具爪。

(二)内部解剖

解剖前先将兔处死,常用的方法有下列几种:①静脉注射空气(从股部或耳壳上的静脉进行注射,注射后针头和针管要及时冲洗,以防堵塞);②用乙醚麻醉;③用水淹死;④左手提起兔子的耳壳,右手用骨剪猛击兔子后头部,片刻即死亡。将兔子置于解剖盘中,先观察消化系统的唾液腺和口腔部分。

1. 消化系统

(1)唾液腺

兔子具有4对唾液腺,分别进行观察(图22-1、22-2)。

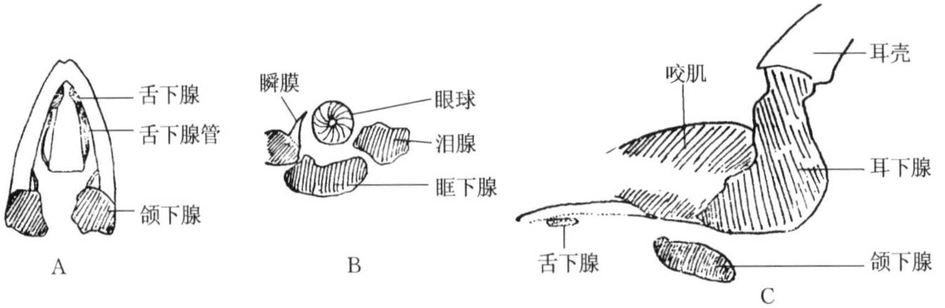

图22-1 家兔的四对唾液腺(标本图)(自路纪琪)
A. 颌下腺(标本图);B. 左眼周围(标本图);C. 头部左侧面观

1)耳下腺(腮腺)(图22-1):耳下腺位于耳壳基部腹面前方的皮肤下面,将该部皮肤剪开并清除附近的组织,即可看到一疏松的淡红色腺体,称为耳下腺。腺管横过咬肌的表面穿入上唇,开口于颊部。

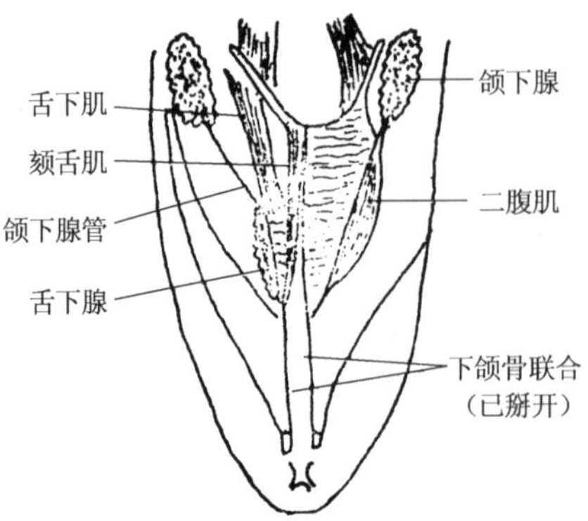

图22-2 兔的颌下腺和舌下腺(自杨安峰)

2)颌下腺(图22-1、22-2):颌下腺是一种卵圆形的腺体,位于下颌的后部两侧的内表面,剪开下颌的皮肤,即可看见。颌下腺管从腺体的内侧伸出,小心分离附近组织,腺管向前伸,在舌下部接连下颌骨联合处,开口于口腔。

3)舌下腺(图22-2):舌下腺腺体较

小,呈长带状,位于近下颌骨联合处,舌的下面、颌下腺的前内侧处,沿着颌下腺管向前寻找,即可看见腺体,腺管常与颌下腺管伴行,穿入二腹肌内部,须将此肌肉割开,两腺管穿入颏舌肌,亦须割开,方见腺管在下颌联合附近进入口腔。

4) 眶下腺(图 22-1):该腺是一对粉红色的腺体,位于眼窝的底部,其前面有白色的泪腺。剥去眼眶前方和下方的皮肤及组织即可看见。腺管从腹端伸出,开口于口腔。

(2) 口腔和咽部

用刀沿口角割开,把咬肌切断,用力将上下颌掰开(或用骨剪从上下颌的关节处剪断),观察口腔及咽腔各部分(图 22-3)。口缘有唇,上唇中央有一裂缝,唇和牙齿之间的空腔,叫做口前庭。牙齿为异齿型,门齿在上颌有两对,下颌一对,无犬齿,前臼齿在上颌有三对,下颌二对,臼齿在上、下颌各三对。兔的齿式 $\frac{2\cdot 0\cdot 3\cdot 3}{1\cdot 0\cdot 2\cdot 3}=28\left(\text{门齿}\frac{2}{1}\text{、犬齿}\frac{0}{0}\text{、前臼齿}\frac{3}{2}\text{、臼齿}\frac{3}{3}\right)$,横线上面表示上颌齿的半数,横线下面表示下颌齿的半数。口腔顶部为硬腭,底部有肌肉质且灵活的舌,舌表面有许多具味觉的乳头。口腔后部是咽,咽后部腹侧有喉门与气管相通,背侧为食管开口,所以消化道与呼吸道在咽部交叉,当食物由咽进入食道时,喉门的会厌软骨紧密封闭着喉门,防止食物进入呼吸道。

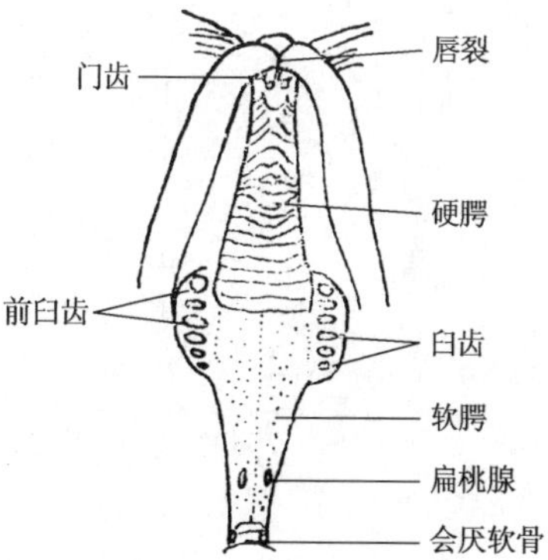

图 22-3　兔的口腔顶部(自杨安峰)

(3) 口腔顶部(图 22-3)

前部为硬腭,其表面有许多横褶,其后部是较长的软腭。软腭之后为咽部,咽部面向鼻腔的部分为鼻咽管,向前有内鼻孔与鼻腔相通,沿着软腭的背中线剪开即可看见一空腔即鼻咽管。自咽经喉而入气管,在喉门外盖有一个半圆形的软骨片为会厌软骨,食物经过咽部时,会厌软骨盖住喉门,使食物进入喉门背面的食管。下面解剖胸腹腔,观察内脏各器官系统。

(4) 胸腹腔

将兔子的腹部向上,用剪刀从泄殖孔稍前方剖一横口,沿腹中线向前剪到胸骨的剑突处,此处即胸腔下缘,转向左右割开腹壁,又从泄殖孔的切口处同样左右割开腹壁,翻开腹壁,腹腔露出(勿使刀尖插入过深以免损伤内脏)。打开腹腔后,先观察各器官的自然位置(图 22-4)。辨认肝、胃、小肠、大肠和直肠各部分。将肝和胃稍向下拉,可见到一肌肉质隔膜即横膈。横膈呈圆顶状,横膈将前面的胸腔和后面的腹腔分隔开。

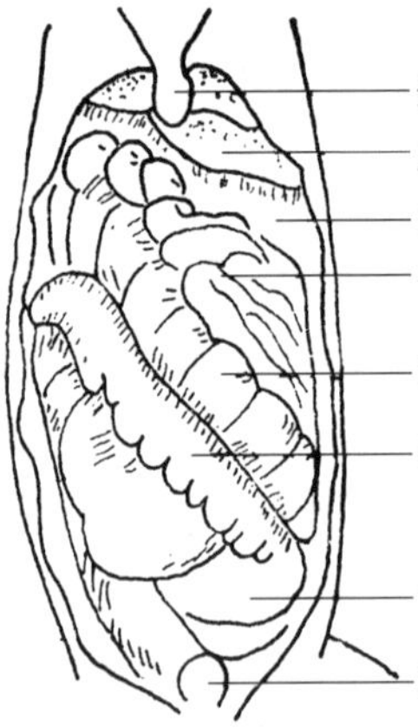

图 22-4 兔腹腔内脏的原位观(自马克勤)

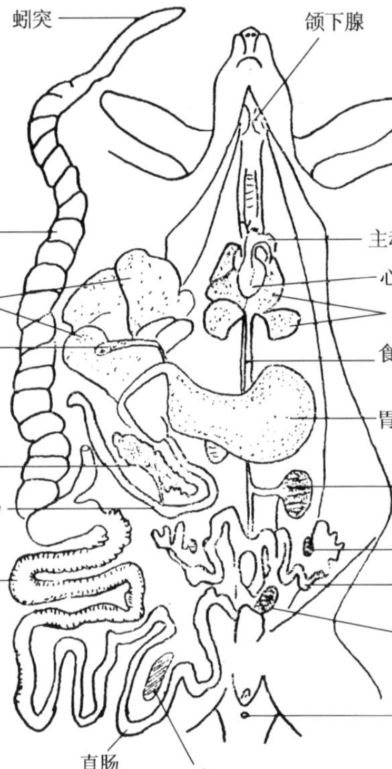

图 22-5 兔的内脏(雌)(自丁汉波)

用左手轻轻掀起胸骨,右手持骨剪在胸骨左、右侧约 10～15 cm 处向前剪开肋骨,剪至第一肋骨处,用镊子掀起胸骨,胸腔即露出。注意观察胸腔中心脏和肺的位置。轻轻拨开心脏和相邻的部分血管(千万要小心,勿弄破血管,以免血液流出),可见一带软骨环的气管。位于气管背面的为扁形的食管。食管穿过胸腔进入腹腔连接胃(图 22-5)。胃呈囊状,横卧于膈肌(横膈)后面,胃与食管连接处称贲门,胃与小肠连接处称幽门,胃前面的弯曲(凹面)称胃小弯,后面的弯曲(凸面)称胃大弯。小肠管径较小,表面光滑,将小肠移向一侧,轻轻地分开进行观察(勿拉破)。前段自胃的幽门往后呈"U"形的部分称十二指肠,其后为空肠和回肠。两者之间无明显界限不易区分。小肠之后为大肠,大肠管径较大,有深皱褶,分为结肠和直肠。直肠以肛门通体外。在大小肠连接处有一发达的盲肠,管径很大,其表面有横褶,盲肠末端是细长而光滑的蚓突(阑尾)。

在十二指肠弯曲的系膜上有分散不规则的胰脏(图 22-6),有一胰管开口于距十二指肠开始部 3～4 cm 的地方。肝脏(图 22-7)位于腹腔的前部,分成 5～6 叶,胆囊位于右叶的背面,自胆囊通出的胆管和自肝脏通出的肝管汇合而成胆总管,开口于离幽门不远的十二指肠内。

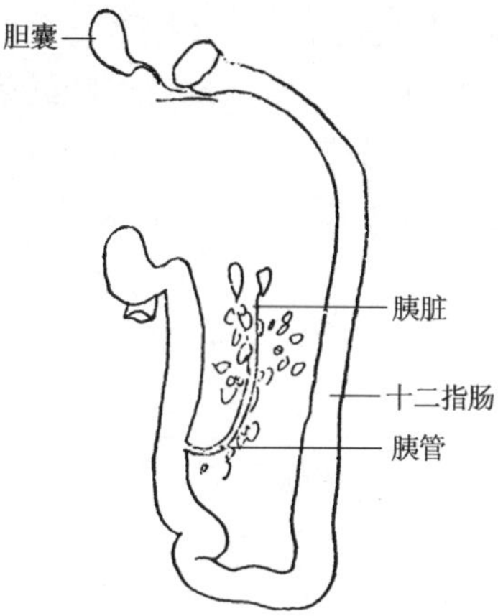

图 22-6　兔的胰脏(自马克勤)

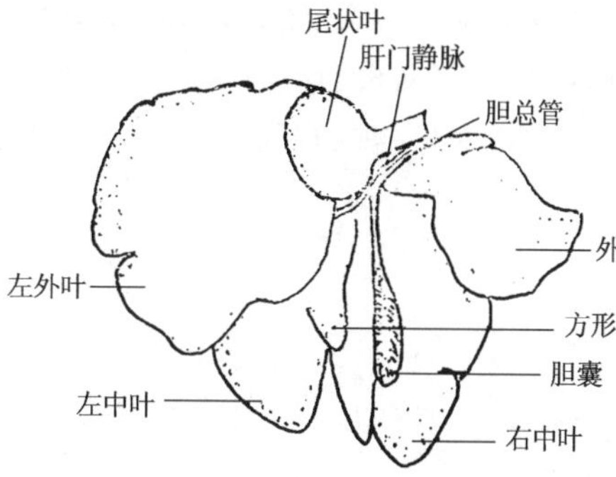

图 22-7　兔的肝脏(自马克勤)

消化系统的胃、肝、十二指肠、小肠、大肠等部分观察完毕后,暂保留下来,留待观察循环系统中的动脉和静脉时作参考。

2. 呼吸系统

自外鼻孔开始,空气通过外鼻孔进入鼻腔再经由内鼻孔入咽,再由咽进入喉门。喉门部分由几种软骨组成。剪断气管上部,取下喉头,辨认各种软骨(图 22-8)。

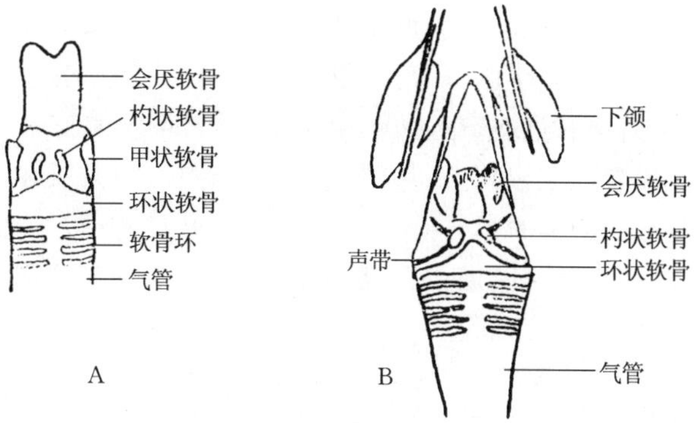

图 22-8　兔的喉头(自郝天和)
A. 背面观；B. 背面观(已剖开)

甲状软骨:短而宽,从两侧和腹面包围着喉头。

会厌软骨:位于甲状软骨的上方,从腹侧向前端伸出,呈半圆形,其游离端伸向咽部。

杓状软骨:1 对。位于甲状软骨的背内侧,是近似三角形的小软骨,在甲状软骨和杓状软骨之间有膜状声带。

环状软骨:位于甲状软骨的后下方。

喉与气管相接。气管是一条延伸于颈部全长的长管，因气管壁有不完全的软骨环（环的背面并未愈合）支持着，所以管腔经常保持开放，气管前端有二叶红褐色的腺体即甲状腺，气管的后端位于心脏的背侧分二支气管进入肺。

肺呈海绵状，悬挂在胸腔内，左肺由二叶组成，右肺由四叶组成（图 22-9）。

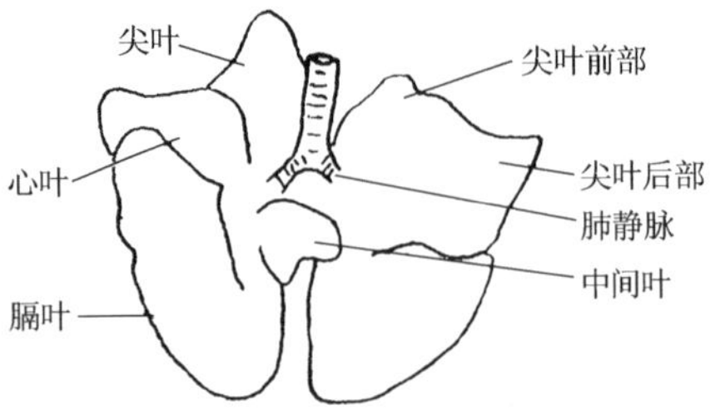

图 22-9　兔的肺脏（腹面观）（自马克勤）

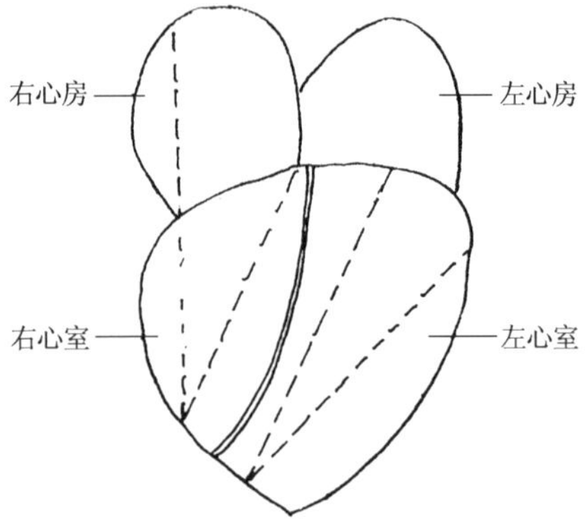

图 22-10　心脏的腹面（虚线示切口）（编者）

3. 循环系统

（1）心脏

先观察猪心（示范），解剖的方法见图 22-10 所示。心室壁厚呈圆锥形，尖端向后，基部较宽，左心室较右心室厚，心房壁较薄。据图 22-10 所示，经过虚线把心脏切开，可以看见心室内壁有许多突起的肌肉束，以腱索系于薄膜上。位于左心房和左心室之间由二片瓣膜组成，称为二尖瓣；右心房与右心室之间由三片瓣膜组成，称为三尖瓣。在左心室的前右上方有左体动脉弓的开口，其周围有三个半月形的瓣膜，称为半月瓣。在右心室左前上方有肺动脉开口，其周围也有三个半月瓣（这些半月瓣、三尖瓣和二尖瓣有何作用?）。

（2）兔子的心脏

位于胸腹腔的前部，两肺之间，呈圆锥形，外被围心膜所包（心包），剪开此膜，心脏即滑出（图 22-11）。心脏朝前方颜色较深而壁较薄的是心房，朝后方的颜色较浅的是心室。在心室表面有一斜行的脂肪状的带标志着左右心室的分界。

（3）动脉

是离心脏的血管，颜色较浅。从左心室发出一条较粗大的左体动脉弓，自心室分出后向前并绕向背面，即向头部和前肢发出部分血管，然后转向左侧下行贴近脊柱穿过胸腔和腹腔直达尾部，称为背大（主）动脉，它输送血液到躯干部、内脏和后肢。用剪刀从第一肋骨剪开皮肤和肌肉，并把它向左右拉开，使血管和气管暴露出来，即可进行观察（图 22-12）。

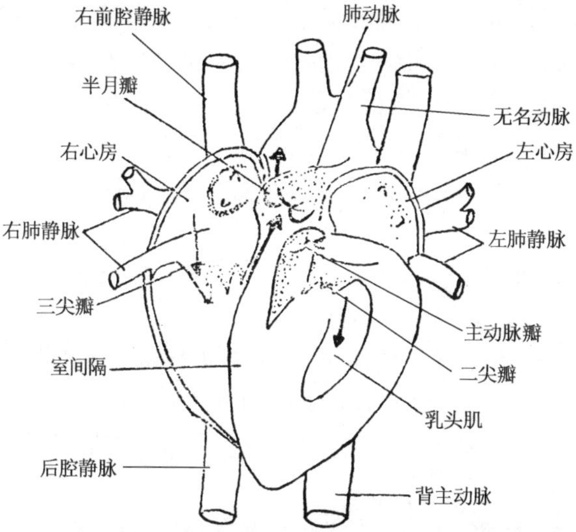

图 22-11　兔的心脏冠切面(腹面观)(自马克勤)

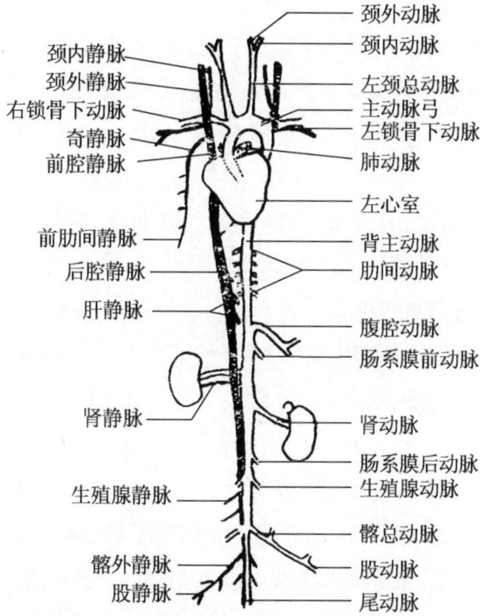

图 22-12　兔的血液循环系统简图(腹面观，肺动脉也涂黑表示少氧血)(自丁汉波)

图 22-13　猪的冠状动脉(标本图)(编者)

1）冠状动脉(图 22-13)：观察猪心标本，在左体动脉弓基部，有三个半月瓣，在半月瓣附近，可见有两个小孔(仔细清理附着的组织)，即冠状动脉的开口，其分支到心脏的表面，提供血液给心脏本身。

2）无名动脉：左体动脉弓离开心脏不远的转弯处分出的一根血管。

3）右锁骨下动脉：沿着无名动脉向右侧分出一根血管通入右前肢。

4）左右颈总动脉：由无名动脉发出，向前沿着气管的两侧伸向头部。

5）左锁骨下动脉：单独从左体动脉弓发出，位于左颈总动脉左侧。血管通入左前肢。左体动脉弓自此沿左侧下行，形成背大动脉。

6）肋间动脉：当左体动脉弓向左侧转弯进入胸腔后，向左右分出血管到肋间肌，称肋间动脉。

7）腹腔动脉：背大动脉进入腹腔后，有一支较大的血管分支到胃、肝、胰和十二指肠等器官中，称腹腔动脉。

8）肠系膜前动脉：位于腹腔动脉之后，将血液输送到十二指肠、胰、小肠、盲肠等处。背大动脉继续向后行，分支到肾脏的为肾动脉；分支到生殖腺的为生殖腺动脉；分支到腹腔背壁、腰部肌肉的为腰动脉；再向后分出左右髂总动脉入后肢。

（4）静脉

是回心脏的血管，颜色较深。从侧面观察右心房，可见有两支较粗大的从前面回来的前腔（大）静脉和一支从后面回来的后腔（大）静脉。同时注入右心房（图22-12）。

前大静脉收集头部回来的血液，沿着前大静脉向前和向左右寻找，将附近的组织小心清理开（勿拉破血管），可见从头部回来的有颈外静脉，是位于气管两侧的一对较粗大的静脉，颈内静脉较细。从左右前肢回来的有锁骨下静脉。以上三种静脉汇合到前大静脉进入右心房。

1）奇静脉：不成对，在胸廓背面贴近脊柱左侧的纵走静脉，它收集肋间静脉回来的血液。

后大静脉是接受腹腔各内脏器官回来的血液。把肝、胃、小肠、大肠等移向一侧即可看到。位于腹腔背壁一根颜色较深的粗大血管即后大静脉。从后肢来的为髂外静脉，从生殖腺来的为生殖腺静脉，从肾脏来的为肾静脉。肝门静脉收集胃、肠、胰、脾等脏器的血液，送入肝脏。进入肝脏之前，这几种血管汇合成一粗大血管即为肝门静脉（图22-14）。

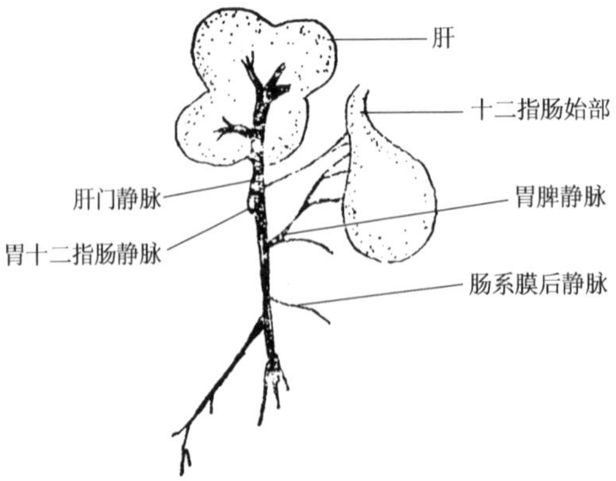

图22-14　兔肝门静脉示意图（编者）

2）肺动脉和肺静脉：解剖猪心时曾看到在右心室左前方有肺动脉开口，顺着这个开口用探针向前探索。肺动脉离开心室不远即分成两支向左转向心脏背侧通入两侧肺中。肺静脉位于心脏的背侧，收集从肺部回来的血液，左右肺静脉汇集同侧肺脏的几根血管后，它们共同开口于左心房。

【作业】

绘家兔的喉部背、腹面图。

【标本处理】

本实验结束后，将兔的头部剪下来(在第一、二颈椎间切断)，供下次实验用。除去头骨上的皮肤和较大块的肌肉，用10%的福尔马林浸泡2昼夜，然后浸泡在5%的硝酸溶液中(约一周)，直到头骨被软化后备用。将观察过的心脏、肺、肝、胃、小肠、大肠、盲肠等器官除掉。但去掉胃、肠时要特别小心勿将位于腹腔背壁的泌尿系统和生殖系统损坏，力求保留完整。最后切断四肢剥下兔皮，去掉躯干部的大块肌肉，把标本浸泡在10%的福尔马林溶液中，供下次实验用。

【思考题】

1) 哺乳动物的消化和呼吸系统的结构比其他纲动物更加完善，表现在哪些方面?

2) 哺乳动物循环系统有哪些特点?

3) 介绍反刍兽的胃及反刍的简要过程。

实验23　家兔的外形及内部解剖(2)

【实验目的】

通过实验掌握家兔的泌尿系统、生殖系统和神经系统的结构特点。

【实验材料】

实验22的保存标本、猪肾、植物性神经示范标本。

【实验用具】

解剖盘、解剖器、骨剪、放大镜、刀片、探针等。

【实验操作及观察】

1. 泌尿系统(图23-1、23-2)

把腹腔中残留的消化道及其邻近组织小心清理干净，可见位于脊柱两侧有一对深红褐色的豆形肾脏，其前端各有一黄色小圆形的肾上腺。输尿管由肾的内侧凹陷处的肾门通出。在肾门部分还有肾动脉和肾静脉通过。小心分离附近的组织,区别血管和输尿管(白色)。沿着输尿管下行,向后纵走于腹腔的背壁,左右输尿管进入盆腔后,开口于膀胱的背侧,此时需用骨剪把骨盆剪断,小心移去骨骼和附近组织,即见梨形的膀胱。膀胱向后延伸成为尿道,雌雄有别,雌兔的膀胱前端狭窄,形成膀胱颈,此膀胱颈变成短的尿道,开口于阴道前庭。雄兔的膀胱颈延伸成一长管,成为尿液和精液的共同通道,称为泌尿生殖管(道)。

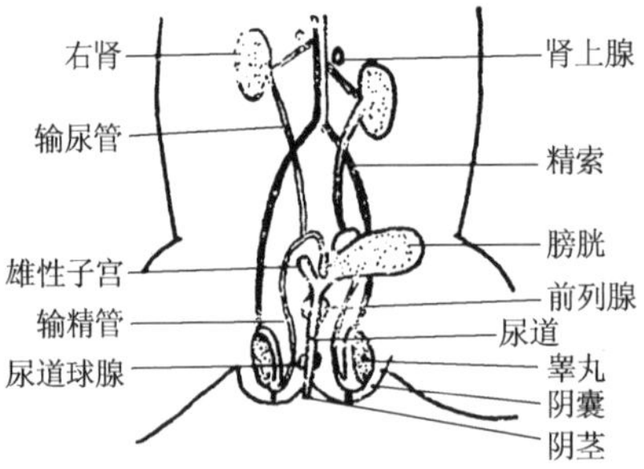

图 23-1 雄兔的泌尿生殖系统(腹面观)(自丁汉波)

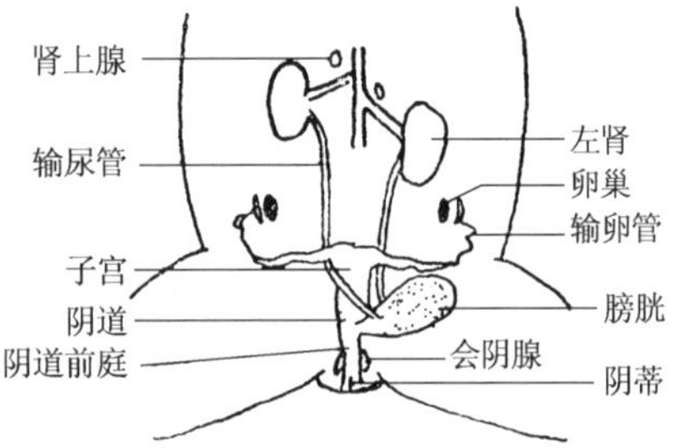

图 23-2 雌兔的泌尿生殖系统(腹面观)(自丁汉波)

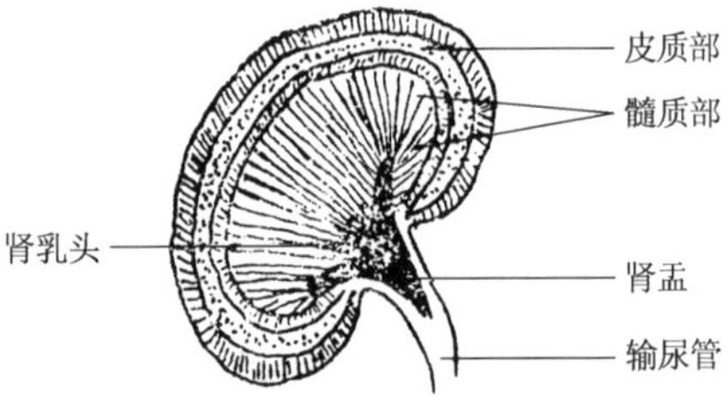

图 23-3 兔肾的纵切面(自丁汉波)

把肾脏取下,用刀片纵剖为两半(为了观察方便用猪肾代替),用放大镜观察,肾脏分为内外两层(图 23-3)。外层是皮质部,呈深褐色,内含多数肾小体和泌尿细管;内层是髓质部,呈浅褐色,并有细纹,呈放射状排列,即集合细管,这些集合细管形成若干个肾锥体,锥体的尖端称为肾乳头,其上有集合管的开口。肾乳头伸入漏斗状的肾盂,最后连接输尿管。

2. 生殖系统(图 23-1、23-2)

1) 雄性生殖器官:雄兔有睾丸 1 对,位于腹腔中,性成熟后,在交配期下降至阴囊内,若睾丸在腹腔中,观察肾脏时也可以看见。如果在阴囊内则将阴囊背面和腹面的皮肤割开,稍压迫阴囊,睾丸即滑出。清理睾丸前端的组织,可找到白色的绳索状物体,即精索。注意观察精索,向前经过一管(即腹股沟或称鼠蹊管)进入腹腔。鼠蹊管位于两股部的内侧。精索是由输精管、动脉、静脉、神经和腹膜褶共同组成。仔细分离并辨认它们。

睾丸背侧面稍膨大部分,是睾丸外面迂回盘旋的管子,称为附睾。输精管起自附睾的尾端,向上移行,此时剪开骨盆将两腿分开,并把精索中的输精管小心分离出来。用镊子把膀胱拉向腹面,并分离输精管与膀胱的联系,即可看见输精管与同侧的输尿管相交叉，在膀胱背面绕过输尿管后，折向后方，沿着尿道背面伸展，输精管末端膨大成贮精囊，其后端在尿道背壁进入尿道。在尿道与输精管会合处有一膨大部分，称为前列腺。其后下方还有一对小的圆形腺体，称为尿道球腺。阴茎圆柱形，外包一层皮肤叫包皮，把包皮剪开方可看得清楚。

2）雌性生殖器官：由一对卵巢、输卵管和子宫构成。卵巢很小，约长 1 cm，椭圆形，位于腹腔两侧、肾的后面。卵巢表面常见一些白色小泡，称为囊状卵泡。

输卵管是一对弯曲的细管，其前端接近卵巢，形成漏斗状，边缘皱褶成伞状，称为喇叭口，开口朝向卵巢，将卵巢翻转即可看见。沿输卵管下行不远的地方骤然变宽即为子宫，如果有孕，子宫就膨大，每一个隆起即包含有一个胚胎，未妊娠的子宫较细。左右子宫在下端会合为阴道，兔的阴道较长。清理附近组织，继续向下观察，阴道向前延续为阴道前庭，膀胱开口在它的腹面，阴道前庭以泄殖孔通体外，泄殖孔的腹缘有一小突起，称为阴蒂。

3. 神经系统

1）脑的背面(图 23-4)：取经盐酸或硝酸软化过的兔头，将第 1～2 颈椎切断，使枕骨大孔露出，然后用剪刀和钝头镊子自枕骨大孔开始将头部背面骨片小心逐片取下。注意剪刀和镊子勿插入太深，因为紧贴在骨片的内面有脑膜。故剥离骨片时，先剪开一切口，使脑膜露出，再把头部背面的骨片取下。脑膜有三层，外层称为硬膜，内层称为软膜(覆盖在脑的表面)，中层称为蛛网膜(内含脑脊液，这层膜很薄不易看到)。小心区分硬膜和软膜。

移去脑膜时，尽量保持脑各部和脑神经的完整。兔脑分为端脑、间脑、中脑、小脑和延脑五部分。观察时切勿将脑取下，因解剖腹面时还要观察脑神经。

端脑：分成两个大脑半球，其前方为一体积小的圆形小球即嗅球，其后方是呈梨形的大脑半球，其表面较光滑，沟回较少，两大脑半球之间有一纵沟，其后端露出间脑的一部分，上面有一椭圆形的脑上腺(松果体)。小心将左右大脑半球稍分开，可见纵沟底部有一宽厚的白色带，它是连接两个半球的纤维，称胼胝体。

间脑：背面为大脑和中脑覆盖，故从背面不易看到，将大脑与后面的中脑稍稍分开，则可看见间脑背面的前脉络丛。

中脑：小心把大脑半球的后缘稍推向前方就能清楚地看到中脑，中脑背面形成前后两对突起称为四叠体。前一对突起叫做前丘，为视觉反射中枢；后一对突起叫做后丘，为听觉反射中枢。

小脑：很发达，分三部分，中间是不成对的蚓部，蚓部两侧是小脑半球，小脑半球外侧是小脑卷。

延脑：前方被蚓部的后缘遮盖，从后方翻起小脑蚓部可以看到在延脑中的第四脑室(菱形窝)，菱形窝上面被薄的血管丛所遮盖。

2）脑的腹面(图 23-4)：脑的背面各部分观察完毕后，用剪刀和镊子将头骨侧

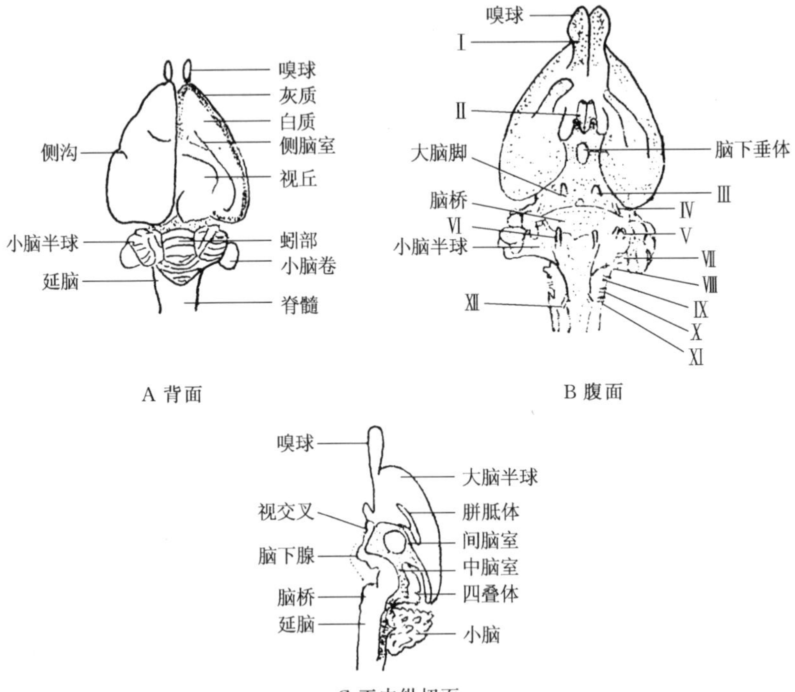

图 23-4　兔的脑(自丁汉波)

面和腹面的骨片以及附近的组织小心地分离开(因为脑神经及其附近组织常粘连在骨片上)。先从后面抬起延脑,伸进剪刀剪断由脑两侧和腹面发出的神经,然后将脑取下,尽量保留一段脑神经在脑上以便观察。将脑置于有清水的解剖盘中,进行观察。

嗅神经(Ⅰ):由鼻腔的嗅黏膜发出,连于嗅球上。

视神经交叉(Ⅱ):位于间脑腹面,为一对粗大的神经。

脑下垂体(脑下腺):紧贴在视神经交叉后,为一圆形突起。

大脑脚:在脑下垂体后方,中脑的腹面。

动眼神经(Ⅲ):位于脑下垂体后方,分布于眼球肌肉上。

滑车神经(Ⅳ):很小,从中脑侧壁伸出,分布于眼球肌肉上。

桥脑(脑桥):位于小脑腹面隆起部分。

三叉神经(Ⅴ):从脑桥后缘两侧伸出,分布于眼眶壁和上下颌上。

外展神经(Ⅵ):沿延脑腹面中线向前伸,分布于眼球肌肉上。

面神经(Ⅶ):位于三叉神经之后,分布于眼眶、口腔等处。

听神经(Ⅷ):位于面神经后面,分布于内耳上。

舌咽神经(Ⅸ):分布于舌肌和咽部。

迷走神经(Ⅹ):紧接在舌咽神经之后,分布于咽、喉、气管及内脏器官。

副神经(Ⅺ):位于迷走神经之后,分布于咽喉等处肌肉上。

舌下神经(Ⅻ):位于延脑后端腹面中线两侧,分布于舌的肌肉上。

3) 脑的正中切面:用刀片从两半球之间的大脑纵沟切开,观察下列各部分(图 23-4)。

胼胝体:是一宽带状的横行神经纤维束,连接左右大脑半球。

侧脑室:由胼胝体处向内陷入的空腔即为侧脑室。

间脑室(第三脑室):位于大脑半球腹侧,两丘脑(间脑部分)之间狭窄的腔,称为第三脑室。

中脑室(大脑导水管):为四叠体和大脑脚之间的狭长管道,称为中脑室。它沟通第三、第四脑室。

第四脑室(后脑室):位于延脑的背侧面,前接中脑室,后接脊髓的中央管。

4) 植物性神经(图 23-5):观察示范标本。植物性神经包括交感和副交感神经。前者的中枢部分起自胸腰部脊髓,后者的中枢部分起自中脑、延脑和荐部脊髓。本实验只观察颈部和胸部的植物性神经。

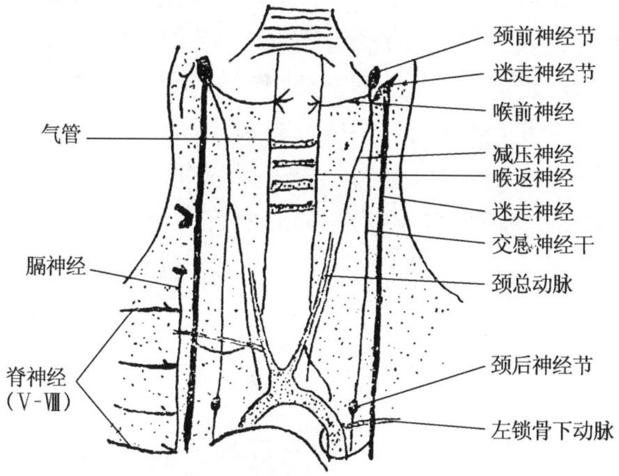

图 23-5　兔颈部植物性神经示意图(自杨安峰)

交感神经:颈部交感神经干和迷走神经干并行,位于气管两侧、颈总动脉的背侧。迷走神经干较粗,靠外侧;交感神经干较细,靠内侧。

颈前神经节:沿着颈部交感神经干向前追踪,位于颈总动脉的分叉处、偏向颈内动脉的背侧及鼓骨泡的内侧,有一长圆形的神经节,即颈前神经节。

颈后神经节:沿颈部交感神经干向后寻找,入胸腔处的稍前方,紧贴在锁骨下动脉的前面,有一长圆形的神经节,即颈后神经节。由此向后,在胸腔部脊柱两侧有胸部交感神经干,入腹腔后,在腹部两侧即为腹部交感神经干。

副交感神经干：它是由中脑、延脑及脊髓的荐部发出。头部包括Ⅲ、Ⅶ、Ⅸ、Ⅹ对脑神经中的副交感纤维和荐神经的腹根发出的神经等。只看迷走神经（Ⅹ）部分。迷走神经干，前面已看到。沿着迷走神经干向前寻找，靠近颅腔处有一卵圆形的神经节，即迷走神经节。

喉前神经：由迷走神经节发出一短横支，通入喉部。

减压神经：甚细，由迷走神经节发出，紧贴在颈总动脉上，向后到体动脉弓及心脏。

喉返神经：当迷走神经进入胸腔后，在左锁骨下动脉附近由迷走神经干分出一支，绕过左体弓，沿着气管的侧壁返回喉头，分布到喉部肌肉，即喉返神经。

迷走神经干进入胸腔后，发出分支到肺脏。穿过横膈入腹腔，在腹腔内，迷走神经发出分支到胃、肝、脾、胰和肠管上。

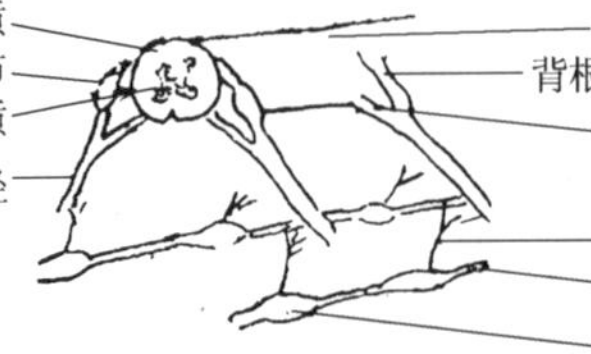

图 23-6　哺乳类的脊髓及脊神经（自郝天和）

5）脊髓和脊神经（图 23-6）：用骨剪剪下一段胸椎，把附着的肌肉去净，使脊椎骨露出，纵剖开椎弓，小心把背面和侧面的小骨片去掉，即可见到脊髓。从脊髓的侧面发出背根和腹根，背根上有脊神经节。背、腹两根相合成脊神经，经椎间孔穿出椎管。脊神经离开椎管后立即分成背支、腹支和交通支。背支分布到躯体背部的肌肉和皮肤，腹支分布到躯体腹部的肌肉和皮肤，交通支与交感神经节相连。

观察脊髓的横切面。外层是白质，由神经纤维组成；里面是灰质呈蝶状，由神经细胞组成，向背侧突出部分，称为背角，向腹侧突出部分，称为腹角。

【作业】

绘一脊髓（包括脊神经）的横切面图。

【思考题】

1）哺乳动物肾脏有什么特点？尿是怎样形成的？

2）哺乳动物的生殖方式有什么优越性？兔子的子宫属于哪种类型？

3）试述哺乳动物脑的结构特点及其功能。

实验 24　哺乳纲分类

【实验目的】

掌握哺乳纲的分类方法，了解常见目的分类特征，认识有经济价值的常见种类。

【实验材料】

供实验用的各种哺乳类标本、有关种类的头骨。

【实验用具】

卡尺、钢卷尺、放大镜。

【实验操作及观察】

(一) 小型兽类的外部测量(单位:mm)如图 24-1 所示

1) 体长:由吻端至肛门。

2) 尾长:由肛门至尾端,尾端的毛不计在内。

3) 后足长:由跗关节至中趾(最长的趾)的趾端,不计爪。

4) 耳长:由耳基部至耳尖,耳尖的毛不计在内。

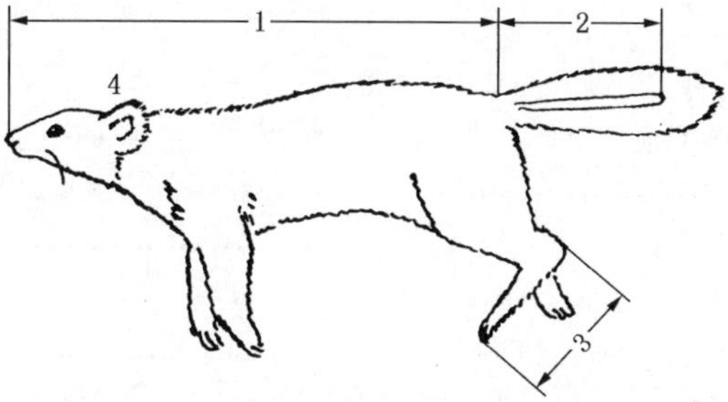

图 24-1　哺乳类外形测量(自夏武平)
1. 体长　2. 尾长　3. 后足长　4. 耳长

(二) 兔形目的头骨测量(单位:mm)如图 24-2 所示

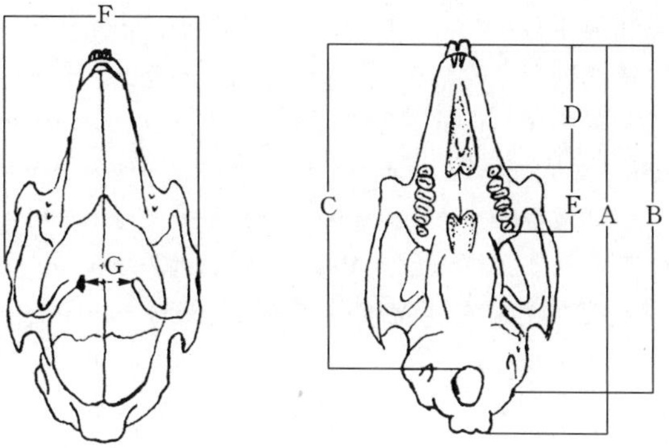

图 24-2　兔形目的头骨测量(自夏武平)
A. 颅全长　B. 颅基长　C. 基长　D. 齿隙　E. 上齿列长　F. 颧宽　G. 眶间宽

1）颅全长：颅骨最长的长度，自颅骨前端最突出之一点（如门齿、上颌骨、鼻骨）至颅骨后端最突出之一点（如枕髁、枕骨）。

2）颅基长：自枕髁后外侧突出点至前颌骨先端。

3）基长：自枕骨大孔的前缘至第一门齿基部。

4）齿隙：上颌犬齿虚位的最大距离。

5）上齿列长：上颌的前臼齿，臼齿两端边缘间的最大距离。

6）颧宽：左右两颧弓外缘之间的最大距离。

7）眶间宽：两眼眶内缘间的最短距离。

（三）我国常见兽类目别检索表

1. 必具后肢 …… 2
1. 后肢缺 …… 12
2. 前肢特别发达并具翼膜，适于飞行 …… **翼手目 Chiroptera**
2. 构造不适于飞行 …… 3
3. 牙齿全缺，身披鳞甲 …… **鳞甲目 Pholidota**
3. 有牙齿，体无鳞甲 …… 4
4. 上下颌的前方各有1对发达的呈锄状的门齿 …… 5
4. 门牙多于1对，或只有1对而不呈锄状 …… 6
5. 上颌具1对门牙 …… **啮齿目 Rodentia**
5. 上颌具前后两对门牙 …… **兔形目 Lagomorpha**
6. 四肢末端指（趾）分明，趾端有爪或趾甲 …… 7
6. 四肢末端趾愈合，或有蹄 …… 10
7. 前后足拇趾与它趾相对 …… **灵长目 Primates**
7. 前后足拇趾不与它趾相对 …… 8
8. 吻部尖长，向前超出下唇甚远；正中1对门牙通常显然大于其他各对 …… **食虫目 Insectivora**
8. 上下唇通常等长；正中1对门牙小于其余各对 …… 9
9. 体形呈纺锤状，适于游泳；四肢变为鳍状 …… **鳍脚目 Pinnipedia**
9. 体形通常适于陆上奔走；四肢正常；趾分离，末端具爪 …… **食肉目 Carnivora**
10. 体形特别巨大；鼻长而能弯曲 …… **长鼻目 Proboscidea**
10. 体形巨大或中等；鼻不延长也不能弯曲 …… 11
11. 四足仅第三或第四趾大而发达 …… **奇蹄目 Perissodactyla**
11. 四足第三、四趾发达而等大 …… **偶蹄目 Artiodactyla**
12. 同型齿或无齿；呼吸孔通常位于头顶；多数具背鳍；乳头腹位 …… **鲸目 Cetacea**
12. 多为异型齿；呼吸孔在吻前端；无背鳍；乳头胸位 …… **海牛目 Sirenia**

（四）常见各目的代表种类

如图24-3所示。

1. 食虫目 Insectivora

为小型兽类。四肢短，多具五趾（指），有利爪；体被软毛或硬刺；吻细长突出，

如同管状;外耳及眼较退化。常见种类:

刺猬(*Erinaceus europaeus*) 体背被有棕白相间的棘刺,其余部分具浅棕色深淡不等的细刚毛。齿式为 $\frac{3\cdot1\cdot3\cdot3}{2\cdot1\cdot2\cdot3}$。

鼩鼱(*Sorex araneus*) 外貌似小家鼠。体被灰褐色细绒毛,尾细长具稀毛。齿式为 $\frac{3\cdot1\cdot3\cdot3}{1\cdot1\cdot1\cdot3}$。

缺齿鼹(*Mogera robusta*) 俗名鼹鼠。体呈圆筒形,粗短,吻尖长。全身披稠密的绒毛。眼小,耳壳退化,前肢短健,掌心向外翻转,具长爪。适于地下生活。齿式为 $\frac{3\cdot1\cdot4\cdot3}{3\cdot0\cdot4\cdot3}$。

图 24-3 哺乳类常见种类(自夏武平等)

2. 翼手目 Chiroptera

前肢特化,适于飞翔,具特别延长的指骨,由指骨末端至肱骨、体侧、后肢及尾之间，着生有薄而韧的翼膜，借以飞行。第一指或第二指端具爪。后肢短小，具长而弯曲的钩爪。胸骨具龙骨突起。齿尖锐。常见种类：

蝙蝠(*Vespertilio superans*)　体小，耳短宽。尾发达，向后一直延伸到股间膜的后缘。全身被毛。背面呈灰棕色，具花白细点，腹面呈浅棕白色。齿式为 $\frac{2\cdot1\cdot1\cdot3}{3\cdot1\cdot2\cdot3}$。

3. 灵长目 Primates

大多数种类拇指(趾)与其他指(趾)相对，能握物、攀登。指(趾)端的爪大多数种类变为指甲。掌面蹠面裸出，形成两行皮垫。乳房1对，多在胸部。常见种类：

猕猴(*Macaca mulatta*)　尾长约为体长的1/2，颜面和耳多呈肉色；臀胼胝红色，体毛棕黄色。

金丝猴(*Rhinopithecus roxellanae*)　为我国名贵特产，分布于川西、陕南及甘南3000 m的高山上。体被棕黄色长毛；脸部蓝色；头圆、耳短、鼻孔上仰，又名仰鼻猴。尾特长，约与体长相等。手掌和脚掌深褐色。

4. 鳞甲目 Pholidota

体背面及四肢被覆有覆瓦状的角质鳞片，鳞片间生有稀疏的硬毛。前肢爪特别强大。上下颌无齿，有蠕虫状而能伸缩的舌，舔食蚂蚁。常见种类：

穿山甲(*Manis pentadactyla*)　头额、枕颈、身体的背侧、尾的背腹和四肢外侧都被以鳞甲，鳞甲间杂有稀疏硬毛。腹面自下颌过胸腹直至尾基部无鳞。

5. 兔形目 Lagomorpha

上颌有两对前后着生的门齿，前面1对大，后面1对小，无犬齿，在门齿和前臼齿之间有很长的齿隙。常见种类：

蒙古兔(*Lepus tolai*)　又名野兔、草兔，为常见的种类，分布广。背毛黄褐色。后肢长而善跳跃。耳壳长，尾短。

6. 啮齿目 Rodentia

上下颌各有一对发达而呈锄状的门齿，终生生长，无犬齿，臼齿发达，且有较宽阔的咀嚼面，适于咀嚼。

啮齿目常见科别检索表

1\. 臼齿(包括前臼齿，下同)等于或多于 $\frac{4}{4}$ …………………………………………… 2

1\. 臼齿少于 $\frac{4}{4}$ …………………………………………………………… 4

2\. 臼齿 $\frac{4}{4}$，身体较大，眶下孔很大。尾毛不蓬松。体被硬刺 ………… **豪猪科 Hystricidae**

2\. 臼齿一般 $\frac{4}{5}$，上颌第一前臼齿甚小，有的仅有4齿。身体小或中等大。眶下孔很小。尾毛蓬松 …………………………………………………………… 3

3. 身体两侧和前后肢之间无飞膜(皮褶) …………………………………… **松鼠科 Sciuridae**
3. 身体两侧和前后肢之间有飞膜 ………………………………………………… **鼯鼠科 Petauristidae**
4. 眶下孔下缘几乎是一条直线。成体臼齿咀嚼面呈块状的孤立齿环。身体较大。爪略扁,适于地下生活 ……………………………………………………… **竹鼠科 Rhizomyidae**
4. 眶下孔下缘呈"U"形。成体臼齿咀嚼面不呈块状的孤立齿环 ………………………… 5
5. 第1、2上臼齿咀嚼面的齿尖排成二纵列,或被珐琅质分割成各种形状的齿叶…………………………………………………………………………… **仓鼠科 Cricetidae**
5. 第1、2上臼齿咀嚼面有3纵列或被珐琅质分割成横列的板条状 ……… **鼠科 Muridae**

1) 松鼠科常见种类

岩松鼠(*Sciurotamias davidianus*) 体背及四肢外侧的毛黑黄色,腹面毛黄灰色,尾蓬松。前肢掌裸出,具掌垫,后肢蹠被毛。

花鼠(*Eutamias sibiricus*) 体背毛色灰黄,前半身较灰,后半身较黄。背侧部有明显数条黑白相间纵纹。

2) 鼯鼠科常见种类

棕鼯鼠(*Petaurista petaurista*) 体背部呈黑褐色,上有灰白色毛尖。腹面自肩胸部至腹部橘红色,身体两侧和前后肢之间有飞膜。

3) 仓鼠科常见种类

大仓鼠(*Cricetulus triton*) 冬毛背面全部黄灰色,毛基灰黑色,毛尖沙黄色;夏毛稍暗,沙黄色较明显。耳短、圆形,有极窄的白边。尾短,不超过体长的一半。

黑线仓鼠(*Cricetulus barabensis*) 冬毛黄褐色,背部中央,从头顶直到尾基部有一暗色条纹。耳的内外侧均被棕黑色的短毛。尾极短小。

4) 鼠科常见种类

小家鼠(*Mus musculus*) 体小。背毛灰褐色至黑褐色,腹毛白色或灰黄。尾长几乎与体长相等。

褐家鼠(*Rattus norvegicus*) 体型较大。背毛棕褐色至灰褐色,腹毛苍灰色,耳短而厚。尾短粗,尾长不超过体长。

黑线姬鼠(*Apodemus agrarius*) 背毛棕褐色,腹毛灰白色,背部中央从两耳之间,有一明显的黑色条纹,一直延伸至近尾基部。尾长约为体长的2/3,尾毛不发达,尾部鳞片外露。

5) 豪猪科常见种类

豪猪(*Hystrix hodgsoni*) 体型肥大。全身棕褐色,体背及两侧被棕色长刺,体后部背面的刺特别粗壮。全身硬刺之下有稀疏的白色毛。

7. 食肉目 Carnivora

肉食性兽类。门牙小,犬牙强大而锐利;上颌最后一枚前臼齿和下颌第一枚臼齿特化为裂齿;指(趾)端常具锐爪,利于撕捕食物。脑及感官发达。毛厚密。

食肉目科别检索表

1. 体型肥壮,前后肢皆有5指(趾) …… 2
1. 体型细长(獾例外),后肢仅4趾(鼬科、灵猫科5趾) …… 4
2. 尾长超过体长一半,体较小,上臼齿宽度稍大于长度 …… **浣熊科 Procyonidae**
2. 尾短,体较大,最后的上臼齿的最小宽度约等于其最大长度 …… 3
3. 吻短,体白色,四肢黑色 …… **猫熊科 Ailuropodidae**
3. 吻长,全身黑色或棕色 …… **熊科 Ursidae**
4. 四肢短,体形细长,多具臭腺 …… 5
4. 四肢长,体形正常,多不具臭腺 …… 6
5. 身体一般较小,臼齿 $\frac{1}{2}$,上臼齿内缘较外缘宽 …… **鼬科 Mustelidae**
5. 身体一般较小,臼齿 $\frac{2}{2}$ 或 $\frac{1}{1}$,上臼齿内缘较外缘窄 …… **灵猫科 Viverridae**
6. 头部狭长。爪较钝,不能伸缩,上臼齿具明显的齿尖 …… **犬科 Canidae**
6. 头部短圆。爪锐利,能伸缩,上臼齿无明显的齿峰 …… **猫科 Felidae**

1)犬科常见种类

狼(*Canis lupus*) 毛色灰棕、淡黄或灰白,背部多少混杂一些棕黑色。吻略尖。耳直立。尾短被毛较密。犬齿、臼齿皆发达。

狐(*Vulpes vulpes*) 又名赤狐。背部红棕色,颈肩部和身体两侧带黄色。头灰棕色,前肢上臂外侧有一条很宽的黑纹,一直通到脚掌的背面。尾毛蓬松。

2)熊科常见种类

黑熊(*Selenarctos thibetanus*) 又名狗熊。毛黑色,胸部有"V"形白斑,头阔,吻较短,鼻端裸出。

棕熊(*Ursus arctos*) 全身棕黑色,头阔而圆,吻长,向前突出,鼻也阔,鼻端裸出。

3)浣熊科常见种类

小猫熊(*Ailurus fulgens*) 又名小熊猫、九节狼。头短而宽,略似家猫,全身大致为棕红色,尾毛有9个大小不同的赤、黄白色相间的环纹。

4)猫熊科常见种类

大猫熊(*Ailuropoda melanoleuca*) 又名大熊猫。颜面部似猫,体形似熊,毛为黑白两色,是我国的国宝。

5)鼬科常见种类

黄鼬(*Mustela sibirica*) 又名黄鼠狼。体细长,四肢短小,尾毛蓬松,全身棕黄或橙黄色。

猪獾(*Arctonyx collaris*) 体形较粗短。体毛黑棕色杂有白色,有一白纹从鼻基向后沿额的中央伸到颈部,在面颊沿眼下方到颈侧亦各有一较短的白纹,尾白色，四肢棕黑色。

狗獾(*Meles meles*) 体形似猪獾，体毛棕黑色与白色混杂，头部毛短有白色纵纹三条，中间一条由吻端到额部，其余两条从口角经耳基到头后。

6）灵猫科常见种类

花面狸(*Paguma larvata*) 又名果子狸。体大小似家猫，体背毛深棕色带灰。体侧毛为棕灰色。自鼻后面经额部、颅顶部直到背部有一条白色纵纹。

大灵猫(*Viverra zibetha*) 又名九节狸。体毛灰棕色，尾上具9个黑白相间的环纹。

8. 鲸目 Cetacea

身体鱼形，颈部不明显，前肢变为鳍足，后肢退化，尾鳍水平排列，背鳍或有或无。常见种类：

江豚(*Neophocaena phocaenoides*) 又名江猪。头近圆形，吻短宽，缺背鳍，前肢镰刀状，尾鳍水平排列，分为左右二叶。

9. 偶蹄目 Artiodactyla

前后肢第3、4指(趾)特别发达且等长，指(趾)端有蹄，缺第1指(趾)，第2、5指(趾)小、不着地。常见种类：

野猪(*Sus scrofa*) 似家猪，但头较细长，吻很突出。体被刚硬的针毛，背上鬃毛显著，针毛和鬃毛的毛尖一般都有分叉。幼猪呈淡黄褐色，背上有6条淡黄色纵纹。雄猪上下颌犬齿特别发达，向上翘，称獠牙，露出唇外。

麝(*Moschus moschiferus*) 身体深棕色，体背体侧色较深，腹面毛色较淡。颈部两侧各有白色毛延伸至腋下呈两条白带纹，颈背、体背有黄土色斑点，排列成4～5纵行，在腰部及臀部两侧的斑点明显而密集。雄性鼠蹊部有麝香腺。雌雄均无角。

獐(*Hydropotes inermis*) 毛色棕黄，下颌和喉的上部白色，喉的下部灰黄色。雌雄皆无角。雄性上犬齿发达，弯曲向下成獠牙，突出口外。

小麂(*Muntiacus reevesi*) 毛色为淡栗红色，且混杂有灰黄色斑点。雄性具角。

梅花鹿(*Cervus nippon*) 冬毛栗棕色，无白色斑点；夏毛红棕色，有显著的白色斑点。雄性有角。

10. 鳍脚目 Pinnipedia

身体呈纺锤形，密被短毛。四肢短、鳍状，各具5指(趾)，指(趾)间具蹼；后肢位于后端。尾短、夹于后肢之间。外耳壳退化。常见种类：

海豹(*Phoca vitulina*) 身体肥壮，呈纺锤形。头圆，眼大，无耳壳，口须长。前后肢5指(趾)，指(趾)间具蹼。尾小，夹于后肢之间。成体背部灰黄色或苍灰色，混杂有棕黑色斑点。幼体被白色毛。

【作业】

总结食肉目、啮齿目各3个科的主要特点。

【思考题】

1）哺乳纲分哪些亚纲？各亚纲和各目的主要特征是什么？

2）哺乳动物有哪些进步性特征？

3）比较食草兽类和食肉兽类在消化系统上的区别。

第二部分　综合性实验

实验 25　假体腔和真体腔动物的比较解剖

无脊椎动物的系统发展经历了从单细胞到多细胞、从两胚层到三胚层、从无体腔到假体腔以及真体腔、从不分节到分节的一系列发展过程。假体腔动物(如蛔虫)首次形成了原始的体腔,出现了完全的消化管;而从环节动物(如环毛蚓)开始具有了比假体腔进步的真体腔,首次出现了循环系统。在动物演化上,从环节动物开始进入了高等无脊椎动物阶段。通过对蛔虫(假体腔动物)、环毛蚓(真体腔动物)的外部形态和内部结构比较观察,了解假体腔动物与真体腔动物在演化上的系统关系,并且明确动物各器官系统的结构和机能的相互联系。

【实验目的】

1) 学习解剖蠕虫的一般方法。

2) 通过对蛔虫的形态结构的观察,了解假体腔动物的一般特征。

3) 通过对环毛蚓的形态结构的观察,了解真体腔动物的一般特征。

4) 通过蛔虫和环毛蚓的比较,了解真体腔动物的进步性特征,及动物形态、器官系统结构与机能的逐渐演化和发展。

【实验材料】

猪蛔虫的浸制标本(实验前用水冲洗 1 周,去除福尔马林)、蛔虫横切面玻片标本,环毛蚓的浸制标本、环毛蚓横切面玻片标本。

【实验用具】

显微镜、解剖镜、解剖剪、解剖刀、尖头镊子、蜡盘、双面刀片、载玻片、盖玻片、滴管、大头针等。

【实验操作及观察】

1. 外形的比较观察

用解剖镜或放大镜观察浸制标本,可见蛔虫的身体不分节但体表有横纹,环毛蚓的身体有明显的分节现象(这种分节属于同律分节,它在动物进化上有何重要意义?)。

(1) 蛔虫的外形

体呈长圆柱形,向两端渐细。乳白色,侧线明显。雌虫:肛门在距体后端0.2 cm的腹中线上,生殖孔在身体前端约1/3的腹中线上。雄虫:较细且短,尾端呈钩曲状,肛门和生殖孔合二为一,称为泄殖孔(图25-1)。

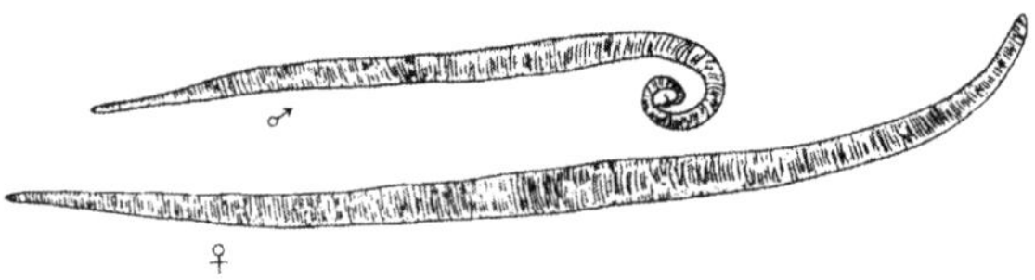

图25-1 人蛔虫(自刘凌云等)

(2) 环毛蚓的外形

身体圆而细长,有许多相似的体节组成,节与节之间有节间沟。身体最前端为口前叶,即肌肉质的突起,有摄食、掘土和感觉功能。环带(生殖带):性成熟时在第14、15、16节由表皮形成的隆肿状突起(环带有何功能?),环带上无刚毛和节间沟。颜色深暗的一面是背侧,除前几节外,背中线上每节间均有背孔。背孔能排出体腔液,湿润皮肤,以便于呼吸,减少摩擦,保护皮肤。颜色较浅的一面是腹面。观察腹面前部,在6/7、7/8、8/9节间沟的两侧有三对纳精囊孔。在环带的第1节即第14节腹面中央有一个雌性生殖孔,在第18节腹面两侧有一对雄性生殖孔(图25-2)。

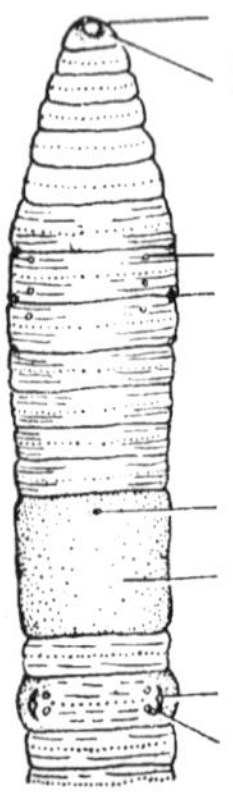

图25-2 环毛蚓前端腹面观(自黄正一等)

2. 体壁和体腔的比较观察

在显微镜下观察2种动物的横切片,并对照其解剖标本比较它们的体壁和体腔,以及消化、排泄、生殖、循环、神经系统。

蛔虫的解剖 将蛔虫背部向上置蜡盘中,先用大头针固定其前后端,再用小剪刀从距虫体末端大约0.5 cm处,沿背部略偏背中线、由后向前轻轻剖开体壁(注意:勿伤及内部器官)。然后用镊子把体壁向左右展开,把大头针倾斜45°、并以适当的间隔将虫体固定在蜡盘中,加入适量清水,使蛔虫的内脏浮在水中,仔细观察。

环毛蚓的解剖 将环毛蚓背部向上,平放在蜡盘中,前端用大头针固定。用解剖剪沿背中线略偏左处,由后向前轻轻剖开体壁(从肛门剪到口为止),剖开后用解剖刀将与体壁相连的隔膜小心分离,再将体壁左右分开,然后由前至后每隔5节用大头针倾斜45°插入蜡盘,将两侧体壁分别固定,再加入适量清水,仔细观察。

1）蛔虫的体壁(图 25-3)由角质膜、表皮层和肌肉层组成(各来自哪一胚层?)。

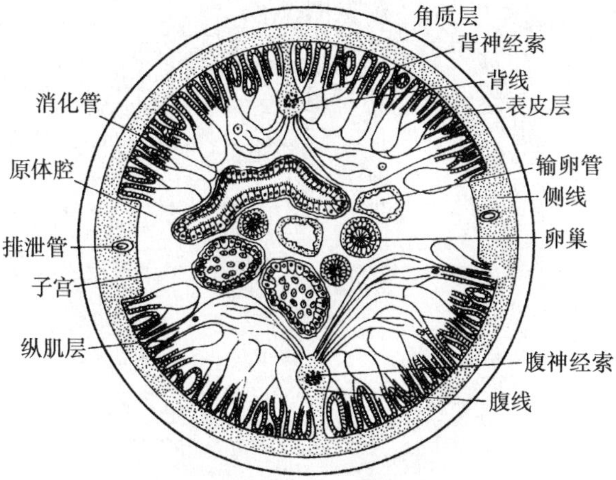

图 25-3　蛔虫的横切面(雌虫)(自黄诗笺)

角质膜:最外层,厚而光滑,是一层非细胞结构。分为皮层、基质层、纤维层。功能:保护身体,抵御寄主体内消化液的腐蚀。

表皮层:由上皮细胞组成的合胞体结构。在身体两侧和背、腹中央,上皮细胞层加厚形成侧线和背、腹线。功能:表皮层细胞能向外分泌物质形成角质膜。

肌肉层:为最里层,由单层纵肌构成。只有纵肌,每个纵肌细胞分为收缩部(靠近表皮层)和原生质(游离面)两部分(图 25-4)。

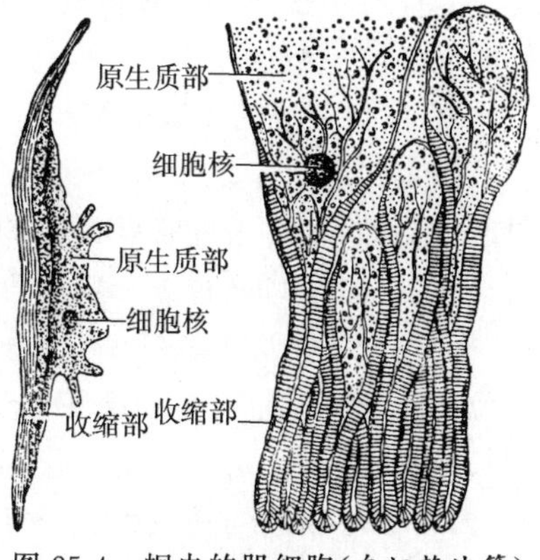

图 25-4　蛔虫的肌细胞(自江静波等)
A. 单一的肌细胞和肌纤维;
B. 部分肌纤维的横切面

2）环毛蚓的体壁(图 25-5)

由角质膜、表皮层、肌肉层、体腔膜四部分组成(各来自哪一胚层?)。

角质膜:薄,由表皮细胞分泌而成。功能:保水,能防止身体在干燥环境中失水。

表皮层:由柱状上皮细胞组成,其间有腺细胞分布。功能:组成体壁的主体,分泌角质膜。腺细胞能分泌黏液,湿润体表。

肌肉层:外侧为薄的环肌,内侧为厚的纵肌,成束排列。

体腔膜:为一层扁平上皮细胞构成的体腔上皮。

原体腔(假体腔)是指在蛔虫肠与体壁之间的空腔,即内胚层与中胚层之间的空腔,腔内充满着生殖系统的各种器官。在生活时,腔内还充满着体腔液。

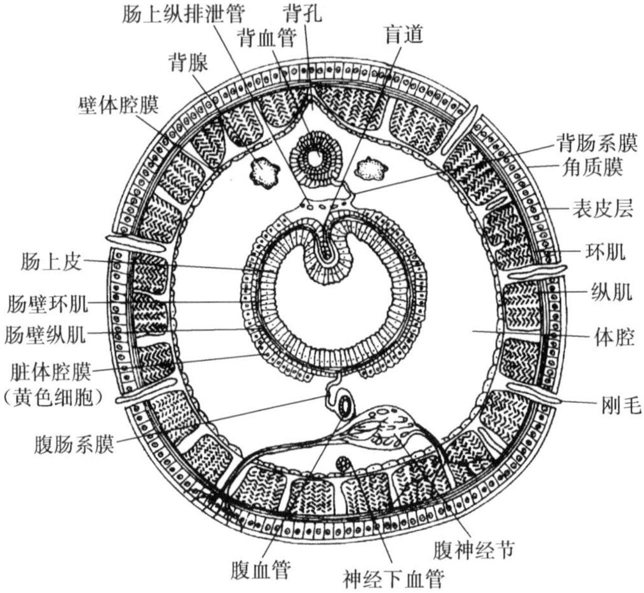

图 25-5　环毛蚓中部横切面图解(自黄诗笺)

真体腔是指在环毛蚓体壁与肠壁之间的空腔。在真体腔内,可观察到血管、神经节、肾管等构造。

3. 消化系统的比较观察

蛔虫的消化系统为由口、咽、肠、直肠及肛门组成的长扁形的消化管。口后接肌肉质的咽,咽后为扁管状肠,肠近后端为直肠,但二者界限不明显,肠末端为肛门。在横切片中,肠管为一扁圆形的管腔,管壁由单层柱状上皮细胞组成。

环毛蚓的消化系统由口、口腔、咽、食管、嗉囊、砂囊、胃、肠、盲肠和肛门组成。口位于第 1～3 节内,咽位于第 4～5 节内,梨形,肌肉发达;食道位于第 6～8 节内,细长形;嗉囊位于第 9 节前部,不明显。砂囊位于第 9～10 节,球形,囊壁富于肌肉,内衬一层较厚的角质膜,可磨碎食物。胃位于第 11～14 节内,细长管状;自第 15 节向后均为肠,直通肛门。在第 26 节处,肠两侧向前伸出 1 对锥状的盲肠。在横切片中,肠壁层由脏体腔膜、纵肌层、环肌层和肠上皮所组成。

4. 排泄系统的比较观察

蛔虫的排泄器官由一个原肾细胞特化形成的“H”型管,2 条纵排泄管位于侧线中;环毛蚓的排泄器官为后肾管。

5. 循环系统的比较观察

蛔虫无专门的循环系统(它是如何完成物质运输的?)。环毛蚓的循环系统主要由 1 条背血管、1 条腹血管、2 条食道侧血管、1 条神经下血管和连接背腹血管的环血管即心脏组成(图 25-6)。

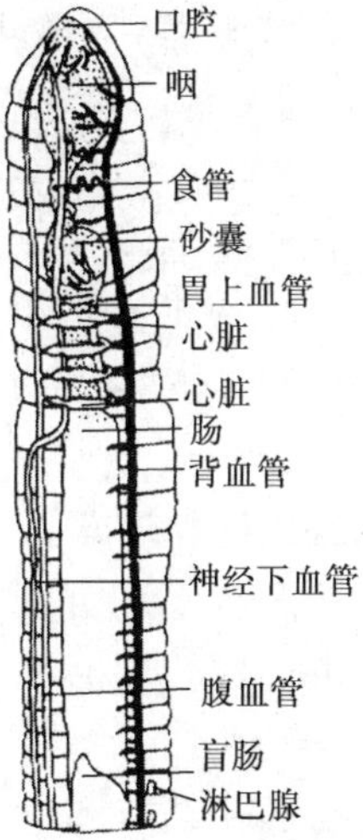

图 25-6　湖北环毛蚓的循环系统(自 Grant)

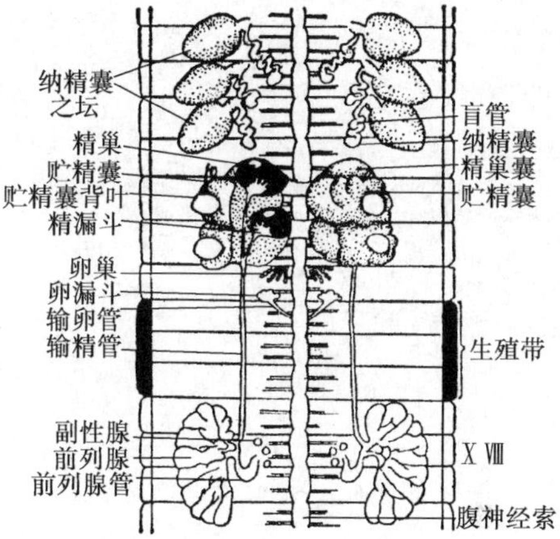

图 25-7　环毛蚓的生殖系统(自武汉大学等)

6. 生殖系统的比较观察

蛔虫雌雄异体。在蛔虫假体腔内有一团曲折盘绕的细管,即为生殖管。雌虫的生殖器官为 1 条细长管状结构。体中部后段两管的游离端最细的部分为卵巢,逐渐加粗而半透明的一段是输卵管,输卵管后较粗大、呈白色的部分是子宫。两子宫汇合成一短的阴道,阴道末端的生殖孔开口于体前腹面 1/3 处。雄虫的生殖器官为 1 条细长管状结构。体中部近前端管的游离端细长而弯曲的部分为精巢,精巢延续为输精管,但二者界限不明显,输精管后是膨大较粗的管状储精囊,储精囊末端连细直的射精管,射精管进入直肠末端的泄殖腔,由泄殖孔通体外(图 25-7)。

环毛蚓雌雄同体。雄性:精巢囊 2 对,位于第 10、11 节;贮精囊 2 对,位于 11、12 节内,紧接在精巢囊之后,呈分叶状,大而明显;输精管细线状,两侧的前后输精管各会合成 1 条,向后通到第 18 节处,和前列腺管会合,由雄性生殖孔通出。前列腺 1 对,发达,呈大的分叶状,位于第 18 节及其前后几节内。雌性:卵巢

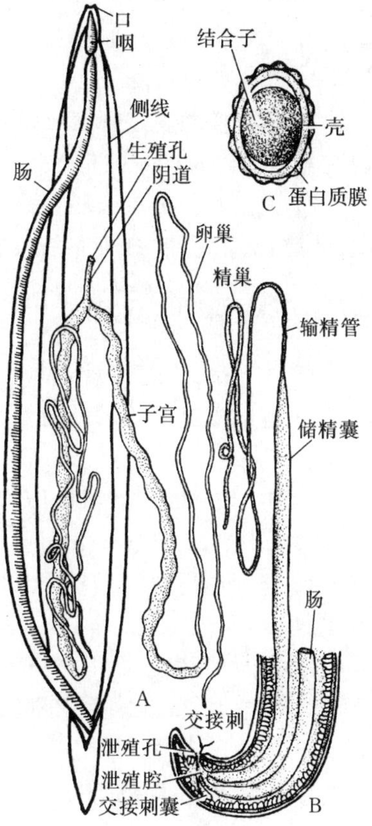

图 25-8　蛔虫内部解剖(自江静波等)
A. 雌虫; B. 雄虫; C. 虫卵

1对，黄白色葡萄状，位于第13节前面，很小，需借助解剖镜观察；卵漏斗1对，位于第13节后面，后接短的输卵管（位于第14节）；在第14节腹面中央两条输卵管汇合，由雌性生殖孔通体外。纳精囊3对，位于第7、8、9节腹面两侧，由坛、坛管、盲管组成，为贮存异体精子之处（图25-8）。

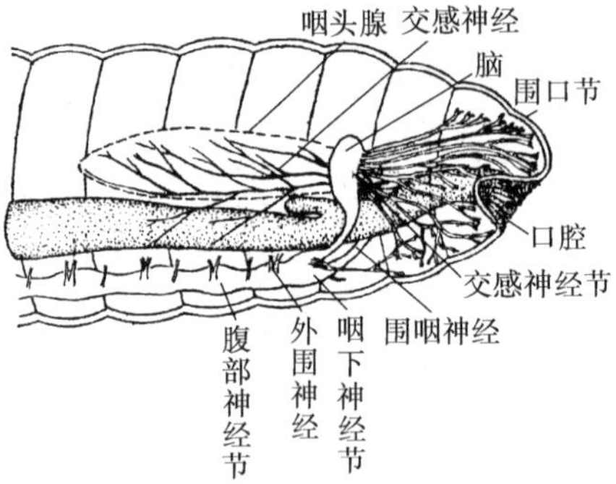

图25-9　蚯蚓的神经系统（自武汉大学等）

7. 神经系统的比较观察

蛔虫的中枢神经系统由位于咽部的围咽神经环和由此向前向后发出的6条神经索组成；环毛蚓的中枢神经系统由脑、围咽神经、咽下神经节和位于腹面呈链状的腹神经索组成。用解剖针和镊子小心剥离环毛蚓口腔和咽周围的肌肉后观察，见图25-9。

【作业】

1）根据实验观察列表比较蛔虫和环毛蚓在外形、体壁、消化管以及体腔内各内脏器官的异同点。

2）根据对猪蛔虫和环毛蚓的比较观察，试述无脊椎动物在对称形式、分节现象、体腔、消化系统、排泄系统、循环系统、生殖系统、神经系统等方面的演化趋势。

附：实验操作注意事项

一、解剖蛔虫注意事项

1）解剖蛔虫时要求从背面解剖，因此在解剖之前必须认真区分背腹面和前后端。

2）由于蛔虫的原体腔内充满体腔液，解剖时体腔液有可能会喷出，因此，剪开体壁时要小心，勿使标本正对观察者。

3）解剖过程中，剪刀不要插得太深，应轻轻挑起体壁向前剪，以防伤及内部器官。

4）剖开体壁后，要用大头针倾斜固定，不要垂直插入，以免影响观察。

5）观察时，要在蜡盘中覆以清水，使内部器官浮于水中，这样不仅可以防止标本干燥，也利于观察。

二、解剖环毛蚓注意事项

1）首先要用大头针固定它的头部，大头针插入的部位应偏左或偏右，以免损伤咽上神经节。

2）解剖时要从背侧解剖，以免伤及神经系统等紧贴腹壁的器官。剪开体壁时，剪刀尖端不能插得过深，要稍稍向上挑起，不要向下扎，以免损伤肠壁使食物（泥沙）溢出，影响观察。

3）由于各体节间有隔膜，而且第 6～12 节隔膜肌肉特别发达，因此，剪开体壁以后，用解剖刀尖把连在体壁上的隔膜割断，再把剪开的体壁向左右分开，用大头针固定。切忌生拉硬扯，以免损坏内部器官而无法正常观察。

4）观察蚯蚓的内部结构时，要覆以清水，这样既有利于观察，又不使标本干燥。

5）用大头针固定蚯蚓体壁时，不要将大头针垂直插入体壁，而要向外倾斜 45°插入，这样既不容易拉破体壁，又不影响视线，有利于观察。

将蛔虫和环毛蚓的横切片观察和内部解剖所获得的信息填入下表：

项　　目		蛔　　虫	环　毛　蚓
体　壁	角质膜		
	表皮层		
	体壁中胚层		
体腔及内部各器官系统	体腔性质		
	排　泄		
	生　殖		
	循　环		
	神　经		
消化管	肠道分化		
	肠壁中胚层		

实验 26　沼虾和棉蝗的形态结构及其与生境的适应

【实验目的】

1）通过观察沼虾和棉蝗的形态结构，了解甲壳纲和昆虫纲的主要特征。

2）通过沼虾和棉蝗的比较解剖，学习日本沼虾和棉蝗的一般解剖方法，进一步认识动物身体结构与功能的适应，以及与环境的统一。

3）了解节肢动物高度发展与广泛适应性，掌握甲壳类适应水生生活及昆虫适应陆生生活的主要特征。

【实验材料】

日本沼虾和棉蝗的浸制标本。

【实验用具】

解剖镜、放大镜、显微镜。

解剖工具、蜡盘、大头针、擦镜纸等。

【实验操作及观察】

2人1组,每人以1种材料为主进行观察、解剖,2人配合,边操作边相互观察比较。

(一) 日本沼虾的外形观察

日本沼虾生活于淡水,在河流、湖泊和池沼中都能生活,在我国分布甚广,大部分地区都有。可供食用,是一种重要的经济虾类。

取沼虾标本置于蜡盘中,先观察其外形(图26-1)。然后,左手拿虾,使其腹面向上,右手用镊子从腹部左侧最后一个附肢开始,摄住每个附肢的基部,由后向前依次将附肢取下,并按照顺序排在蜡盘内,加少许水,再用放大镜观察每个附肢的构造。

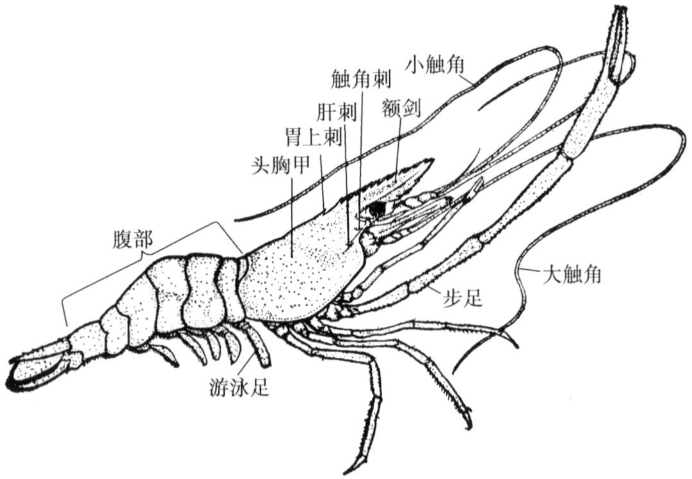

图26-1 日本沼虾外形(自江静波等)

1. 头胸部

1) 头胸甲:覆于头胸部背面及两侧之大型几丁质骨骼。

2) 颈沟:约在头胸甲中部,向下、向前行的弧形浅沟,为头部和胸部的分界。

3) 额剑:由头胸甲背侧前端中央向前延伸成尖突,侧扁,其上下缘都有锯齿。

4) 鳃盖:头胸甲两侧覆于鳃之外,称鳃盖。

5) 复眼:一对,具有可活动的眼柄。

6）触角刺：着生在触角基部。

7）肝刺：在触角刺之后，颈沟的端部。

8）附肢：共 13 对，先观察自然位置。

a. 触角：2 对，小触角在眼之下，具鞭；大触角，具一片状物及一细长的触鞭。

b. 口器：由 3 对颚组成，即 1 对大颚，2 对小颚。

c. 颚足：3 对，双肢型。

d. 步足：5 对，单肢型，外肢退化。

2. 腹部

分节明显，有节间膜，附肢 6 对。

1）甲壳：每节均有背甲一片，侧甲二片及腹甲一片。

2）附肢：6 对，双肢型，称游泳肢（足）。

3）尾节：为最末一节，锥状，无附肢，与腹部第六对附肢形成尾扇，肛门位于其腹面的基部。

注意：比较沼虾和棉蝗身体的分部是否相同？如果不同，区别在哪里？

3. 附肢(图 26-2)

由原肢、内肢和外肢构成共有 19 对附肢。头部 5 对，依次为小触角、大触角、大颚、第一小颚及第二小颚；胸部 8 对，依次为：第一颚足、第二颚足、第三颚足，第一至第五步足；腹部六对，第一至第五腹节的为腹肢，即第一腹肢、第二腹肢、第三腹肢、第四腹肢、第五腹肢，第六腹节的腹肢为尾肢。

（1）头部附肢

共 5 对，触角 2 对，大颚 1 对，小颚 2 对。

1）小触角（第一触角）：单肢型。原肢节 3 节，外肢节退化，内肢节具两根触鞭，即内鞭和外鞭，后者有附鞭。原肢节第一节较长，背侧有凹陷，眼藏于其中，腹侧有平衡囊孔，基部丛毛内有平衡囊，外侧有柄刺。

2）大触角（第二触角）：双肢型。原肢节 2 节，外肢节宽大称大触角鳞片，内肢节细长，末端呈须状。原肢节底节有绿腺（即触角腺），排泄孔开口于基部腹面内侧的小突起上。

3）大颚：单肢型，由原肢节硬化而成，可分门齿突及臼齿突，内肢呈须状，无外肢。

4）第一小颚：单肢型，薄片状，原肢节片状，分两小节。内肢节须状，不分节，末端内侧有 2 个钩状小突。

5）第二小颚：双肢型，片状，原肢节分 2 叶，内肢节小，外肢大，薄片状，称颚舟片，可激动鳃室内水流供呼吸。

（2）胸部附肢

共 8 对，颚足 3 对，双肢型，步足 5 对，单肢型，附肢基部均具鳃。

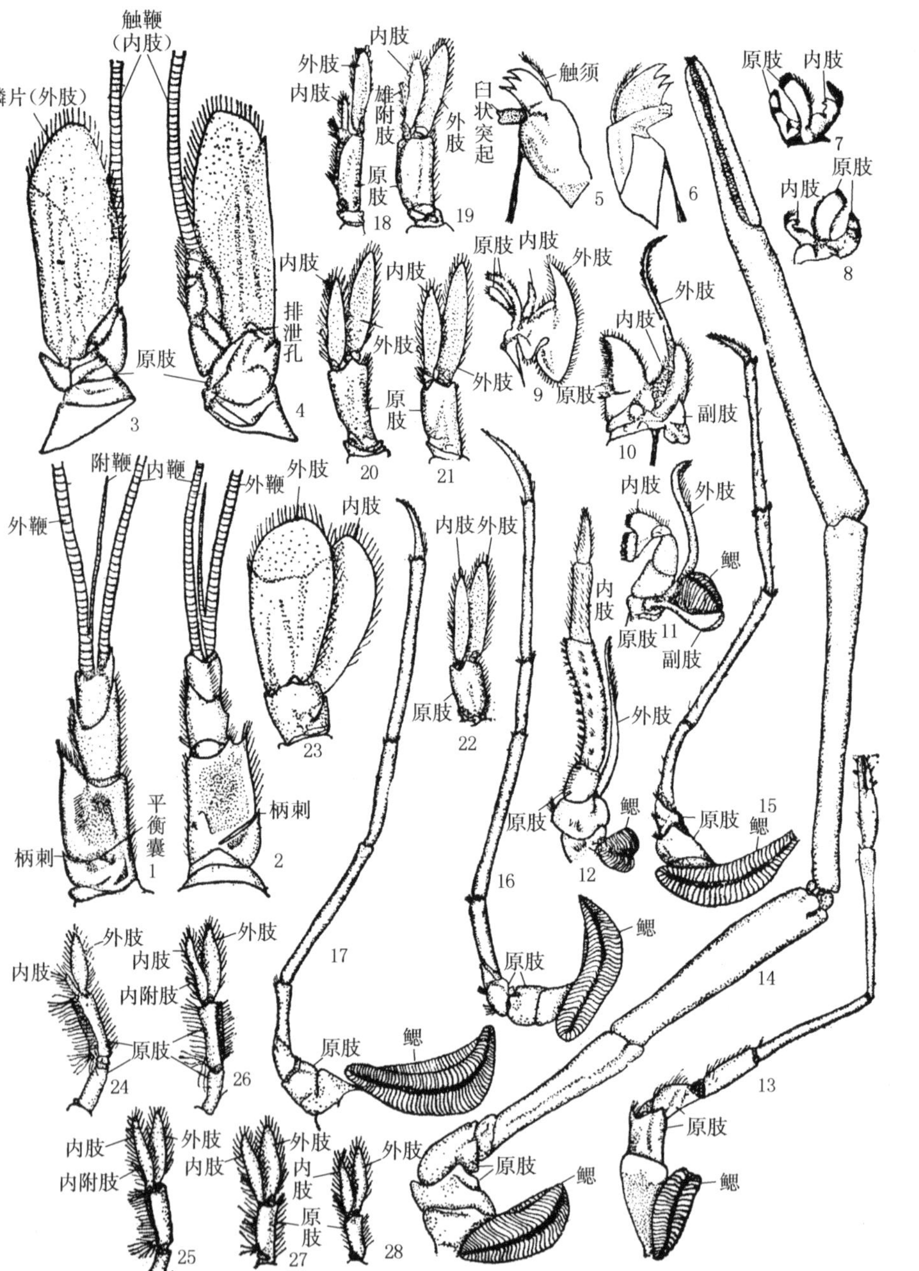

图 26-2 日本沼虾的附肢(自江静波等)

雄虾:1. 小触角背面;2. 小触角腹面;3. 大触角背面;4. 大触角腹面;5. 大颚外面;6. 大颚内面;7. 第 1 小颚外面;8. 第 1 小颚内面;9. 第 2 小颚;10. 第 1 颚足;11. 第 2 颚足;12. 第 3 颚足;13. 第 1 步足;14. 第 2 步足;15. 第 3 步足;16. 第 4 步足;17. 第 5 步足;18. 第 1 腹肢;19. 第 2 腹肢;20. 第 3 腹肢;21. 第 4 腹肢;22. 第 5 腹肢;23. 尾肢;雌虾:24. 第 1 腹肢;25. 第 2 腹肢;26. 第 3 腹肢;27. 第 4 腹肢;28. 第 5 腹肢

1）第一颚足：原肢节 2 节，内肢节小，不分节，外肢基部大，末端细长。

2）第二颚足：原肢节 2 节，内肢节指状，5 节，末 2 节宽大，外肢鞭状。

3）第三颚足：原肢节 2 节，内肢节足状，3 节，外肢鞭状。

注意：比较沼虾和棉蝗的口器构成是否一样？各自的特点是什么？

4）第一步足：原肢节 2 节，内肢节 5 节（座、长、胫、附、趾节），有钳，外肢退化。

5）第二步足：同第一步足，但粗壮而长；第三～第五步足，同上，足状，无钳。

（3）腹部附肢

6 对，双肢型，内肢小，外肢发达，适于游泳。第二、三腹肢内肢有一短小棒状内附肢，雄性第二腹肢内附肢背面还有一雄性附肢。

注意：比较沼虾和棉蝗的附肢结构是否相同？

（二）蝗虫的外形观察

体分头、胸、腹三部分，被几丁质外骨骼（图 26-3）。

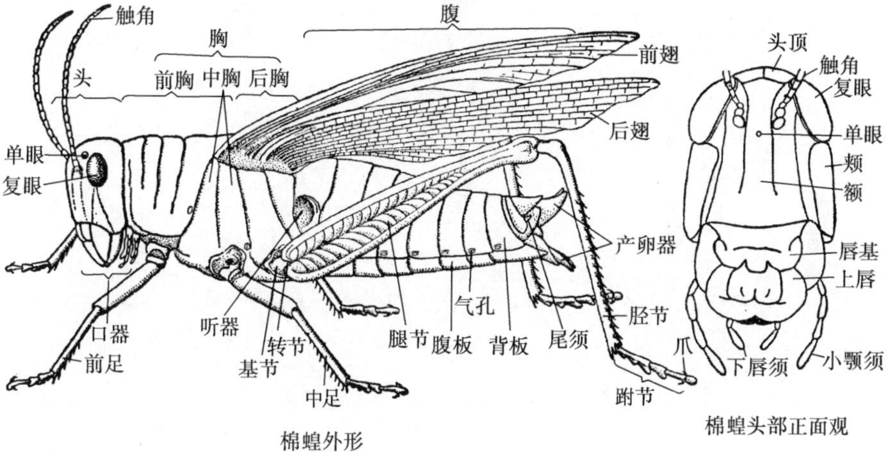

图 26-3　棉蝗外形及头部（自江静波等）

1. 头部

摄食和感觉中心。

1）头顶：头的顶部。

2）额：复眼之间，头顶之下。

3）颊：头部两侧，复眼之下。

4）唇基：额之下方，呈长方形。

5）复眼：1 对，位于头之两侧，褐色。

6）单眼：3 个，位于复眼内侧呈倒三角形排列。

7）触角：1 对，细长，分节，呈丝状。由柄节，梗节及鞭节组成，其中鞭节又分许多亚节。

8）口器：由五部分构成（图 26-4），为咀嚼式口器，先观察自然位置，再用镊子把每部分从基部取下放入解剖盘观察：

a. 上唇：1 片，连于唇基，盖于口器的前方，不为附肢。

b. 大颚：1 对，位于颊部下方，系坚硬几丁质构成，上有门齿突和臼齿突。

c. 小颚：1 对，在大颚后方，由轴节，茎节及内颚叶、外颚叶构成，具小颚须。

d. 下唇：1 片，在小颚后方，由左右两片愈合而成，有一对下唇须。

e. 舌：位于口腔内，为一狭长的突起。

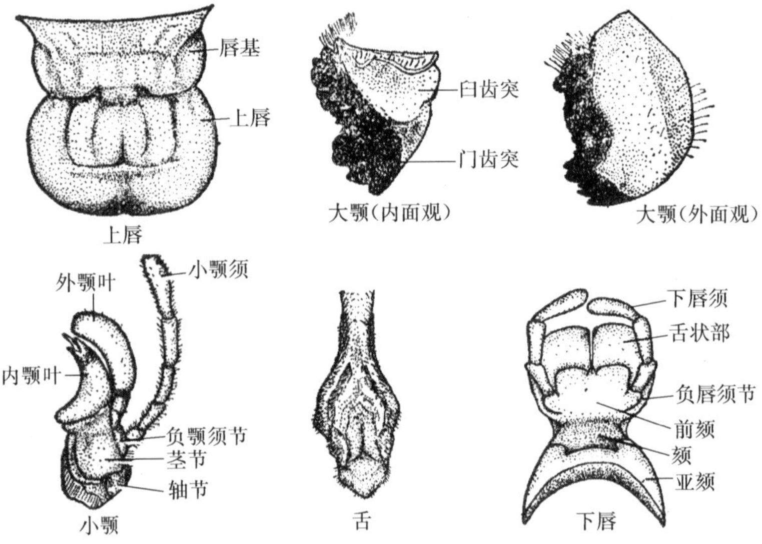

图 26-4　棉蝗口器（仿江静波等）

2. 胸部

分前胸、中胸和后胸，为运动中心（图 26-3）。

（1）外骨骼

胸部外骨骼发达，各节均可分为背板、腹板和侧板。其中，前胸背板特别发达，呈马鞍形，而侧板退化成小三角形。中、后胸在两侧各具气门 1 对。

（2）附肢

1）足：3 对，依次为前足、中足、后足，分别着生在前胸、中胸、后胸上。每足由基节、转节、腿节、胫节、跗节和前跗节构成。后足强大，适于跳跃，称跳跃足。

2）翅：2 对，着生于中胸和后胸上，翅具翅脉。前翅革质，狭长，停息时盖在背上，称覆翅；后翅膜质，扇状，常褶迭于前翅下。

注意：比较沼虾和棉蝗附肢数目和分布以及附肢形态结构的异同。

3. 腹部

由 11 节组成，为代谢与生殖中心（图 26-5）。

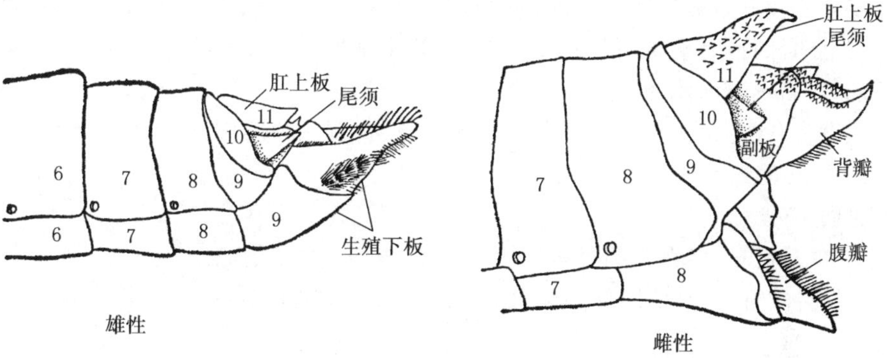

图 26-5　棉蝗尾部（自江静波等）

（1）外骨骼

每节由一背板和腹板构成，侧板退化，膜质内移，连接于背、腹板之间。背、腹板在不同节内有变化。

1）背板：第 1 腹节与后胸紧密相连，背板两侧有听器 1 对，第 2～8 节正常，第 9、10 节背板合并，中间有一横沟。第 11 节背板呈三角形，其下有肛门，称肛上板，两侧有肛侧板，尾须 1 对，位于第 10 节背板后缘。

2）腹板：雌体第 9、10 腹节无腹板，第 8 节腹板后端向后伸长成尖突形，称导卵器；雄体第 9 节腹板发达，一直延伸到身体末端，看起来好像裂为前后两片，称为生殖下板。

（2）外生殖器

1）产卵器：雌虫腹部末端有产卵器，主要由上产卵瓣（背瓣）和下产卵瓣（腹瓣）组成。

2）交配器：位于雄虫腹部末端，由 1 对钩状阴茎及抱雌器构成，拉开下生殖板可见。

（3）气门

腹部有气门 8 对，位于第 1～8 节两侧。

（三）沼虾的内部构造

用剪刀沿背中线稍偏左将沼虾左侧的外骨骼剪去，用镊子去掉皮肤，仔细分离肌肉，观察其内部构造。

注意：沼虾和蝗虫的外骨骼和肌肉属哪种类型？有什么共同点？与前面各种动物相比有何特点？

1. 呼吸器官

剪去沼虾的鳃盖，原位观察鳃腔中的呼吸器官——鳃（日本沼虾第 1，2 对颚足各有1对肢鳃,自第2对颚足至第5对步足各有1对足鳃)。

2. 心脏

在背甲背方后端的围心窦内,略呈三角形,心脏有心孔3对,前后端有前大动脉和腹上动脉,另有胸直动脉通往下方,达腹神经索下方后,分为2支,1支向前叫胸下动脉;另一支向后叫腹下动脉。

注意:沼虾和蝗虫血管的复杂程度是否相同?呼吸器官呢?原因如何?

3. 消化系统

见图26-6。

1) 口及食管:口在头部腹面口器间,口后较短之管,为食管。

2) 胃:食管后膨大处,前部很大为贲门胃是一薄壁的囊状结构,后部较小为幽门胃。

3) 肠:幽门胃后之管管,分前端的中肠与后面的后肠,后肠从腹部背方向后行,肛门开口于腹部尾节腹面。

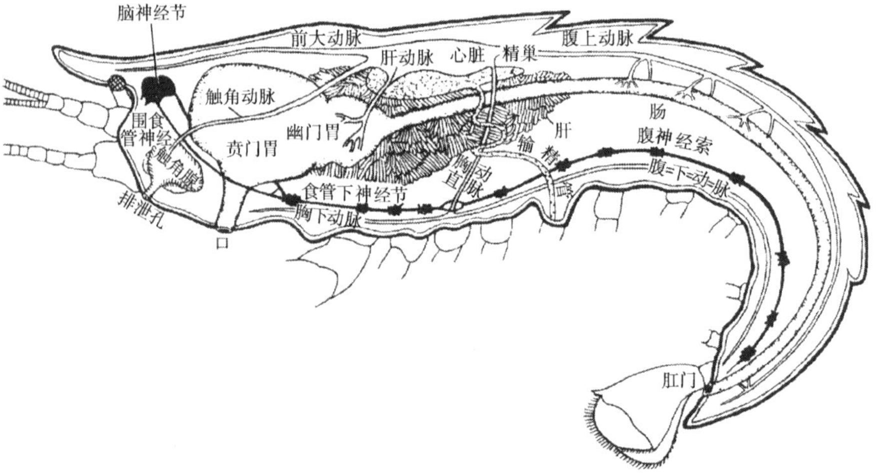

图26-6 虾的内部结构模式图(自堵南山)

4) 肝:1对,在胸部及腹部前端、消化道的两侧,活体时呈黄色,有管管入中肠。

4. 排泄系统

见图26-6,绿腺(触角腺)1对,位于第二触角基部。

5. 神经系统

见图26-6。

脑:位于头之背部,眼柄基部之间。

食管下神经节:位于食管下方,有围食管神经与脑相通。

腹神经索：有两条神经合并而成，神经节胸部 6 个，腹部 6 个。

6. 生殖系统

见图 26-6。

雌性：卵巢二叶，每侧有一短的输卵管，雌性生殖孔开口于第三步足基部内侧。

雄性：精巢二叶，每侧有一短的输精管，雄性生殖孔开口于第五步足基部内侧。

（四）棉蝗的内部构造

先将棉蝗足和翅自基部剪除，再用解剖剪沿体背中线和腹中线偏左处把体壁剪开，留住复眼，用镊子小心地把左侧体壁剥离。由于头、胸及腹部末端有发达的肌肉，须轻轻清除，不能损伤内部器官，然后加入清水进行观察。

1. 循环系统

见图 26-7。

心脏，贴于腹部背板下方，小心翻开留在腹部的背板，可见其内壁中央线上细长管状物，即心脏，用镊子小心取下，能看到心室和翼状肌。

注意：比较棉蝗和沼虾心脏所在的位置和心脏的形态结构有何不同？

2. 呼吸系统

沿棉蝗身体两侧可见肌肉和内脏器官上有白色分支的丝状物即气管，其薄片状膨大部分为气囊。取一小段气管在显微镜下观察能见到螺旋丝结构。

注意：比较棉蝗虫和沼虾呼吸器官的形态结构和分布，各有何特点？

3. 消化系统

分前、中、后肠（图 26-7）。

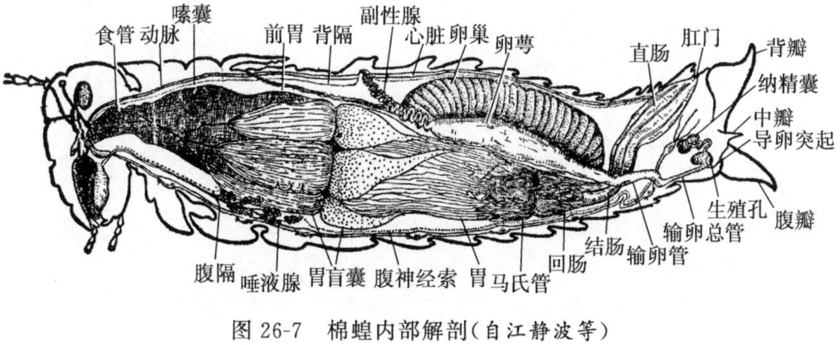

图 26-7　棉蝗内部解剖（自江静波等）

（1）前肠

1）口腔：由口器围成的腔。

2）咽、食管：口腔后的细短管状构造。

3）嗉囊：食管后一膨大的薄壁囊。

4）砂囊：也称前胃，接嗉囊后，较短，壁富肌肉。

（2）中肠

又称胃，在与前肠交界处有3对肠盲囊（胃盲囊）。

（3）后肠

依次分为回肠、结肠和直肠三部分。与胃连接的是回肠，回肠之后较细小、常弯曲的是结肠，结肠后部较膨大的为直肠，直肠末端开口于肛门，肛门位于第11腹节的肛上板之下。

（4）唾液腺

1对，位于胸部嗉囊腹面两侧，色淡，为葡萄状腺体，有1对唾液腺管前行，汇合后通人口腔内舌的基部。

注意：棉蝗和沼虾消化系统的组成是否相同？各有什么特点？二者消化系统的各组成部分分别具有什么功能？

4. 排泄器官

见图26-7、26-8。

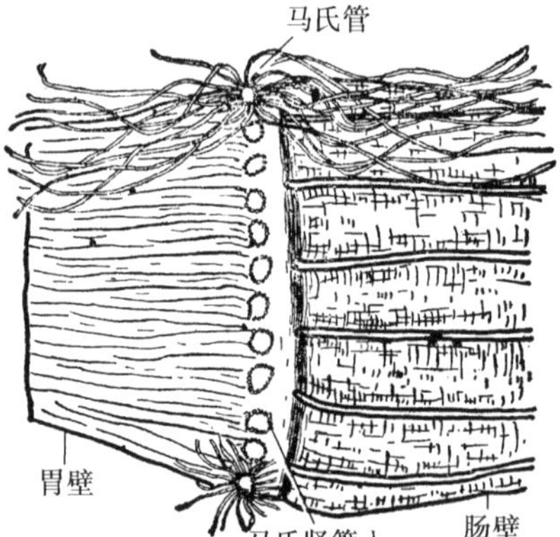

图26-8　棉蝗马氏管（自江静波等）

棉蝗的排泄器官为马氏管，着生于中肠（胃）和后肠的交界处，为许多细丝状的盲管，分布于血体腔中。

注意：比较沼虾和棉蝗的排泄器官有何不同。

5. 生殖系统

为雌雄异体、异形，实验时可互换不同性别的标本进行观察（图26-7、26-9）。

（1）雌性生殖器官

1）卵巢：1对，位于腹部消化道的背方，每个卵巢由许多自中线斜向后方排列的卵巢管构成，卵巢管的端部在卵巢前端汇合成悬韧带连于胸部背壁。

2）输卵管：2条，在卵巢两侧与卵巢管相连，称侧输卵管，向后行至消化道下面汇合成一条输卵总管，后接阴道，以雌孔开口于导卵器基部。

3）纳精囊：由阴道背侧发出的一条弯曲细管，末端膨大的囊状物为纳精囊。

4）副性腺：位于侧输卵管前方。

（2）雄性生殖器官

1）精巢：位置同卵巢，1对，长圆形，由许多精巢小管构成。

2）输精管：2条，向后行至消化道腹侧下面合成单一较粗的射精管。

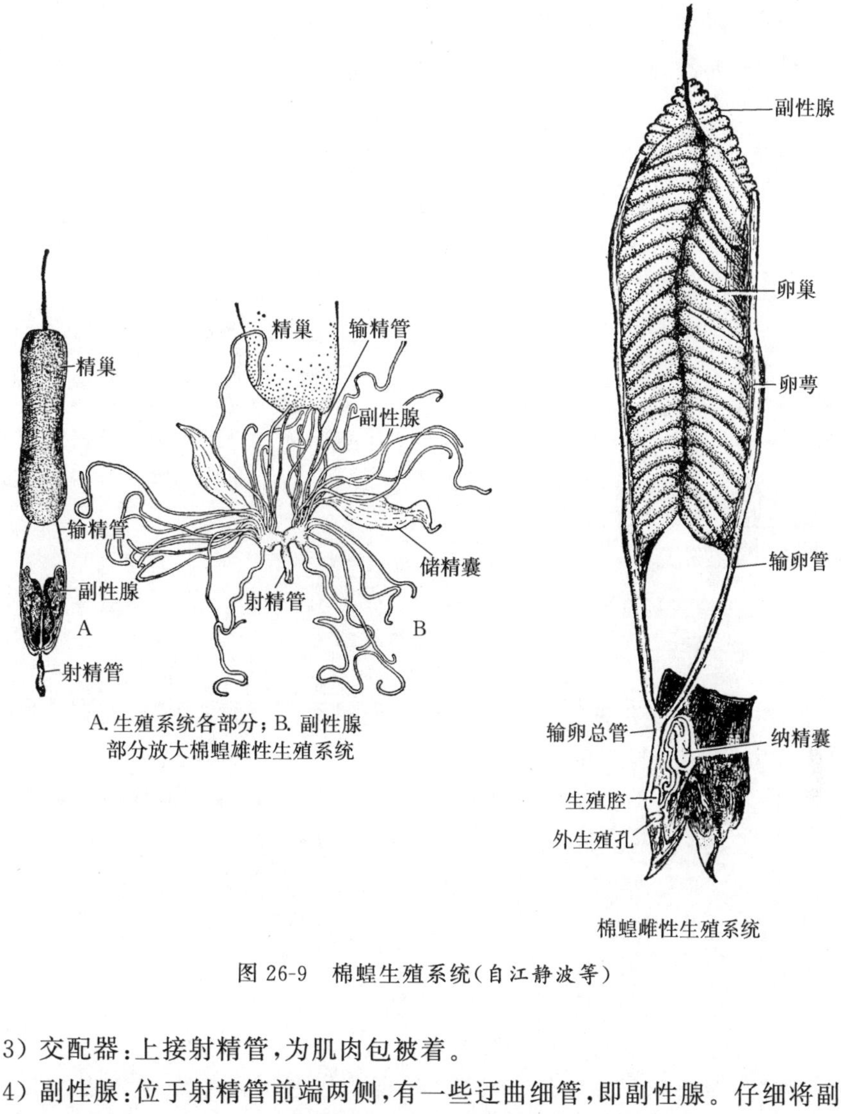

A. 生殖系统各部分；B. 副性腺部分放大棉蝗雄性生殖系统

棉蝗雌性生殖系统

图 26-9　棉蝗生殖系统(自江静波等)

3）交配器：上接射精管，为肌肉包被着。

4）副性腺：位于射精管前端两侧，有一些迂曲细管，即副性腺。仔细将副性腺的细管拨散开，还可看到 1 对贮精囊，通入射精管基部(注：观察时可将消化管末段向背方略托起，以便寻找，但勿将消化管撕断)。

6. 神经系统

索状(图 26-10，26-11)。

以两复眼为底，向下画一等边三角形，在其中心位置用镊子去掉头壳及内侧肌肉，即可见：

1）脑。脑位于两复眼之间，为淡黄色块状物，在食管前上方。

2）食管下神经节：在食管下方，与脑发出的围食管神经相连。

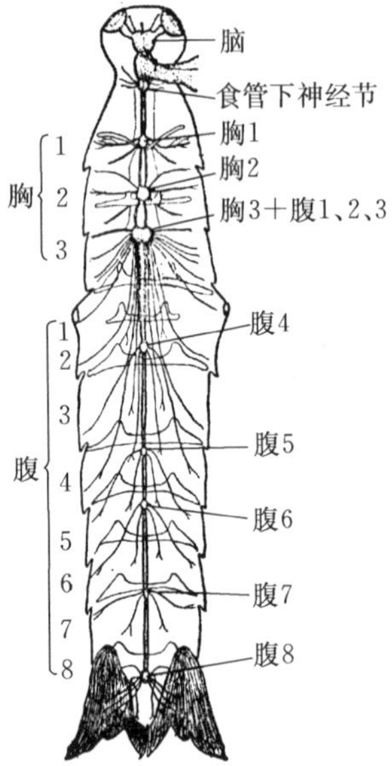

图 26-10 棉蝗中枢神经系统（自江静波等）

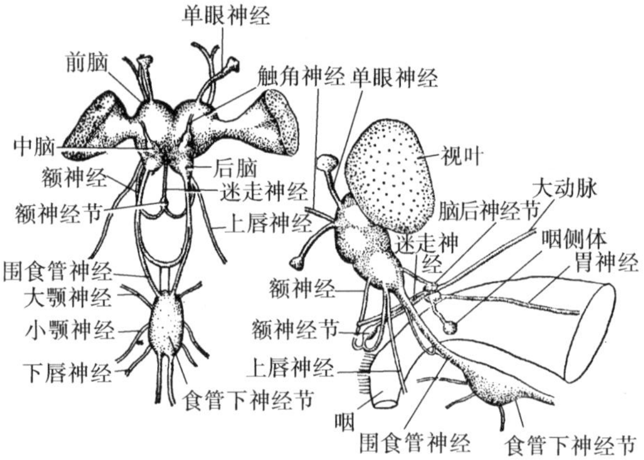

图 26-11 棉蝗交感神经系统（自江静波等）

3）腹神经索：由 2 条神经合并组成，其上有神经节。仔细剥离，将完整的中枢神经系统取出，置培养皿水中，仔细观察有多少个神经节，各在什么部位？

注意：棉蝗与沼虾的神经系统相比，二者有何共同特点？感觉器官各有什么特点？

【作业】

1）解剖制作沼虾的附肢标本，并标注出 19 对附肢的名称。

2）绘棉蝗的消化系统及神经系统示意图。

3）绘棉蝗的口器，并标明各部分结构。

4）通过对棉蝗和沼虾的解剖与观察，说明二者的形态结构特点及其对各自生境的适应性特征。

实验 27 脊椎动物皮肤及其衍生物的比较观察

【实验目的】

通过脊椎动物各纲代表动物皮肤及其衍生物的比较观察，了解各纲动物皮肤及其衍生物的异同和演化规律。

【实验材料】

脊椎动物各纲代表动物的皮肤及其衍生物，如鲤鱼、青蛙或蟾蜍、蜥蜴、家鸡、兔的皮肤标本，皮肤切片，鳍条、羽、毛、角、蹄、爪等用于皮肤衍生物的比较观察。

【实验用具】

显微镜、解剖镜、解剖盘等。

【实验操作及观察】

（一）脊椎动物皮肤的比较

1. 鱼类

鱼类皮肤具有一些共同的特点，即皮肤薄而柔软，未发生角质化。表皮和真皮均为多层细胞。表皮最下层有生长能力。表皮中含有大量单细胞黏液腺，体表黏滑。

（1）软骨鱼类

表皮细胞的层数较圆口类多，细胞排列紧密。单细胞黏液腺数量较圆口类少。出现多细胞腺体，数量很少并转化为毒腺或发光器官。真皮比表皮厚得多，分为致密层和疏松层。真皮内含有大量色素细胞，使鱼体呈现多种颜色。

（2）硬骨鱼类

硬骨鱼类皮肤结构与软骨鱼类相似，只是单细胞黏液腺数量较软骨鱼多。此外仅由真皮形成不同类型的鳞片覆盖全身，包括整列鳞、硬鳞、圆鳞和栉鳞。

2. 两栖类

两栖类处于由水上陆的中间阶段，因呼吸器官很不完善。皮肤成为重要的辅助呼吸器官。皮肤的特点是薄而柔软，裸露无鳞；皮肤内出现大量多细胞腺体，表皮开始角质化；真皮较表皮厚而致密，皮下有大的淋巴间隙（图 27-1）。

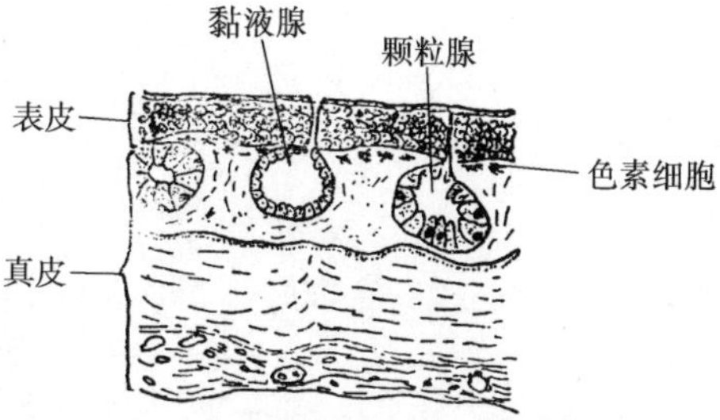

图 27-1　蛙的皮肤切面（自丁汉波）

3. 爬行类

爬行类为真正陆生动物，皮肤结构完全适应陆生环境，表皮角质化程度加深，并由表皮衍生出角质鳞覆盖全身，因缺少腺体而皮肤干燥。

表皮明显分为角质层和生长层。表皮高度角质化，形成厚而干燥的角质层，并特化为角质鳞片或盾片。角质层在指（趾）端特化为爪。爬行类蜕皮明显。表皮腺体缺少，仅有少量多细胞颗粒腺分布在大腿基部内侧或泄殖腔孔附近，有吸引异性、辅助交配等作用。

真皮较薄，由致密的结缔组织构成。分为上、下两层。上层内富有色素细胞，使一些种类如蛇和蜥蜴皮肤具有鲜艳颜色，其色素细胞在植物性神经的控制之下可迅速扩展或收缩而引起变色。真皮下层由成束的结缔组织构成。

4. 鸟类

鸟类由于适应飞翔生活，其皮肤的特点为薄、松、软、干。

表皮和真皮均较薄。表皮角质层较薄，体表由羽覆盖，在无羽部分如胫附部、跗跖部和趾部，角质层变厚形成角质鳞。真皮也较薄，由致密结缔组织构成，内有神经和血管分布。真皮深层连接羽毛根部的皮肌发达，可牵动皮肤和羽毛。薄而松软的皮肤有利于肌肉和羽毛的活动。皮脂腺是鸟类唯一的皮肤腺，分泌物润泽羽毛，并间接有利于鸟骨的正常生长。皮下组织疏松，常充积脂肪。

5. 哺乳类

哺乳类皮肤厚而坚韧，皮肤表面覆以特有的毛；表皮高度角质化，并产生出多种衍生物；皮肤腺异常发达，其形态和功能多样化；真皮极为发达，但其衍生物很不发达，种类相数量均少；皮下组织发达(图 27-2)。

表皮由深至浅可分为 4 层：基底层、棘细胞层、颗粒层和角质层。基底层增殖的新细胞由深至浅逐渐完成角质化。角质层厚薄不一，在经常摩擦的部位可达数十层，角化细胞经常脱落。真皮很厚，为表皮厚度的几倍，由致密结缔组织构成。分为乳头层和网状层，其中胶原纤维和弹性纤维交错排列，使真皮具有高度的韧性和弹性。牛、猪等动物的真皮可鞣制成革。

哺乳类的皮下组织发达。在皮肤和肌肉之间，由疏松结缔组织形成的皮下组织如同一个垫子可缓冲外界的机械压力，并便于肌肉的活动，又称浅筋膜。在皮下

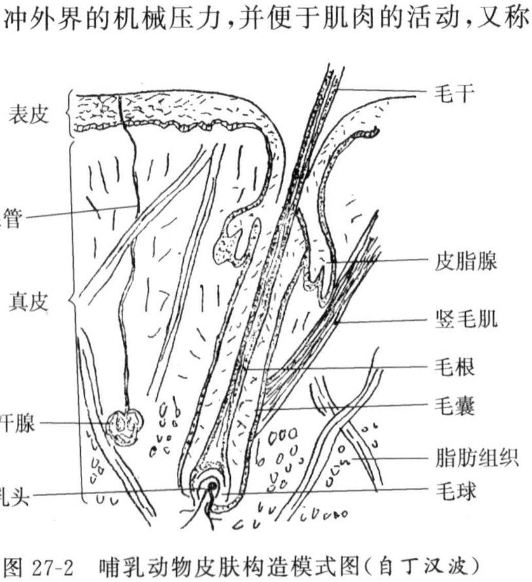

图 27-2 哺乳动物皮肤构造模式图(自丁汉波)

组织中还可积存脂肪，以维持体温或作为营养储备。

（二）脊椎动物皮肤衍生物的比较

1. 鱼类

腺体为单细胞黏液腺，广泛分布于鱼类的体表，主要形状为杯形，又称杯状细胞，是水生低等脊椎动物体表主要腺体。黏液使鱼体表面粘滑，减少游泳时水的阻力，并保护体表不受细菌和病毒的侵袭。有少量单细胞黏液腺可分泌有毒性的物质。在这些类群中也有少量多细胞腺体的存在，一部分特化为毒腺（有人认为这只是单细胞黏液腺群），深海鱼类的多细胞腺特化为照明器。

鳞片在鱼类的体表一般都有，是皮肤的衍生物，一种保护性结构，分三种：

（1）硬鳞

鳞片多呈菱形，成对角线排列。

（2）骨鳞

分为圆鳞和栉鳞，鳞片圆而薄，前端插入真皮小囊内，后端游离，彼此呈覆瓦状排列于极薄的表皮之下，游离端圆滑为圆鳞，游离的一端生有许多似锯齿状突起的称为栉鳞。鳞片上有许多同心圆的环片称为年轮，但环片因季节不同而表现出生长速度的差异，春夏季鱼类因食物丰盛，长得快，环片相应地要宽一些。秋冬季鱼类生长缓慢，环片就要窄一些。这样，夏环和秋环组合起来就在鱼鳞片上出现了年轮，根据年轮的情况可以推算鱼类年龄、生长速度、及生殖季节等等，在养殖业和捕捞业上都有极大的实践意义。

（3）盾鳞

由基板和棘突组成，棘突向后突出于表皮之上，用手在鲨鱼皮肤上由后向前抚摩时会有摸砂纸的感觉。基板埋在真皮内。在盾鳞的组织学结构上，分为两层，外层为釉质又称珐琅质，薄而坚硬；内层为齿质。在发生上，釉质由外胚层形成，齿质由中胚层形成，整个结构有着双重来源（表皮与真皮）。盾鳞与牙齿同源。

鳍条是鱼类鳍骨远端的支持结构，由真皮产生或由骨质鳞演变而来，为真皮衍生物。现代硬骨鱼类中，这些骨质鳞片变为细棒状，彼此首尾相接，形成鳞质鳍条。软骨鱼类的鳍条则由真皮形成长而柔韧的棒状结构，即纤维状结缔组织，称为角质鳍条。

2. 两栖类

成体的皮肤腺源于表皮生发层的分化并下陷入真皮，有一细长的管道通向体表。因分泌的液体不同而分为黏液腺和浆液腺。前者数目较多，分泌黏液。浆液腺又称颗粒腺，细胞分泌浆液。黏液的分泌使体表保持湿润，可进行呼吸，以适应陆生和半水栖生活。浆液腺产生轻微刺激性或剧毒的物质，又称毒腺，分布于体背面和大腿背面。蟾蜍耳后方有一对耳后腺属于这类腺体，分泌乳白色浆液，毒性很强，有保护和御敌的作用。

两栖类幼体和终生水生的有尾两栖类的皮肤腺仍以单细胞黏液腺为主，与鱼类相似。

3. 爬行类

爬行类的皮肤衍生物有腺体、角质鳞片或盾甲、爪。

爬行类完全适应陆地生活，体表被覆角质鳞片或盾甲，皮肤腺极为缺乏。具有少量皮肤腺，均为颗粒腺，分泌有害的物质或外激素，影响其他动物的行为和生理。如某些蜥蜴泄殖腔周围有颗粒腺，分泌物被涂抹在树枝上，可吸引昆虫接近而后吞食。一些雄性蜥蜴大腿基部内侧有股腺，分泌物干后形成暂时性的短刺，有助于交配时把持住雌性以免滑脱。某些香龟、蛇和鳄类在躯干后部、下颌或泄殖腔孔附近有气味腺，其分泌物散发较浓的气味，可能有吸引异性的作用。

爬行类角质鳞很发达，是表皮角质层重复加厚并硬化而成，分为两种类型。一种为蜥蜴和蛇类所有。鳞片的排列方式可作为分类依据。鳞片周期性脱落，为蜕皮。蜥蜴的鳞片成片地脱落，而蛇类的外层角质层连同眼球外覆盖的透明的眼睑一起完整地蜕去，蜕下的皮肤称蛇蜕。某些动物的角质鳞变形为角、棘、响尾蛇尾部的响环等。另一种类型为龟和鳄所有。它们的大型真皮骨板表面覆盖角质盾片或鳞片，鳞片和盾片的排列与下方的骨板往往不一致，无周期性蜕皮，而是不断地在磨损中替换。

真正的爪首次出现在爬行类，基本结构包括角质的爪和爪下体。

4. 鸟类

鸟类的皮肤衍生物有腺体、鳞片、羽、爪、距等。

鸟类全身被羽，几乎没有皮肤腺。唯一发达的腺体是位于尾基部背面皮肤内的尾脂腺。腺体一对，卵圆形，分泌油脂。鸟以喙挤压尾脂腺将油脂挤出后涂抹在羽上，使羽润泽并防水。水栖鸟类尾脂腺尤为发达。生活在干旱地区的平胸鸟类缺少尾脂腺。此外少数鸡形目鸟类外耳孔周围有小型油脂腺分布。

鸟类的胫部、胫下部、足及趾间蹼表面被覆角质鳞片，此外鸡形目雄性动物的胫下部距的表面角质鞘、某些鸟类如水雉翼角的爪等都是角质鳞的变异。鸟喙的角质鞘也是表皮衍生物。

羽可能是爬行类的角质鳞由于适应飞翔生活而产生的变异。羽分为 3 种正羽，绒羽和毛羽(图 19-1)。

5. 哺乳类

哺乳类的皮肤衍生物有腺体、角质鳞、毛、爪、蹄、指甲、角。

皮肤腺为表皮衍生，异常发达，均为多细胞腺，包括皮脂腺、汗腺、乳腺、气味腺，前两种为基本类型，经变异后形成乳腺和气味腺，结构和功能各异。

(1) 皮脂腺

是分泌油脂的分支或不分支泡状腺，大多附于毛囊，在口唇部、外生殖器等部位也有分布。保持毛发和皮肤的柔润和光泽，防止干燥和浸湿，并保护它们免受气候、微生物和化学物质的损害。眼睑中的睑板腺为皮脂腺的变形结构。

(2) 汗腺

为细长单管腺,由表皮向结缔组织陷入,仅出现于哺乳类。汗液湿润表皮的角质层,调节体温和水盐平衡,并排出含氮代谢产物(尿素等)。

(3) 乳腺

具有乳腺是哺乳类的主要特征之一。乳腺是变态的汗腺,为复管泡状腺,在雄性不起作用,在雌性能分泌乳汁。乳腺属浆液腺,乳汁含有脂肪、蛋白质及乳糖等营养物质,以哺养幼体使其发育良好。

(4) 味腺

主要是汗腺的变异,少数是皮脂腺的演化,味腺能产生特殊气味,在种间识别、繁殖期的异性吸引及御敌等方面起着重要作用。

哺乳类的角质鳞主要分布在尾和脚,并常与毛相伴,如许多啮齿类。穿山甲身体背面覆以大型覆瓦状排列的角质鳞片,鳞片间有稀疏的粗毛,它们不进行周期性脱换,而只是单个脱换。

毛为哺乳类所特有,为表皮衍生物,可形成致密的毛被覆盖整个身体,或仅上唇有几簇触毛。根据毛的结构特点可分为:针毛(枪毛),长而稀疏,有毛向,耐摩擦,起保温作用;绒毛,位于针毛下层,无毛向,细短而密,保温性强;触毛,是特化的针毛,有触觉作用。

表皮衍生的角质构造除毛外还包括爪、蹄、指甲、洞角、叉角羚角、毛角等,结构大同小异但功能各异,是适应陆地多样的生活方式的产物(图 27-3)。

实角是鹿科动物所具有的角,实角是由真皮形成的实心的分叉的骨质角,附着于额骨部位,每年脱换一次,一般仅雄性有角。新生的鹿角因表面覆盖柔软的有丰富血管的皮肤,皮肤表面有茸毛,而被称为鹿茸,其后,外皮干枯脱落,仅留下骨质

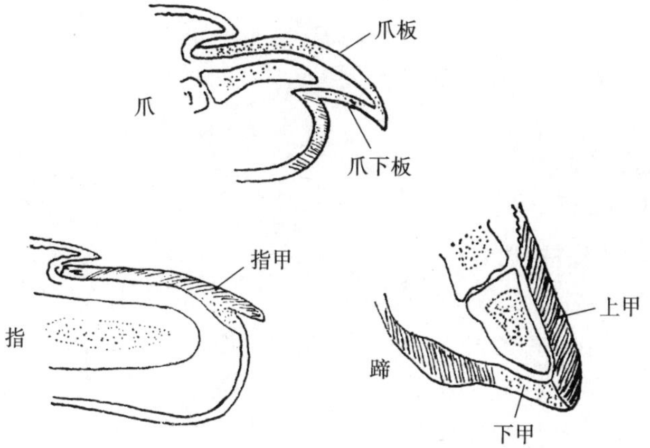

图 27-3　爪、指甲和蹄构造的比较(自杨安峰)

实角(图 27-4)。

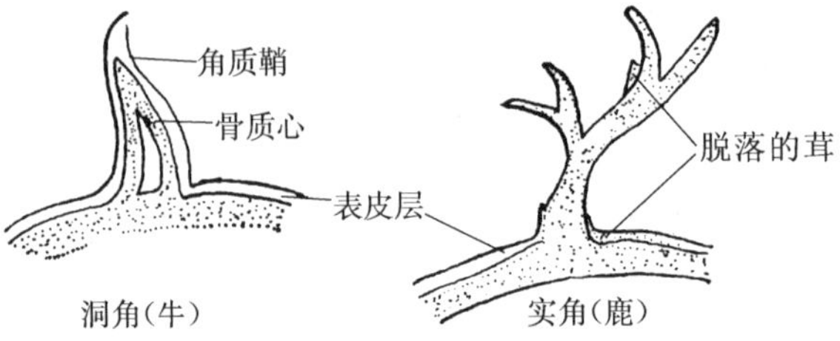

图 27-4　洞角和实角(自丁汉波)

【作业】

比较脊椎动物各纲代表动物的皮肤及其衍生物,分析脊椎动物由水生到陆生演化的过程中,皮肤系统的进化趋势。

实验 28　脊椎动物骨骼的比较

【实验目的】

通过脊椎动物各纲代表动物骨骼标本的比较观察,了解各纲骨骼系统的异同及脊椎动物骨骼系统的演化规律。

【实验材料】

脊椎动物各纲代表动物整装及零散的骨骼标本,如鲤鱼、青蛙或蟾蜍、蜥蜴、家鸡、兔的骨骼标本,用于骨骼系统比较观察。

【实验用具】

解剖镜、解剖盘、放大镜、解剖镊子等。

【实验操作及观察】

(一) 脊柱、肋骨

1. 硬骨鱼类的脊柱、肋骨

脊柱已全部骨化,形成身体强有力的支柱,但它的分化程度很低,仅分化为躯干椎和尾椎。每一个椎体的前后两面都向内凹,称为双凹椎体。在相邻两个椎体之间的空隙还有脊索的存留。躯干椎和尾椎相同的部分有椎体、髓弓和髓棘,尾椎在椎体的腹面有脉弓和脉棘,躯干椎的腹面连接有单头式的肋骨。肋骨按体节排列,一端与椎骨相关节,另一端游离(图 28-1)。

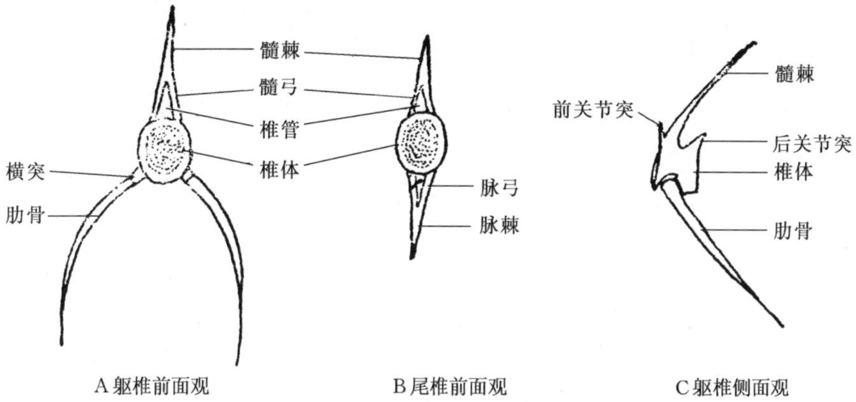

图 28-1　鲤的躯椎和尾椎(仿丁汉波)

2. 两栖类的脊柱、肋骨

脊柱除一般的增加坚固程度外,脊柱开始分区,椎体大多为前凹型或后凹型,支持力加强且椎间关节较灵活。两栖类的脊柱分化为颈、躯、荐、尾 4 区,比鱼类多了颈椎和荐椎的分化。胸部因两栖类肋骨不发达,并不成为明显的区域。有尾两栖类尾椎明显,但在无尾类只是一块尾杆骨(图 28-2)。

肋骨很短,不与胸骨相连,对呼吸也不起任何作用。有尾类的肋骨属双头式,即典型四足类肋骨的样式,肋骨以二头与脊椎骨形成关节:一头称肋骨小头,与椎体相连;另一头称肋骨结节,与横突相接。无尾类的肋骨为单头式。

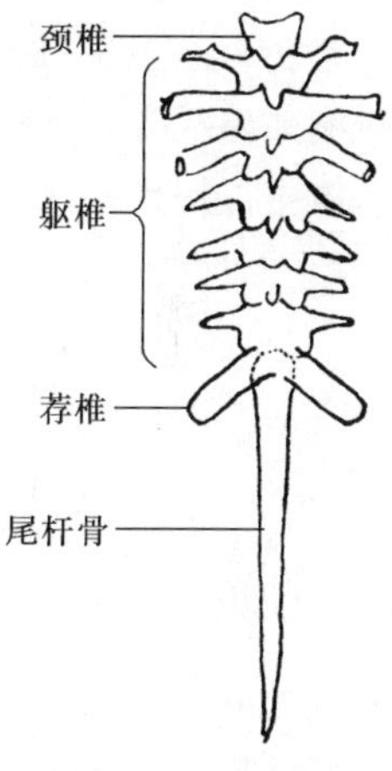

图 28-2　蛙的脊柱
(自周本湘)

3. 爬行类的脊柱、肋骨

脊柱分化为颈、胸、腰、荐和尾 5 个区域。椎体大多为后凹型或前凹型。颈椎数目比两栖类增多。前两个颈椎分化为寰椎及枢椎。枢椎向前伸出的齿突实际上是寰椎的椎体。寰椎本身已无椎体,腹侧具关节面与头骨的枕髁相关节。羊膜动物出现的寰椎-枢椎组合显然是对陆地生活的一种适应,保证头部能以齿突作为回转轴进行仰俯及左右转动,使头部的感觉器官获得更充分的利用。

胸椎极其明显,与肋骨、胸骨相接成为胸廓。荐椎的数目也加多,最少是两块,有宽阔的横突与腰带相连。后肢承受体重的能力比两栖类有所增强。

4. 鸟类的脊柱、肋骨

鸟类脊柱的分区与爬行类相同,但由于适应飞翔生活变异较大。颈长,颈椎 8～25 块,椎体呈马鞍型,颈部关节极为灵活。胸椎 3～10 块,最后一个胸椎、全部腰椎、荐椎和前面几个尾椎完全愈合成一个整体,称综荐骨。后肢的腰带和综荐骨相接,形成甚为坚固的腰荐部。显然,鸟类颈椎的高度灵活性在一定程度上可以补偿腰荐部活动的不足。

鸟类脊柱的5个区域全具肋骨。颈椎的肋骨大多以两头与椎骨愈合,故在中间形成一孔,椎动脉由此穿过。每一胸椎各具一对肋骨伸至胸骨。肋骨的背端部,称椎肋,和胸椎相连;肋骨的腹端部,称胸肋,和胸骨相连。鸟的椎肋与胸肋都是硬骨,两者之间有关节。椎肋大部具向后伸出的钩状突,搭在后一肋骨上,以增强胸廓的坚固性。腰、荐、尾椎的肋骨皆愈合在综荐骨之中。

5. 哺乳类的脊柱、肋骨

脊柱分化为明显的5个区域。椎体属于双平型(图28-3),两椎体间有弹性的椎间盘相隔。颈椎的数目恒为7块,共同的特点是:椎弓短而扁平,棘突低矮,全无肋骨相连。胸椎9~25块,共同的特点是:棘突甚发达,强有力的举头肌肉就附着在棘突的垂直面上,各胸椎全与肋骨相连,横突短小,前、后关节突扁而小,彼此很靠近。腰椎一般为4~7块,共同的特点是:椎体粗,棘突宽大,横突长,伸向外侧前方,无肋骨附着。荐椎数目变化较大,荐椎的特点是:棘突较低矮,椎体及突起等部全愈合为一整块,称荐骨。荐骨是后肢腰带与躯干连接的部分,前面1~2块荐椎两侧突出成翼,荐骨翼与髂骨翼形成荐髂关节。通过荐部,后肢可推动躯干,并承当体重。尾椎由3~50块。一般来说,尾椎数目和尾长度成正比。

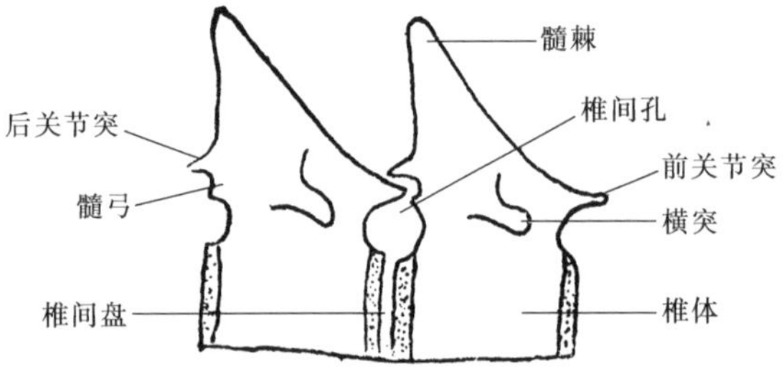

图28-3 哺乳类的双平型脊椎骨简图(侧面观)(自 Weichert)

哺乳类的椎肋段是硬骨,而腹肋段为软骨,这是和鸟类不同之处。颈椎、腰椎和尾椎缺少肋骨。第一荐椎具膨大的翼,为横突及肋骨愈合而成。直接和胸骨相连的肋骨称真肋;间接连胸骨,即连接到前面的肋软骨上再连到胸骨上者,称假肋;肋骨末端游离者,称浮肋。每一肋骨分为椎端、肋骨体与胸骨端3部。椎端具肋骨头、肋骨颈和肋骨结节。肋骨头与相邻两椎体间形成关节,肋骨结节和横突形成关节。肋骨头与肋骨结节之间的较细部称肋骨颈。

(二) 胸骨和胸廓

1. 鱼类

鱼类没有胸骨。

从两栖类开始有胸骨出现，但无足目和有尾目中的一些种类也不具胸骨。有尾两栖类中具有胸骨者，也只是一块简单的软骨板。无尾两栖类开始有较发达的胸骨。蛙的胸骨包括位于上乌喙骨前方的肩胸骨和位于上乌喙骨后方的胸骨体及剑胸骨。蟾蜍缺前方的肩胸骨。两栖类尚无明显的肋骨，故胸骨不与脊柱相连，而仅和肩带相接(图 28-4)。

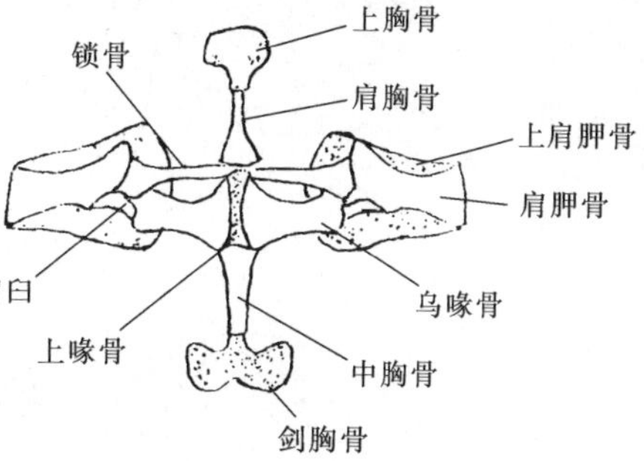

图 28-4　蛙的肩带及胸骨
(腹面观)(自丁汉波)

2. 羊膜类

羊膜类全有胸骨，而且很发达。

蜥蜴的胸骨为位于腹中线的一块软骨板，两侧与数对肋骨相连。膜原骨除锁骨外，另有间锁骨(即上胸骨)，把锁骨和胸骨连接起来。大多数爬行类皆有间锁骨，这块骨片一直保存到原始哺乳类。

3. 鸟类

鸟类的胸骨特别发达

绝大多数鸟类的胸骨中央具高耸的龙骨突(图 28-5)，以扩大胸肌的附着面。这类具尤骨突的鸟在分类上归入突胸总目，不善飞翔的少数鸟，如鸵鸟类，胸骨扁平，无龙骨突起，分类上归入平胸总目。

4. 哺乳类

哺乳类胸骨包括一系列骨片。

最前一节为胸骨柄，中间各节称胸骨体，最后一节为剑胸骨。剑胸骨末端接一宽而扁的软骨，称剑状突(图 28-6)。善于飞翔的翼手类，胸骨也和鸟类一样，具龙骨突，供发达的胸肌附着。

胸廓是由胸椎、肋骨及胸骨借关节、韧带连接而成。鱼类没有胸骨，两栖类没有肋骨，只有到羊膜类，胸骨与肋骨都得到发展，才与胸椎共同组成胸廓。胸廓的作用除保护心、肺外，又可以通过其本身的活动改变胸腔的容积，从而直接影响肺呼吸。

(三) 头骨

1. 软骨鱼类(鲨鱼)的头骨(图 28-7)

鲨鱼头骨终生停留在软骨阶段，由脑颅和咽颅组成。脑颅为一完整的软骨匣，无分界及合缝，相当于脊椎动物胚胎中的软颅。不过背面已有软骨盖。背前方有前囟，上盖纤维膜。脑颅的最前端有 3 条吻软骨，吻软骨基部两侧是鼻软骨囊，其后面有一对眼窝保护眼球。两眼窝的后方各有一对听软骨囊，其中埋有内耳。脑颅腹面靠后方为一宽阔平坦区，名基板。位于脑颅最后端的 1 个大孔，称枕骨大

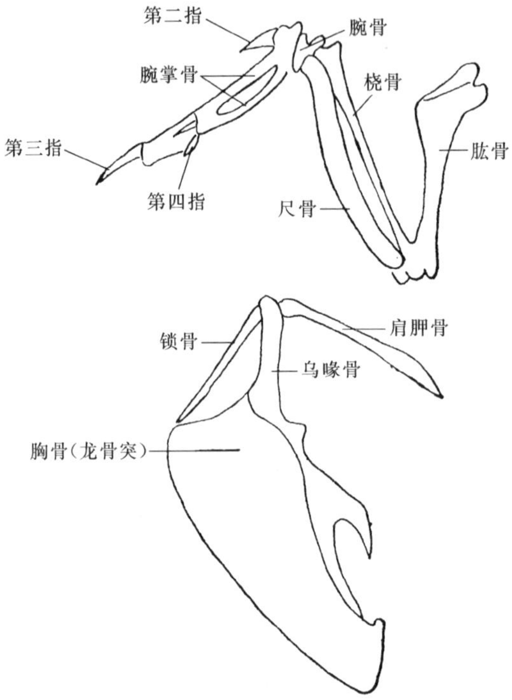

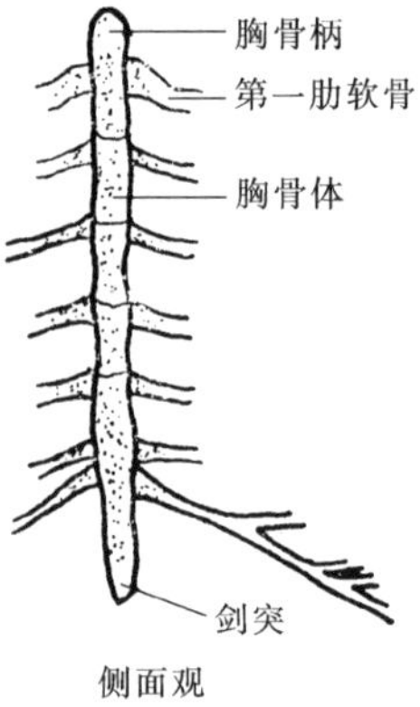

图 28-5　鸽的肩带与前肢(自马克勤)　　图 28-6　兔的胸骨和肋软骨(自杨安峰)

孔,是延脑与脊髓相通的部位,也是脑颅与脊柱相连部分。孔两侧的突起称枕髁,与脊柱相关连,但头骨多与脊柱愈合在一起,所以枕髁并未起作用。咽颅由 7 对咽弓组成,第一对咽弓为颌弓,形成上下颌(图 28-8)。背部左右两块腭方软骨组成上颌;腹部左右两块麦氏软骨组成下颌。上下颌在后端相关连,形成口角。第二对咽弓为舌弓,支持舌部。由一块基舌软骨、成对的舌颌软骨及角舌软骨组成,其中

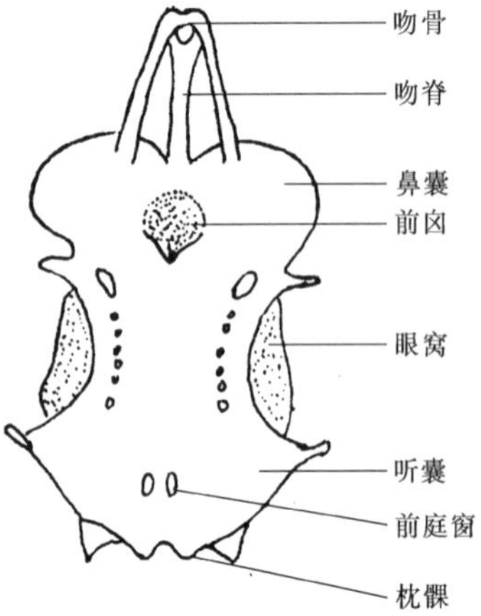

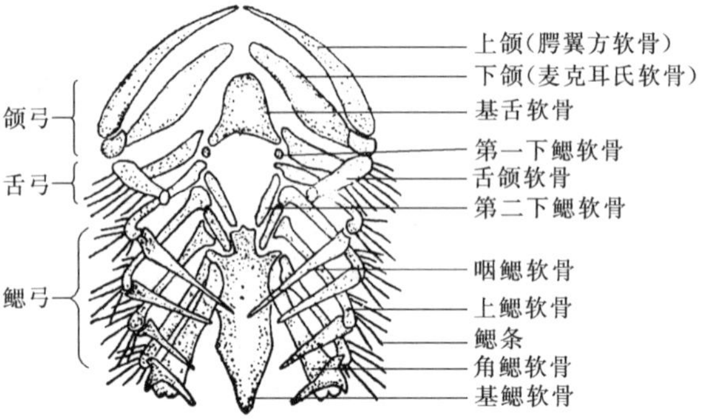

图 28-7　鲨鱼的脑颅(背面观)(自 Well)　　图 28-8　猫鲨的咽颅背面观(自 Well)

舌颌软骨充当悬器，把颌弓连在脑颅上。第三对至第七对咽弓支持鳃部，称鳃弓。5 对鳃弓结构相似，由背向腹形成半环状，依次为成对的咽鳃软骨、上鳃软骨、角鳃软骨、下鳃软骨和单块的基鳃软骨。除最后一对鳃弓外，在各对鳃弓的上鳃软骨和角鳃软骨的后缘伸出许多软骨的鳃条，用以支持鳃间隔。

2. 硬骨鱼类的头骨(图 28-9、28-10)

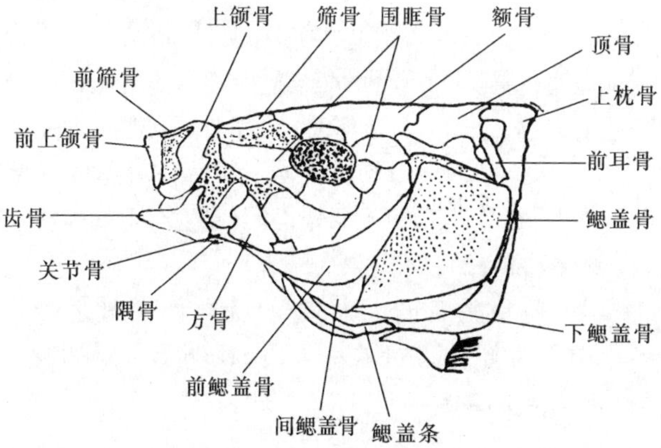

图 28-9　鲤的颅骨(自秉志)

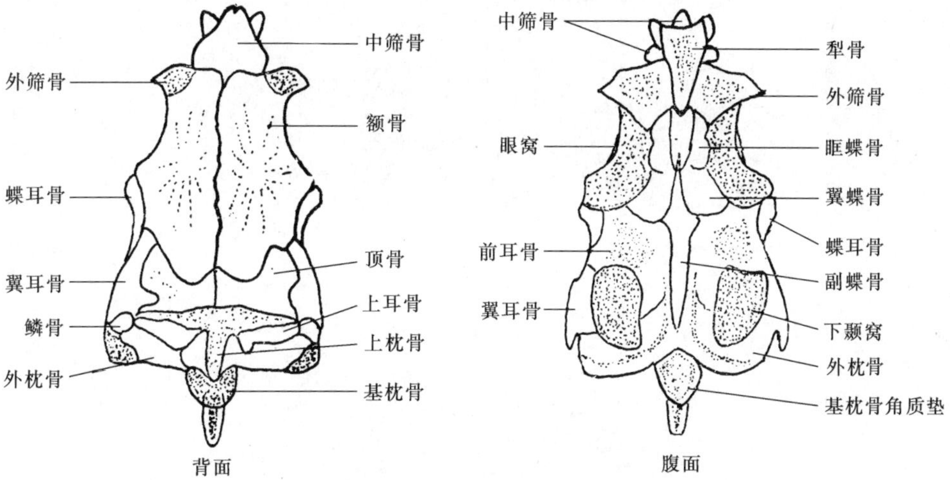

图 28-10　鲤的脑颅(自孟庆闻)

头骨全部骨化成硬骨，由脑颅和咽颅组成。硬骨鱼头骨的特点是骨块数目多，兼有软骨原骨和膜原骨，而且变异性大。脑颅具有鳃盖骨及眶骨，它们的数目也多，各自成为一组。第一组为围绕眼窝者，共 6 片；第二组为组成鳃盖的，共 4 片。咽颅和软骨鱼一样，由颌弓、舌弓、鳃弓组成，但已骨化。颌弓的变化最大且有膜原骨加

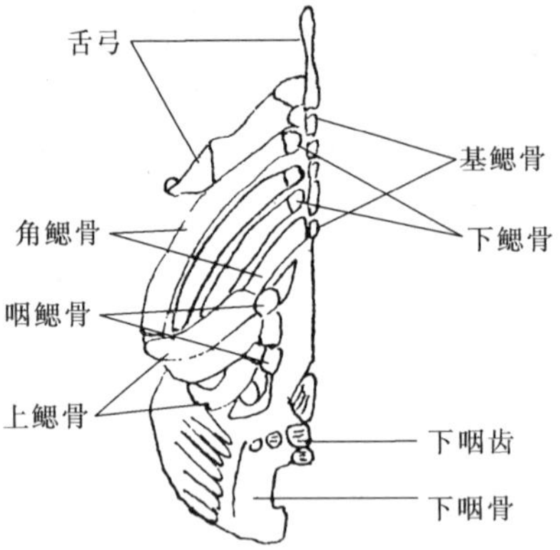

图 28-11　鲤的鳃弓(背面观)(自秉志)

入,构成软骨鱼上颌和下颌的软骨仅在胚胎时期存在。执行上、下颌功能的是后加入的膜原骨,分别为前颌骨和上颌骨、齿骨和隅骨。这种由后加入的膜原骨取代软骨的“初生颌”的地位,而成为执行功能的上下颌,称之为次生颌。舌弓基本上和软骨鱼相同,即包括基舌骨、角舌骨、舌颌骨,此外,还增加了舌内骨、上舌骨和下舌骨。鳃弓 5 对,每对基本上由成对的咽鳃骨、上鳃骨、角鳃骨、下鳃骨和单块的基鳃骨构成,均已骨化。最后一对鳃弓变化较大,多特化为下咽骨,其上着生有下咽齿(图 28-11)。

3. 两栖类的头骨(图 28-12)

头骨有很大的变异,骨块数目已大大减少,无尾类头骨之最后端为一对外枕骨,包围着枕骨大孔,其前外侧为一对前耳骨,再外侧为一对鳞状骨。在枕骨之前为一对额顶骨,最前面为一对鼻骨。

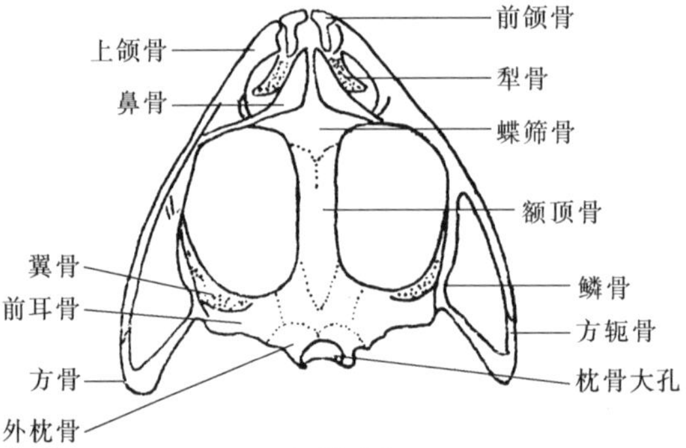

A 背面观

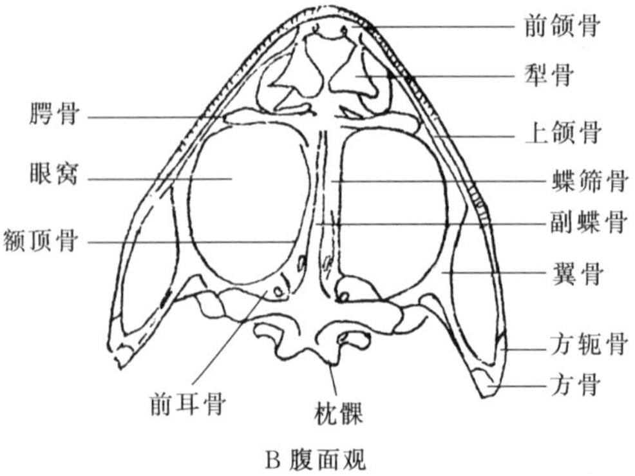

B 腹面观

图 28-12　蛙的颅骨(自周本湘)

头骨腹面中线上有一块副蝶骨,呈倒置的"T"字形。副蝶骨之前为一块蝶筛骨,骨化程度不高,在两侧仍保留软骨状态。腭骨一对,位于蝶筛骨之两侧,其前方有一对片状的犁骨。上颌最前端为一对小的前颌骨,其后为一对上颌骨、一对方颧骨。颌弓与脑颅的连接属自接型。此外,在上额的内后面还有一对三叉形的翼骨。

下颌的最前端为一对小的颐骨,其后为齿骨,再后为隅骨。

咽骨除一部分骨化形成上下颌骨片外,有少部分形成支持舌的舌骨及喉头软骨,而舌弓的舌颌骨则进入中耳形成传导音波的耳柱骨。

4. 爬行类的头骨

现代爬行类和现代两栖类的头骨区别很大,它们的膜原骨骨片都很多,在顶骨正中线处均有颅顶孔,可以作为爬行类起源于坚头类的一个证明。头骨的形状较高而隆起,属于高颅型,单一的枕髁。脑颅底部有次生腭形成。鳄类的次生腭最为完整,是由前颌骨、上颌骨、腭骨的腭突和翼骨愈合而成。完整的次生腭使内鼻孔的位置后移至咽部。其他多数爬行类的次生腭不完整。爬行类在头骨的两侧,眼眶的后面有一或二个明显的孔洞,称颞窝。颞窝周围的骨片形成骨弓,称颞弓。颞窝是颞肌所附着的部位,它的出现和颞肌收缩时的牵引有关。颞窝是爬行类分类的重要依据。

5. 鸟类的头骨(图 28-13)

鸟类的头骨基本上和爬行类相似:典型的高颅型,单一的枕髁,眶间隔发

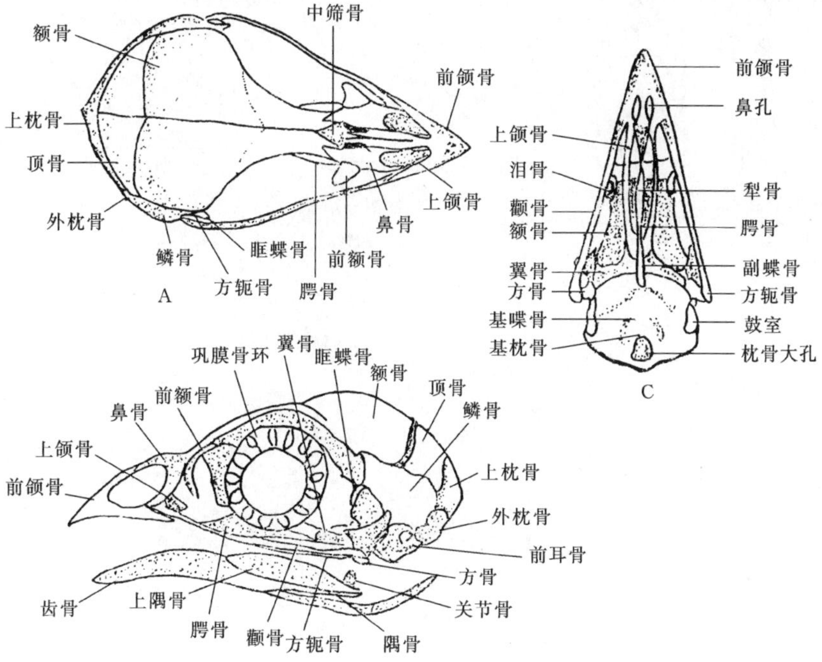

图 28-13 雏鸡的头骨(自杨安峰)

A. 背面观 B. 侧面观 C. 腹面观

达，具颞窝，中耳的听小骨由单一的耳柱骨所构成。但是，鸟类由于适应飞翔生活、脑体积大以及取食方式等因素的影响，头骨轻而坚固，为气质骨。成体骨片愈合成为一个完整的脑颅，眼窝大。上下颌骨伸延构成鸟喙，外套以角质鞘，用以啄食。

6. 哺乳类的头骨(图 28-14)

脑颅大，全部骨化，仅鼻筛部留有少许软骨。骨块坚硬，接缝呈锯齿形，并且愈合，头骨成为一个完整的骨匣，异常坚固。颧弓首次出现。颧弓是由鳞骨的颧突、颧骨及上颌骨的颧突组成，供咀嚼肌的附着。有两个枕髁，次生腭完整，次生腭的骨质部分称硬腭，由前颌骨、上颌骨和腭骨构成；硬腭后面为哺乳类所特有的肌肉质的软腭。硬腭的完整以及软腭的形成，使哺乳类的内鼻孔后移到咽部，从而使咀嚼食物时不影响呼吸的进行。下颌由单一的齿骨构成，颌弓与脑颅的连接属颅接型。

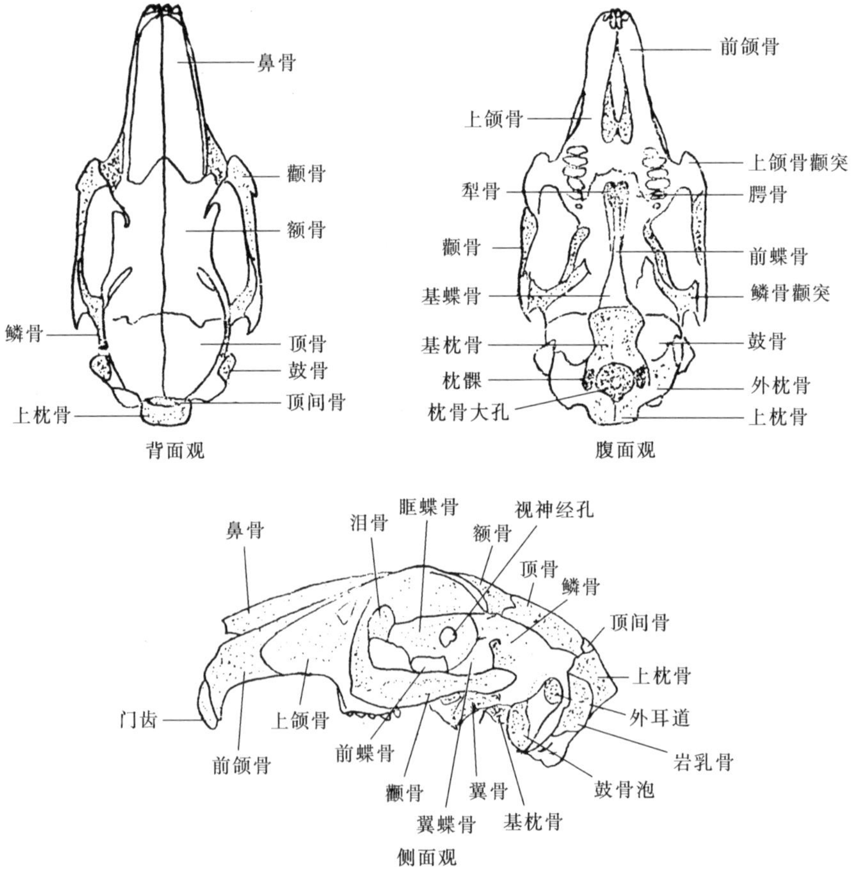

图 28-14　兔的颅骨(自丁汉波)

（四）附肢骨与带骨

1. 肩带

软骨鱼的肩带只是一个半环形的软骨棒，横列于胸部腹面，名乌喙骨棒，棒的两端各有一关节面，称肩臼。与基鳍骨相关节，自关节面向上，有肩胛突伸向背面，此突基部有时尚有上肩胛软骨(图 28-15)。

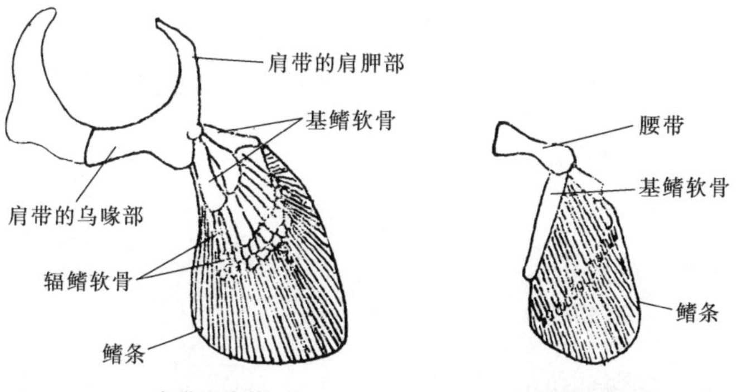

图 28-15　鲨鱼的带骨和偶鳍骨(自杨安峰)

硬骨鱼的肩带共有 6 块硬骨。属于软骨原骨的，除了肩胛骨和乌喙骨外，在腹面前方有一呈鞍形的小骨，跨于肩胛骨与乌喙骨之间，称中乌喙骨。属于膜原骨的约有锁骨、匙骨、上匙骨及后颞骨。鱼类的肩带位置靠前，在硬骨鱼中肩带通过上匙骨、后颞骨直接与头骨相连。这样，头的活动受到限制，而心脏得到保护(鱼的心脏位置靠前，缺胸骨)(图 28-16)。

四足类的肩带中，软骨原骨基本上是由 3 块骨组成，即肩胛骨、乌喙骨和前乌喙骨，其中最稳定的只有肩胛骨；膜原骨的匙骨、上匙骨已消失，仅留下锁骨。

有尾两栖类的肩带大部分仍为软骨，仅在肩臼的附近开始骨化。左右乌喙骨在腹面重叠，且与胸骨前端相接。无尾两栖类肩带的膜原骨仅有锁骨，位于上乌喙骨的前方，将前乌喙骨包在其中。肩臼由锁骨、肩胛骨及乌喙骨共同组成，游离的前肢即关节于此处(图 28-17)。

爬行动物肩带中肩胛骨与乌喙骨最为稳定。膜原骨除锁骨外，另有间锁骨。间锁骨(又名上胸骨)是早期四足动物新出现的一块膜原骨，位于腹中线上，把胸骨和锁骨连接起来。

鸟类适应飞翔生活，肩带的形态变化较大。肩胛骨为狭长的骨片，位于肋骨的背面。乌喙骨粗大，牢固地与胸骨相连。锁骨细长，两侧锁骨呈“V”字形连合，富有弹性，阻碍在鼓翼时左右乌喙骨的靠拢，起着横木的作用。失去飞翔能力的平胸鸟类，锁骨退化，成为乌喙骨的一部分。鸟类缺间锁骨(图 28-5)。

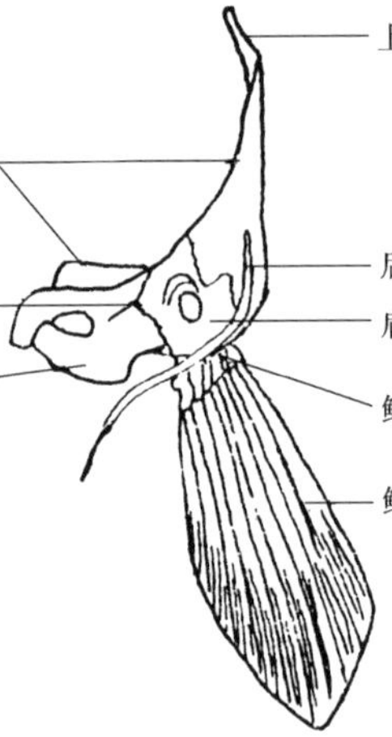

图 28-16 鲤的肩带及胸鳍
（背面观）（自秉志）

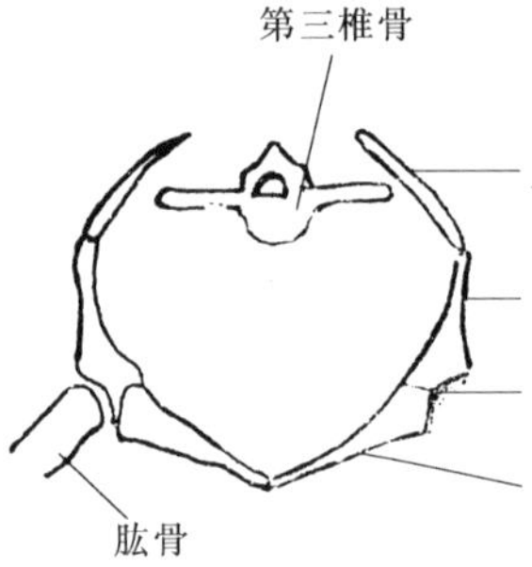

图 28-17 蛙的肩带横切面
（自周本湘）

哺乳类肩带由肩胛骨和锁骨组成，肩胛骨为一较大的三角形骨片，其下方是一凹窝即肩臼，与前肢的肱骨相关节，肩臼上方可见一小而弯的突起，称（乌）喙突，它相当于低等种类乌喙骨的退化痕迹，肩胛骨背方的隆起称肩胛脊（冈），是前肢肌肉附着的地方（图 28-18）。锁骨是一根细长的小骨，埋在肩部的肌肉中。存在与否和运动方式有密切关系。一般来说，善于跳跃、奔跑的哺乳动物，锁骨大多退化；前肢具有多样性活动的哺乳动物，包括用前肢掘土（如鼹鼠）、飞翔（如蝙蝠）和攀缘（如灵长类）的种类，锁骨较发达，这样的前肢在多样活动中具有更大的坚固性。

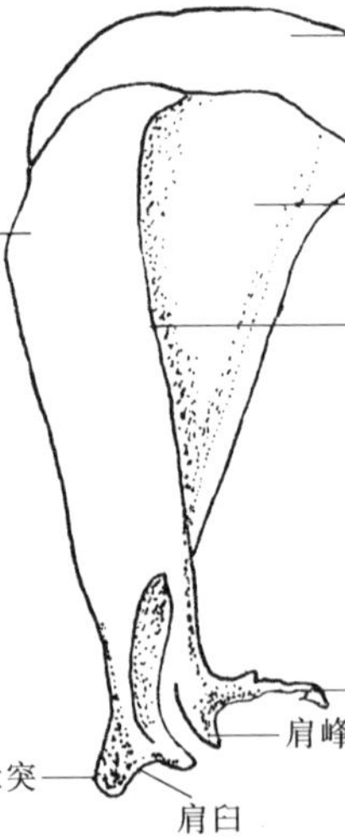

图 28-18 兔的肩胛骨（自丁汉波）

2. 腰带

腰带与肩带相比，在各纲中缺少变化。鱼类的腰带作用很小，不与脊柱关联，这是和鱼的偶鳍不承担体重相关的。现代四足类的腰带皆与脊柱相连，作为脊柱与后肢之间的桥梁，起着支持身体的作用。

软骨鱼的腰带非常简单，仅是一条横贯躯干后部的软骨，名坐耻骨棒。棒之两端微向上突，称为髂骨突，可以认为是髂骨的雏形（图 28-15）。腰带未与脊柱连接。硬骨鱼的腰带甚简单，仅由一对无名骨组成，其内缘后方有小部与对侧愈合(图 28-19)。

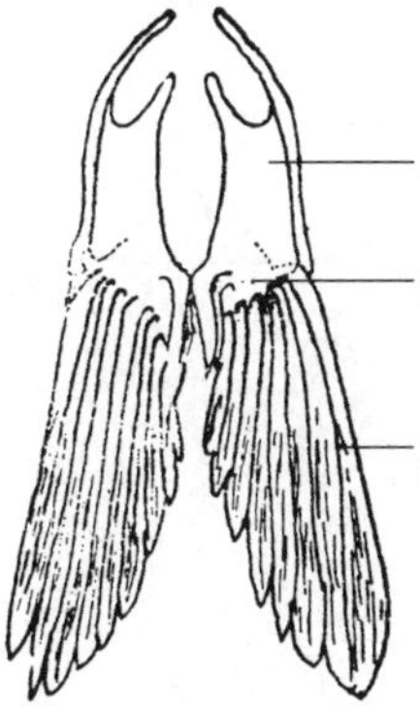

图 28-19　鲤的腰带及腹鳍(背面观)(自秉志)

图 28-20　蛙的腰带(斜背面观)(自周本湘)

有尾两栖类的腰带大部分尚未骨化,髂骨的两端未骨化,坐骨也有一部分未骨化,耻骨仅由一块形如盾牌的软骨板组成,耻骨前端有上耻骨。无尾两栖类的腰带由髂骨、坐骨和耻骨 3 部分构成。适应于跳跃生活,髂骨特别加长,前端与荐椎的横突相连,后端与对侧的髂骨相接。髂骨和荐骨之间的关节(荐髂关节)是可动连接,当蛙做跳跃动作时,该关节有推拉的移动。其他陆栖脊椎动物荐髂关节大多是不动连接。坐骨位于后部,耻骨位于腹面,三骨相连处的外侧为髋臼(图 28-20)。

爬行类的腰带完全骨化,耻骨与坐骨之间分开,形成一个大孔,叫耻坐孔。左右耻骨在中线处结合称耻骨连合,左右坐骨结合称坐骨连合。这样的腰带结构可以减轻重量,而支持的力量并不减弱。

鸟类腰带的 3 块骨愈合为一。并和脊柱的腰荐部(综合荐骨)愈合在一起,形成大的骨盆,这就增加了它的坚固性,成为后肢强有力的支持者。髂骨为一长大的薄骨片,位于背部,其下后方接坐骨,两者之间有髂坐骨孔。耻骨细长,伸延于坐骨的腹缘,两者之间形成一裂缝状的闭孔。左右耻骨在腹中线处未愈合,构成“开放式骨盆”,这是和鸟类生产硬壳的大型卵相关的。产卵时,耻骨间距增大,局部去钙变软(图 28-21)。

哺乳类的腰带 3 对骨块愈合成一对无名骨,或称髋骨。左右无名骨与荐椎组成骨盆。3 骨会合处共同形成的髋臼,与股骨头形成髋关节。左右无名骨在腹中线形成骨盆合缝,因坐骨也参与形成,故未用耻骨合缝这一名称。雌兽在怀孕时,骨盆合缝之间韧带变软,使骨盆腔变大,以利于胎儿的产出。坐骨与耻骨之间的大孔,即闭孔,供血管与神经的通过(图 28-22)。

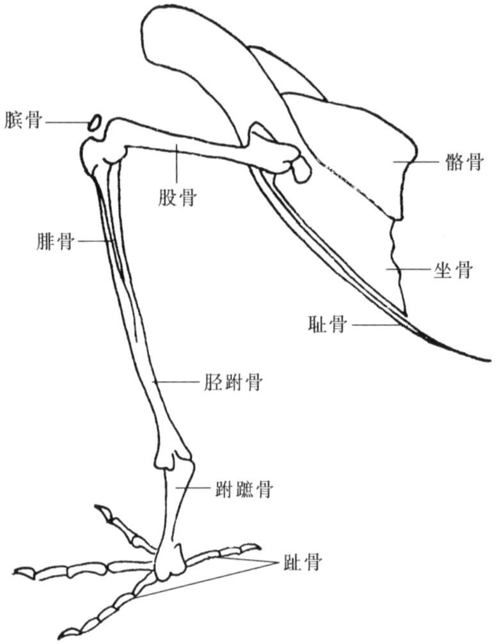

图 28-21 鸽的腰带及后肢(自马克勤)

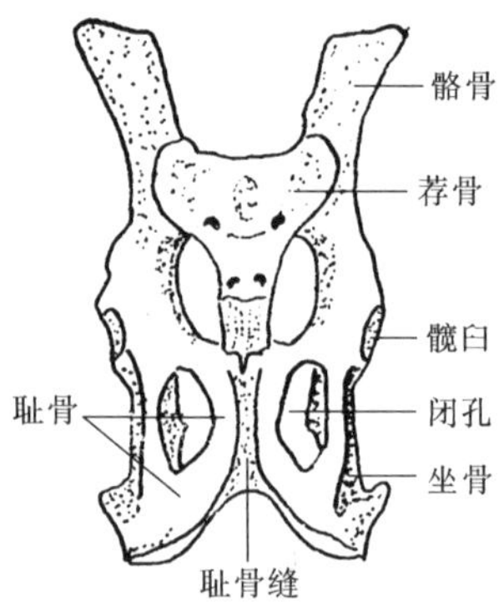

图 28-22 兔的腰带和荐椎(自丁汉波)

3. 附肢骨

(1) 鱼类

水生脊椎动物的附肢是鳍。鳍分两类:一类是不成对的奇鳍,如背鳍、臀鳍及尾鳍;另一类是成对的偶鳍,即胸鳍和腹鳍。无论奇鳍还是偶鳍都有鳍条支持。鳍条可分为鳍棘和软鳍条两种,前者刚硬而不分节,后者柔软分节且末端往往分叉。

1) 软骨鱼类的鳍(图 28-15)。已有偶鳍,奇鳍有两个背鳍、一个尾鳍和一个臀鳍。尾鳍为歪尾型。偶鳍有胸鳍及腹鳍各一对,都有基鳍骨、辐鳍骨及真皮鳍条。在雄鲨和鳐的腹鳍内侧,由后基鳍骨延伸出一对棒状交接器,称鳍脚。

2) 硬骨鱼类的鳍(图 28-16、图 28-19)。偶鳍骨和软骨鱼略有不同,多数硬骨鱼偶鳍的基鳍骨消失,辐鳍骨退化或不存在,真皮鳍条直接连在带骨上。

(2) 陆生脊椎动物的四肢

陆生脊椎动物的四肢和鱼鳍有很大的区别:鱼类的鳍是单支点的杠杆,只能依着躯体作相对应的转动,而陆生动物的四肢是多支点的杠杆,不仅整个附肢可以依躯体作相应的转动,而且附肢的各部彼此也可以作相对应的转动,既坚固又灵活,适于载重和沿地面行动。四肢骨的典型结构,前后肢基本上是一致的,只是骨块名称不同,肱骨(股骨)、桡尺骨(胫腓骨)、腕骨(跗骨)、掌骨(蹠骨)、指骨(趾骨)。

1) 两栖类的四肢(图 28-23、图 28-24)。从两栖类开始,发展了陆生五趾型附肢。蛙或蟾蜍的四肢和一般四足类相似，唯前肢的桡骨与尺骨愈合成桡尺骨；后肢的胫骨与腓骨愈合成胫腓骨。有尾两栖类多数具四肢，少数种类仅具前肢，肢骨细弱，大部分未骨化。无足类（如蚓螈）营穴居生活，四肢均退化。

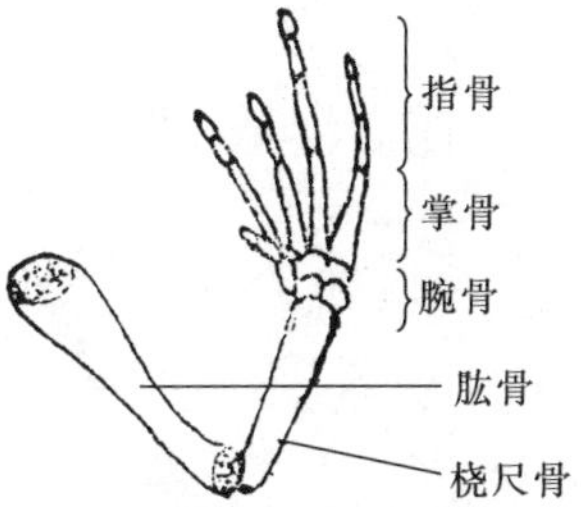

图 28-23　蛙的前肢（自周本湘）

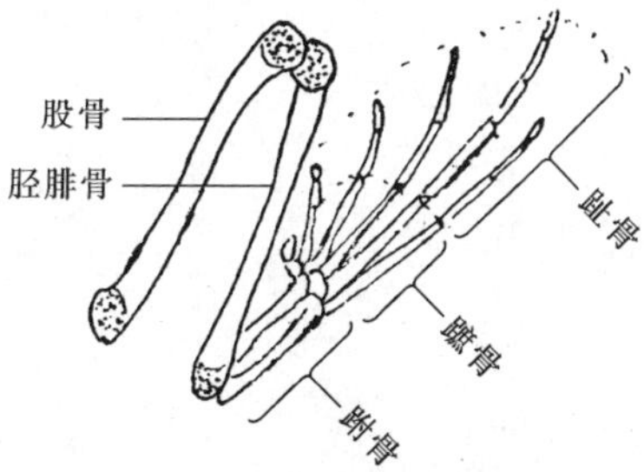

图 28-24　蛙的后肢（自周本湘）

2）爬行类的四肢是典型的五指型四肢，比两栖类的肢骨更为坚强。指（趾）端具爪。是对陆地爬行运动的适应。和两栖类不同的是：后肢踵关节不在胫部与足部之间，而在两列跗骨之间，形成所谓的跗间关节。

3）鸟类的四肢（图 28-5、图 28-21）。鸟类向空中发展，四肢发生很大的变异，前肢变为翼以适应飞翔，前肢骨中桡骨较细，尺骨比较发达，翼羽即着生于尺骨外缘。腕骨仅留两块独立骨块，一块在尺骨之下，名尺腕骨，另一块在桡骨之下。名桡腕骨，其余腕骨均与掌骨愈合成为腕掌骨。前肢只有三指，其中第一和第三指短。只有一节指骨，第二指长，有二节指骨。鸟类后肢的股骨较短，胫骨长而发达，它是由胫骨和近端的跗骨相愈合而成，称为胫跗骨。腓骨很退化。跗骨的远端和蹠骨愈合成为跗蹠骨。同其他陆生四足类相比，鸟类多出这一节直立的跗蹠骨。这可能和鸟类起飞和降落着地时增加缓冲力量有关。鸟类一般具四趾，三趾向前一趾向后。鸟类的趾数及朝前朝后趾数的变化是鸟类分类的依据之一。

4）哺乳类的四肢（图 28-25、图 28-26）。哺乳类四肢强大，善于行走，具有四肢的扭转和行走时四肢着地的特点。

哺乳类的四肢经过扭转后近端紧贴身体，肘关节向后，膝关节朝前，支持体重及行走都极其稳健而灵活；高举身体离开地面，既稳固又有弹性，行走时前肢举起身体将之拉向前方，随之后肢则推动身体向前。这样效率既高，又很省力。

在不同的哺乳类脚着地的部位也有不同。猿猴与人以全部脚蹠着地行走，是原始的方式，称为蹠行性；猫、犬等以脚趾着地行走，趾以上的部分抬起离开地面，称为趾行性；偶蹄类和奇蹄类如牛、马等以趾尖（即蹄）着地行走，称为蹄行性，这种方式，蹄着地面积很小，行走轻快灵活，适于快速奔跑。

总的来说，哺乳类是典型的五指（趾）型四肢，但纲内的变异很大，和其生活方式密切相关。

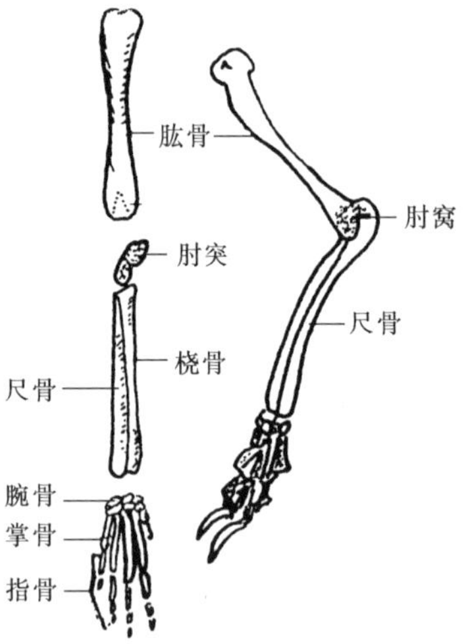

图 28-25　兔的前肢骨(自丁汉波)

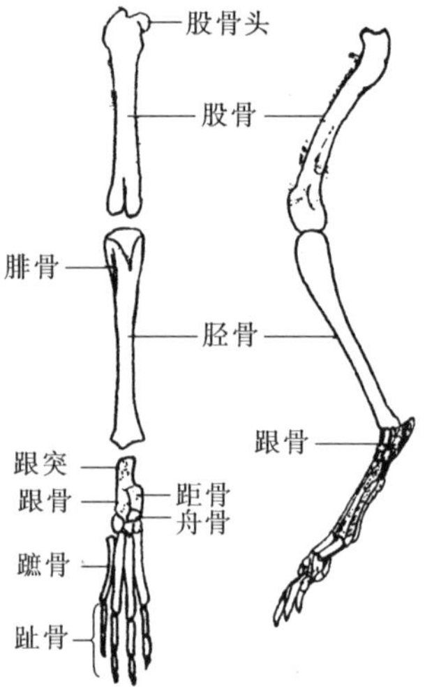

图 28-26　兔的后肢骨(自丁汉波)

【作业】

1）总结哺乳类头骨的特征,并与鱼类、两栖类和爬行类的头骨相比较。

2）比较各类脊椎动物的脊柱分化,分析其在进化上有什么意义?

第三部分　设计性实验

实验29　草履虫的应激性实验

【实验目的】

观察草履虫对物理、化学刺激的反应，了解和掌握草履虫的应激性。

【实验材料】

含有草履虫的培养液。

【实验用具及试剂】

显微镜、放大镜、解剖镜、小型温度计、试管、试管架、吸管、载玻片、盖玻片、手电筒、铝箔、脱脂棉、1.5伏特的干电池、两根带电极的导线、5%的蔗糖溶液、0.01%～0.02%乙酸溶液等。

【实验操作及观察】

1. 观察草履虫对地心引力的反应(图29-1)

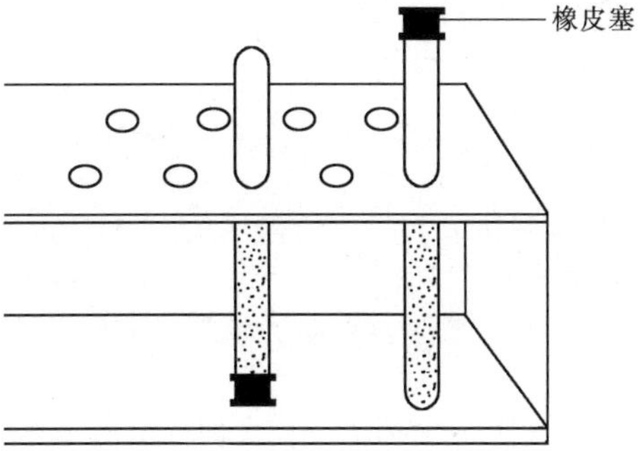

图29-1　草履虫对地心引力的反应(编者)

取一支试管，倒入1/2试管的草履虫培养液，把试管直立于在试管架上，静置

15 min 后，用放大镜观察试管中草履虫聚集的位置；然后用橡皮塞塞紧试管口，倒置试管，置于试管架上，马上用放大镜观察试管内虫体的运动趋向。

2. 观察草履虫对电流的反应(图 29-2)

吸取含有草履虫的培养液，滴在载玻片上，使培养液呈条带状，把载玻片放到解剖镜或显微镜下观察。取 1.5 伏特的干电池 2 节，两端连接电线如图 29-2 所示，把正、负极分别插入载玻片上的草履虫培养液中，通电后观察草履虫的移动方向。对换正、负极的位置，再观察草履虫的移动方向有无变化。

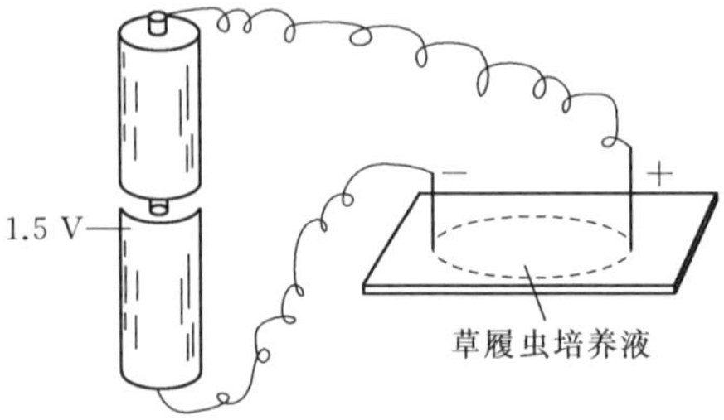

图 29-2 草履虫对电流的反应(编者)

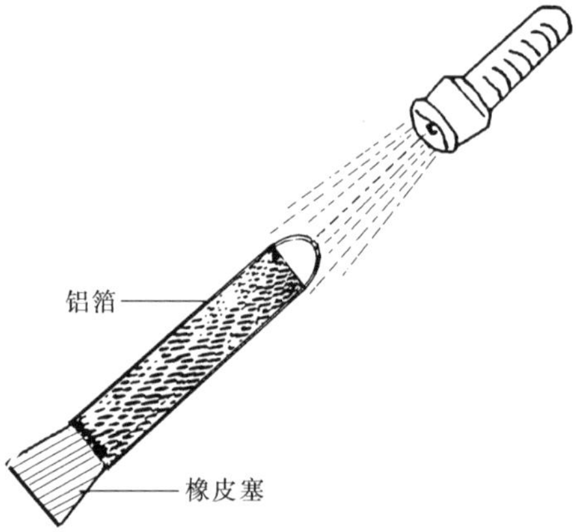

图 29-3 草履虫对光的反应(编者)

3. 观察草履虫对光的反应(图 29-3)

取一支试管，用吸管加入含有草履虫的培养液约 1/4 试管的体积，用试管塞把试管口塞紧。用铝箔或黑纸把试管除了底部以外全部包住。把试管放在实验台上，用手电筒照射试管的底部，15 min 后，打开铝箔，立即用放大镜观察草履虫聚集的部位(分析试管放置的方式是否对实验结果有影响)。

4. 观察草履虫对温度的反应(图 29-4)

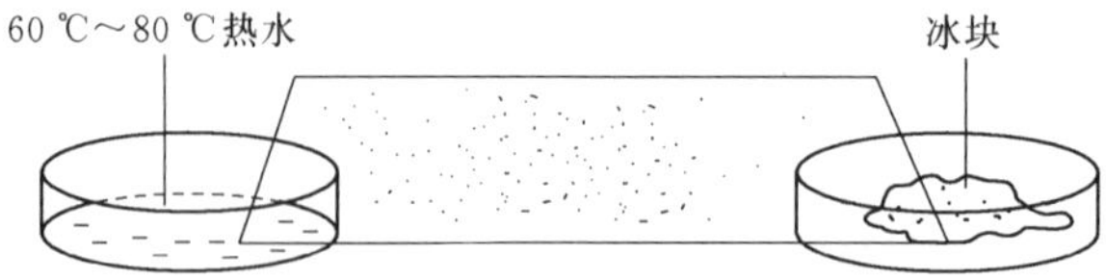

图 29-4 草履虫对温度的反应(编者)

取一个洁净的载玻片，架在两个培养皿的边上，使载玻片的两端分别伸入培养皿的边沿内。在一个培养皿内加碎冰，让碎冰接触载玻片，在另一培养皿内加入 60～80 ℃的热水，热水不能接触载玻片，只需要热水的水蒸气烘热载玻片的一端，然后吸取含有草履虫的培养液，滴在载玻片的中央(水滴直径略小于载片的宽度)。静置数分钟，用放大镜观察草履虫的分布情况，最后用小型温度计测量载玻片两端草履虫密集处的水温。

5. 观察草履虫对化学物质的反应(图 29-5)

把含有草履虫的培养液滴加在载玻片的一端，在载玻片的另一端滴加一滴 0.01%～0.02%的乙酸(或 5%的蔗糖溶液)，用牙签在二者之间搭液体桥，然后用低倍镜观察草履虫的移动方向。

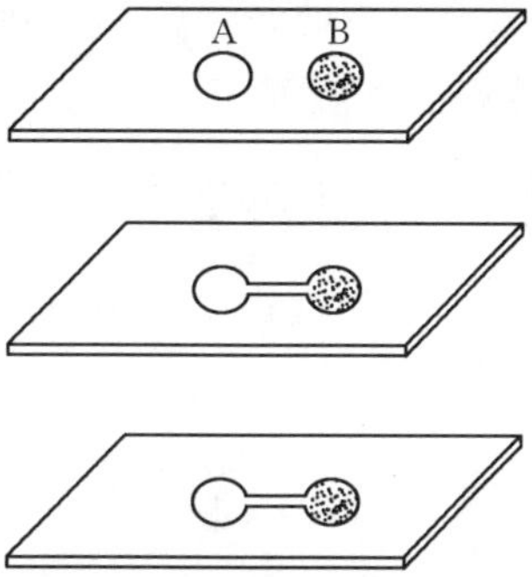

图 29-5　草履虫对化学物质的反应(编者)
A. 乙酸溶液或蔗糖溶液；
B. 草履虫培养液

【实验注意事项】

1）爱惜实验器材和实验材料。

2）认真观察每一个实验。

【实验分析与讨论】

1. 通过实验观察，初步分析草履虫对不同物理、化学刺激的应激性。

1）草履虫在地心引力的影响下有什么反应？另外，用试管培养草履虫时常见草履虫在液面下聚集，为什么？

2）草履虫对电流刺激的反应是什么？

3）在观察草履虫对光反应的实验中，草履虫在试管哪个位置聚集，为什么？

4）在观察草履虫对温度的趋性实验中，草履虫移向载玻片的哪一端，为什么？

5）化学物质对草履虫影响较大，它对 5%蔗糖和 0.01%～0.02%乙酸浓度分别是正趋性还是负趋性？

2. 根据上述实验，如何进一步扩展条件，深入探究草履虫对不同物理和化学刺激的反应？

3. 除了上述实验之外，还可以设计哪些实验探究草履虫的应激性？

【作业】

根据实验结果，分析草履虫对不同理、化因子刺激所做出的应激性反应，并得出实验的结论。

实验 30　涡虫的形态结构及再生

【实验目的】

1）通过观察涡虫的形态结构，了解扁形动物门主要特征及涡虫纲动物对自由生活的适应。

2）掌握研究涡虫再生的基本方法，通过观察涡虫的再生过程，加深对动物再生概念的理解。

【实验材料】

涡虫活体、涡虫肠管注射装片、性成熟涡虫整体装片及矢状切片、涡虫过咽横切片、涡虫神经系统装片。

【实验用具】

显微镜、解剖镜、解剖刀、培养皿、毛笔、双面刀片、手电筒、电源线等。

【实验操作及观察】

（一）生活环境

淡水涡虫一般生活于水温较低、水质清凉洁净的泉溪、河川源头、湖沼、池塘、水井和洞穴水等的石块下面，其生活环境的 pH 值一般在 5.5～6.5 之间。

（二）采集与培养

采集时，小心翻开石块，用毛笔逆涡虫运动的方向，轻轻将其刷入盛有当地溪水的采集瓶内，采集瓶最好是容易密封和便于携带的果酱瓶、罐头瓶或其他广口瓶。对于深水湖底、井底的涡虫，采集时可用细绳扎一块新鲜的动物肝脏或脾脏沉入水底，或将食物放入采集瓶内，用绳将采集瓶扎牢后沉入水中，几小时后，检查有无涡虫。夏季采集涡虫时，要带上大口保温瓶，并随时放些冰块降温，以防乘车和途中水温骤升而造成涡虫死亡解体。

涡虫为肉食性动物，自然条件下以生活的蠕虫、小型甲壳类以及昆虫的幼虫等为食物，室内可用新鲜的鱼肝、鱼脾脏或猪肝、熟鸡蛋黄等喂食，每周一次，喂食 3～4 h后及时换水。

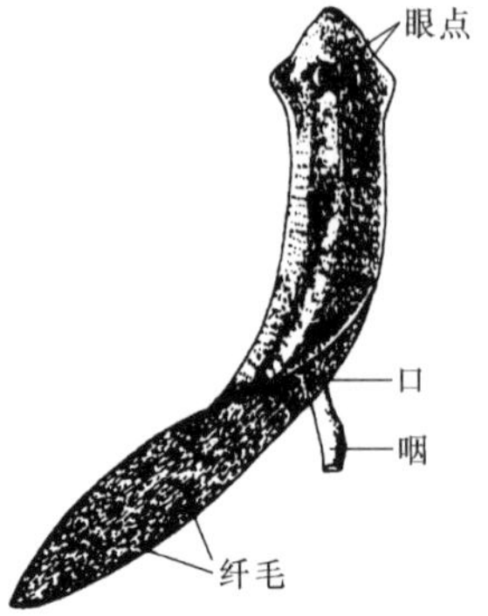

图 30-1 涡虫全形
（自刘凌云等）

在日常培养中应使用去氯的自来水来给涡虫换水，一周 2～3 次，要经常注意观察，如涡虫贴壁爬行则属正常，如大量涡虫漂浮在水面或瓶底有一定排泄物则需进行换水。

（三）形态结构

1. 外部形态

用解剖镜仔细观察培养皿中生活三角涡虫的形态特点（图 30-1）。

1）体形：呈柳叶状，身体柔软，背腹扁，前端略呈三角形，后端逐渐变细。背部稍凸，多褐色；腹面较扁平，色浅，有纤毛，由于纤毛和肌肉的运动，使涡虫能在物体上游泳爬行。分析涡虫的体形属于哪种对称形式？这种体制在动物演化上有何意义？

2）耳突：2 个，头两侧向外突出形成的耳状突起，是司味觉或嗅觉的化学感受器。

3）眼点：2 个，黑色，位于头部背面耳突的内侧，能感受一定强度的光，无视觉作用。

4）口：位于身体腹面，近体后 1/3 的中线上。

5）咽：肌肉质，较发达，位于口后的咽囊内，可从中自由伸出或缩入。咽平时缩入咽囊内不易观察，当涡虫爬行在食物上摄食时，用毛笔将其腹面迅速上翻，即可见到白色呈管状的咽。

6）生殖孔：甚小，性成熟个体可以看到，位于口之后部。

2. 内部结构

（1）体层

取涡虫过咽部横切片在显微镜下观察，可见其横切面略呈弓形，背面隆起，腹面扁平。整个体层由外胚层、中胚层和内胚层三个胚层组成，无体腔（图 30-2）。

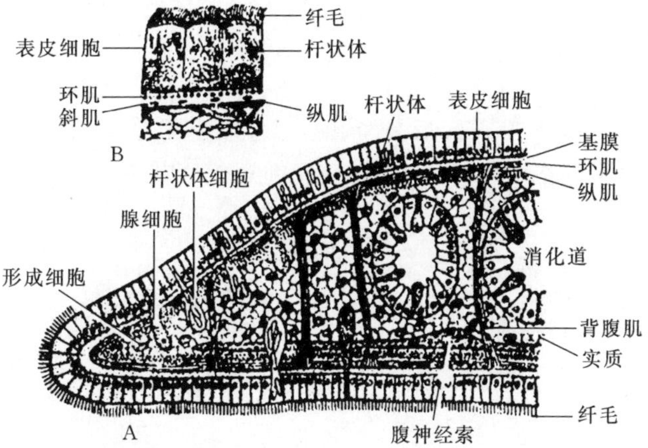

图 30-2　涡虫的横切面(A)及体壁的一部分放大(B)（自江静波等）

1）外胚层：分化形成表皮、腺细胞、基膜和神经组织等。

a. 表皮层：位于身体最外层，由单层柱状上皮细胞组成，细胞排列紧密，其中散布有垂直于体表的黑色棒状小体称杆状体，它由实质中的成杆状体细胞所形成，而后贮存于表皮细胞之内。杆状体在背面的表皮细胞内分布较多，而在腹面表皮细胞内较少。杆状体的作用是什么？它的分布特点与其机能间有何联系？腹面的表皮细胞向外着生许多纤毛，纤毛起什么作用？

b. 腺细胞：位于表皮细胞之间，有的深陷于实质中，而以腺管穿过表皮开口体外，腺细胞含有大量的颗粒，染色深。

c. 基膜：位于表皮层之下，黑色细线状，为一层非细胞结构的弹性膜。

d. 咽：位于体中央膨大的咽囊内，咽壁发达，中央的空腔为咽腔。

e. 腹神经索：位于咽囊两侧，肠管腹面。

2）中胚层：分化形成肌肉和实质组织

a. 肌肉层：位于基膜下，由外向内依次为环肌、斜肌和纵肌。此外还有贯穿背、腹的背腹肌（在切片上，常见到被切断的背腹肌断面）。这些肌肉都是平滑肌，它们和表皮层紧贴在一起，形成皮肌囊（体壁）。

b. 实质组织：填充于体壁和内脏器官之间，形成疏松的网状，是一种细胞间彼此相通的合胞体结构，可贮藏养分。

3）内胚层：形成肠上皮组织。

（2）消化系统

取涡虫肠管注射装片。先在解剖镜下观察其整体轮廓，可见肠道被染成黑色，有许多分支（图 30-3）。然后在显微镜下用低倍镜观察可见：

1）咽囊：位于虫体中部，长囊状，略透明，囊内有咽。

2）咽：位于咽囊中，圆管状，黄褐色略透明，咽壁厚而肌肉发达，咽中央的空腔为咽腔。

3）肠：紧接咽之后，分 3 支主干，一支前行到身体的前端，两支后行，分别位于咽囊的两侧。每支主干又反复分出小支，最小的分支分布到全身各部分。但向体后 2 支主干的内侧分支少而短。仔细观察 3 支和主干各小支末端是否有开口。

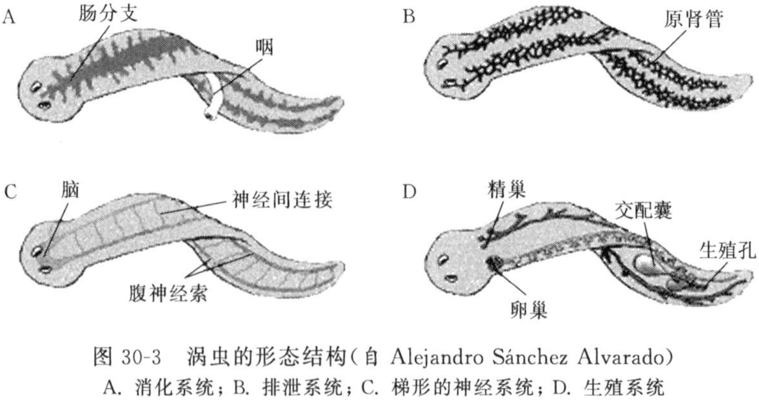

图 30-3 涡虫的形态结构（自 Alejandro Sánchez Alvarado）
A. 消化系统；B. 排泄系统；C. 梯形的神经系统；D. 生殖系统

（3）生殖系统

生殖系统，三角涡虫为雌雄同体，取性成熟的涡虫整体装片及矢状切片观察（图 30-3、30-4）。

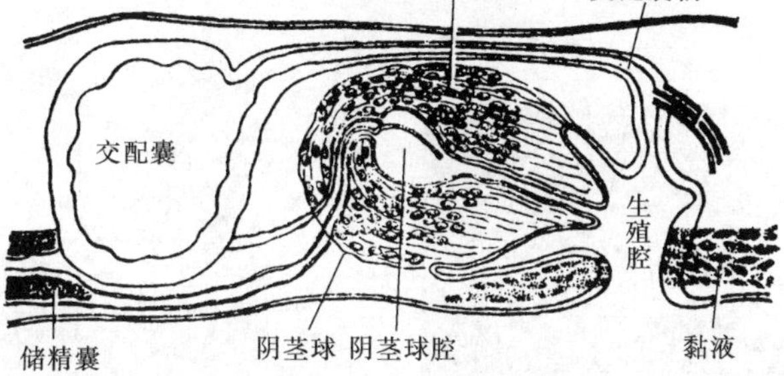

图 30-4 涡虫交配器官的矢状切面(自江静波等)

雄性生殖器官:虫体两侧有许多圆球状的精巢,每一精巢有一输精小管通入输精管,左右两输精管分别在虫体中部膨大成储精囊,两储精囊汇入肌肉质的阴茎,通入生殖腔中。

雌性生殖器官:在虫体前端两侧各有一卵巢,每一卵巢分别有一条输卵管向后行,在后端汇合成总输卵管,开口于生殖腔。在输卵管的外侧有很多卵黄腺,借卵黄管通入输卵管。此外,在阴茎球的前方还有一较大的交配囊通入生殖腔,生殖腔借生殖孔与外界相通。

(4) 排泄系统

排泄系统为原肾管(图 30-3),由焰细胞、排泄管和排泄孔组成。

将饥饿数日的涡虫置于载玻片上的水滴中,待虫体伸展后,加盖玻片,并用橡皮轻压,均匀碾开虫体,低倍镜下观察。可见虫体两侧一系列闪烁的亮点,即原肾管分支末端焰细胞内纤毛摆动所致。选取清晰处用高倍镜观察,可见细管分支,即排泄管,其中有液体单向流动,原因是什么?

(5) 神经系统

神经系统(图 30-3),为梯形的神经系统。

脑神经节:一对,通称“脑”,位于头部眼点的下面。

腹神经索:一对,由脑神经节分出,沿身体两侧纵行的神经索,两神经索之间还有横神经相连,构成梯形的神经系统。

(四) 涡虫的再生

见图 30-5、30-6。

1. 实验分为两个阶段

(1) 再生与切割方式之间的关系

将涡虫分成不同的实验组,自行设计不同的切割方式,观察它们的再生情况,并探讨其中的规律。

(2) 环境因素对再生速度的影响

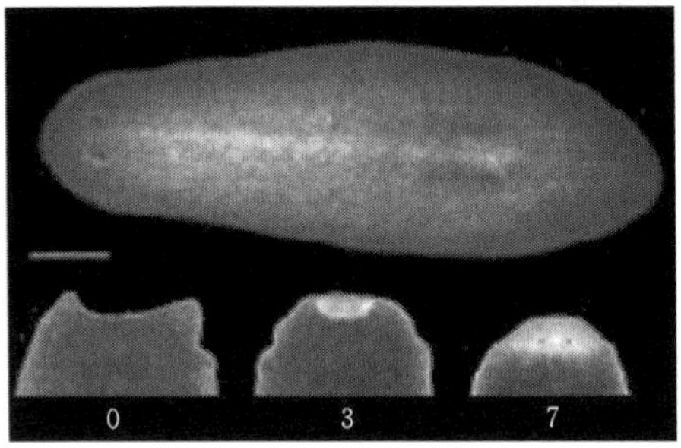

图 30-5 涡虫 *S. mediterranea*(上)及其头部再生的三个时期(下)。数字表示切割后的天数(标尺 650 μm)(自 Alejandro Sánchez Alvarado)

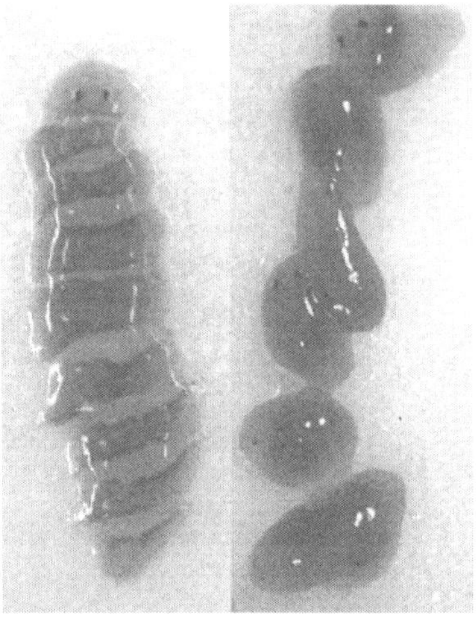

图 30-6 涡虫的再生(自 Kiyokazu Agata)
涡虫有很强的再生能力,从全身任何一部分取下一个小片断都能在一周左右再生出一个完整的个体,并且前后轴和背腹轴与原来完全一致

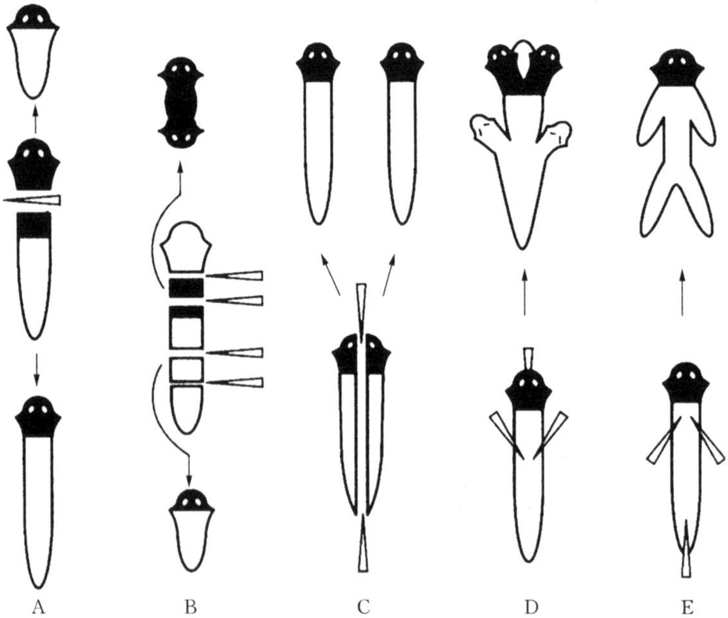

图 30-7 涡虫再生实验示例(自黄诗笺等)

分别以电流及光照两种外界刺激来影响涡虫再生的环境条件,借以探讨非自然刺激对涡虫再生生长速度的影响。

在切割时,要采用相同的切割方式,切割数条大小一致的涡虫,分别置于不同的条件刺激中培养，观察再生的差异，并探讨差异形成的原因是什么。

2. 切断实验的注意事项

1）一般选择体形较大（体长约30 mm），身体完好的涡虫进行实验。为了防止涡虫在切割后解体，建议在切割前禁食1周，并且切割后将涡虫放入单蒸水中培养。再生期间各片段再生环境要一致，均不喂食，每隔2～3 d换水1次。

2）切割所用解剖刀或双面刀片事前要消毒，一般用75%的乙醇，消毒后静置一会以待乙醇挥发。

3）用毛笔将涡虫放在载玻片上，待虫体伸展到最长时，用解剖刀在预定的部位进行切割，解剖刀必须与玻片垂直，切割时要迅速、切口要平整。

4）将涡虫切割好后，要将其各段分别放入盛水的培养皿中，作好标记并记录各段切割前在涡虫身体中所处的位置。

5）每天定时观察、记录各切口再生的情况。当切口有愈合趋势时，需在原切口处重新进行切割。

实验31 理化因子对水蚤心跳的影响

【实验目的】

在已掌握动物学知识和实验技能的基础上，用科学研究的方式，让学生自己发现问题并解决问题，培养学生的创新意识和创新能力。

【实验材料】

水蚤培养液。

【实验用具及试剂】

显微镜、放大镜、解剖镜、小型温度计、吸水纸、pH试纸、pH测定仪、滴管、吸管、量筒、烧杯、秒表、载玻片、盖玻片、盐酸溶液、氢氧化钠溶液、不同浓度的NaCl溶液、不同浓度酒精溶液、烟丝浸出液等。

【实验操作及观察】

（一）水蚤的生活环境

枝角类（Cladocera）俗称“红虫”或“水蚤”，属节肢动物门、甲壳纲、鳃足亚纲、双甲目、枝角亚目，简称“蚤”。除少数种生活在海水中，水蚤广泛分布在各淡水水域中，是淡水水体中最常见的浮游动物，是饲养鱼类虾蟹幼体等最理想的活饵料。枝角类除极少数属于肉食性种类外，其余的都是滤食性的。它的主要食物是单细胞藻类、细菌和腐屑。

（二）采集与培养

采集：枝角类培养对象应选择生态耐性广，繁殖力强、体型较大的种类。蚤属中常见的大型蚤、蚤状蚤、隆线蚤及裸腹蚤属中的少数种类均适于人工培养。人工培育的蚤种来源十分广泛，一般水温达到18 ℃以上时，一些富营养水体中经常有枝角类大量繁殖，早晚集群时可用浮游动物网采集；在室外水温较低、尚无大量繁殖的情况下，可采取往年枝角类大量繁殖过的池塘底泥，其中的休眠卵经过一段时间的滞育期后，在室内给予适当的繁殖条件，也可获得蚤种。

培养：室内培养规模小，各种条件易于人为控制，适于种源扩大和科学研究观察。一般可利用单细胞绿藻、酵母培养，以水泥池或大型塑料桶作为培养容器。培养液配方为1.5 g牛粪＋2 g干稻草＋20 g沃土＋1000 mL曝气的自来水。先将培养液盛于容器中，注入培养好的绿藻，当水由清变成淡绿色即可引种。利用绿藻培养枝角类效果较好，但水中藻类密度不宜过高，小球藻控制在200万个/mL左右、栅藻密度在45万个/mL，密度过高反而不利于枝角类摄食。

（三）形态结构

见图31-1。

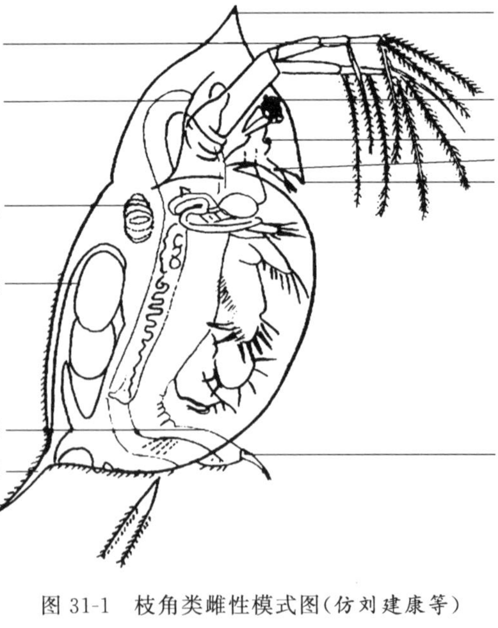

图31-1 枝角类雌性模式图(仿刘建康等)

体小，呈卵圆形，左右侧扁，一般大小在0.2～3 mm之间。体外具有2片壳瓣，背面相连处有脊棱。后端延伸而成长的尖刺(壳刺)。头部伸出壳外，吻明显，较尖。复眼大而明显，可不断转动，在复眼与第1触角之间有单眼。吻下的第 1 触角短小，不能活动；第 2 触角发达，有八九根游泳刚毛。腹部背侧有腹突 3～4 个，前 1 个特别发达，伸向前方。后腹部细长，向后逐渐收削。胸肢 5 对，腹部末端有 1 对尾爪。水蚤的心脏白色、较小，位于背部中央育儿囊(孵育囊)偏上部位。雄体较小，壳瓣背缘平直。吻短钝或无。腹突退化。第 1 触角长，可活动，有长鞭毛。第 1 胸肢有钩与鞭毛。水蚤借触角上的刚毛拨动水流向上、向前游动；当触角上举时，身体则下沉，好似在水中跳跃。春夏季一般仅能见到雌体，营孤雌生殖，所产的卵称“夏卵”，较小，卵壳薄，卵黄少，不需受精，可直接发育为成虫。这些成虫多是雌虫，再进行孤雌生殖。因此，在短时间内能够大量繁殖，呈一片红色，故称红虫。秋季，由夏卵孵化出一部分体小的雄虫，开始进行两性生殖，所产的卵称“冬卵”，冬卵较夏卵大，卵壳较厚，卵黄多。受精的冬卵，又称“休眠卵”，渡过严寒或干燥环境，于次年春季气温较高时发育为新的雌体。

(四) 水蚤心跳的观察

1. 正常心跳次数的观察

教师借助显微镜下拍摄的录像将原先水蚤心跳不宜观察的难点解决，并且让学生思考如何进行水蚤心跳的计数。

操作过程：吸取一只水蚤置于载玻片上，用镊子轻轻盖上盖玻片，在低倍镜下观察心跳。计数时用吸水纸吸去多余的水分，避免水蚤跳动难以观察，但水分又不能全部吸干，以免在镜下观察不到心脏。记录每分钟心搏数，重复三次，求平均值。

注意二点：一是水蚤心脏的位置。通过看显微镜下拍摄的水蚤录像和已学知识，指导学生找到其心脏位置；二是水蚤心跳的计数。①打点法记数。水蚤每心跳 10 次，在纸上打点一次，时间为 1 min，实验组每人测 3 次，取平均值(水蚤心脏的跳动次数为 100～350 次/min)。②用低倍镜观察，以 10 s 或 15 s 为单位记数水蚤心跳次数，测 3 次，取平均值。

2. 理化因子对水蚤心跳的影响

(1) 温度

设 5 个梯度

1) 实验用同等大小的成年水蚤分对照组和实验组，每组 3 只水蚤求平均值。一只水蚤只能测两次心率，即在蒸馏水中和某一温度条件下的培养液中。

2) 测定水蚤在室温培养液中的心跳次数后，用吸水纸将载玻片上水蚤周围的水吸干。再用胶头吸管滴 2～3 滴某一温度的培养液，用吸水纸吸去过多的溶液，立即观察记录心跳次数。

3) 实验时先找到水蚤的心脏，测出水蚤在不同温度下的心跳次数，测三次，取平均值。表格设计如下：

	蒸馏水	5 ℃培养液	10 ℃培养液	20 ℃培养液	25 ℃培养液	30 ℃培养液
1	次/10 s	次/10 s	次/10 s	次/10 s	次/10 s	次/10 s
2						
3						
平均值						

结论：在水温增高时，水蚤的心率增快。为什么？

(2) pH 值

把培养液的 pH 调节为 6.0、6.5、7.0、7.5、8.0 五个梯度，备用。

实验方法同(1)，记录在不同的 pH 下水蚤的心率。

	蒸馏水	pH 6.0	pH 6.5	pH 7.0	pH 7.5	pH 8.0
1	次/10 s	次/10 s	次/10 s	次/10 s	次/10 s	次/10 s
2						
3						
平均值						

结论：在酸性条件下水蚤心跳变慢，在碱性条件下水蚤心跳加快。为什么？

(3) NaCl 溶液

实验采用氯化钠和培养液配制成盐度为 2‰、4‰、6‰、8‰、10‰五个浓度梯度。

1) 实验用同等大小的成年水蚤分对照组和实验组，每组 3 只水蚤求平均值。一只水蚤只能做两次实验，即在蒸馏水中和某一浓度的 NaCl 溶液中。

2) 实验时，先用吸水纸将载玻片上水蚤周围的水吸干，避免降低 NaCl 的浓度。先滴 2～3 滴 NaCl 溶液，过 5～10 s 再用吸水纸吸去大部分的 NaCl 溶液，但不要吸干，这样既可保证 NaCl 溶液对水蚤的影响，又可避免水蚤游动影响观察。

3) 在 10 s 内测水蚤在不同浓度下的心跳次数，测三次，取平均值。表格设计如下：

	蒸馏水	2‰	4‰	6‰	8‰	10‰
1	次/10 s	次/10 s	次/10 s	次/10 s	次/10 s	次/10 s
2						
3						
平均值						

(观察记录心跳次数，并分析盐度对水蚤心率的影响)

(4) 烟草浸出液

1) 在 50 ml、20 ml、10 ml 蒸馏水中分别放同一品牌的香烟烟丝 50 g，浸泡一天(实验前制备烟草浸出液)。

2) 实验用 3 只同等大小的成年水蚤,分对照组和实验组。每组 3 只水蚤求平均值。一只水蚤只能做两次实验,即在蒸馏水中和某一浓度的烟草浸出液中。

3) 实验时,先用吸水纸将载玻片上水蚤周围的水吸干,避免降低烟草浸出液的浓度。先滴 2～3 滴某一浓度的浸出液,过 5～10 s 再用吸水纸吸去大部分的浸出液,但不要吸干,这样既可保证烟草浸出液对水蚤的影响,又可避免水蚤游动影响观察。

4) 实验时先找到水蚤的心脏,在 10 s 内测水蚤在不同浓度的浸出液中心跳次数,测三次,取平均值。表格设计如下:

不同浓度的烟丝浸出液	水蚤心脏跳动的次数			
	第一次测量	第二次测量	第三次测量	平均值
50 ml	次/10 s	次/10 s	次/10 s	次/10 s
20 ml				
10 ml				
蒸馏水				

结论:随着烟草浸出液浓度的增大,水蚤心跳次数越来越大。为什么?

(5) 不同浓度的酒精溶液

用 95%的乙醇配制成 0.25%、1%、5%、10%、20%的酒精溶液。

1) 实验用同等大小的成年水蚤分对照组和实验组,每组 3 只水蚤求平均值。一只水蚤只能做两次实验,即在蒸馏水中和某一浓度的酒精溶液中。

2) 实验时,先用吸水纸将载玻片上水蚤周围的水吸干,避免降低酒精的浓度。先滴 2～3 滴酒精溶液,过 5～10 s 再用吸水纸吸去大部分的酒精溶液,但不要吸干,这样既可保证酒精溶液对水蚤的影响,又可避免水蚤游动影响观察。

3) 实验时先找到水蚤的心脏,在 10 s 内测水蚤在不同浓度的心跳次数,测三次,取平均值。表格设计如下:

水蚤在不同浓度酒精溶液中的心率

	蒸馏水	0.25%酒精	1%酒精	5%酒精	10%酒精	20%酒精
1	次/10 s	次/10 s	次/10 s	次/10 s	次/10 s	次/10 s
2						
3						
平均值						

结论:在低浓度的酒精溶液中水蚤的心率增加,随着酒精浓度增加水蚤的心率降低。为什么?

(6) 溶氧量的影响

水体中富含氧时，水蚤的心跳比缺氧的要慢。

参考前面的内容自行设计实验验证溶氧量对水蚤心跳的影响。

【注意事项】

1）本次实验以小组为单位，先设计实验方案并研究其可行性，再实施具体实验。在设计时应遵循对照原则、单一变量原则、平行重复性原则。

2）实验前先就各种理化因子对水蚤心跳的影响提出假设，实验中要详细记录数据，试验后认真分析实验结果。

【分析与讨论】

分析实验结果要考虑各种因素对实验结果的影响，如：观察时间过长、载玻片上的液体太少等等都会影响心跳的频率。另外，加入不同浓度的酒精，结果就不一样，在低浓度 0.25%时心跳加快，高浓度时反而心跳减慢。不能轻易否定假设，要把所有会影响到实验结果的因素都考虑到，得出符合科学事实的结论。

【作业】

每组学生就本次设计性实验，撰写实验的实施过程、操作中的注意事项，以及实验结果、分析、讨论等。

实验 32　校园鸟类观察

【实验目的】

1）掌握鸟类野外观察及数量统计的方法，了解校园鸟类的种类、数量、分布及生物学特性。

2）探讨鸟类与人类的关系以及它们在自然界中的作用，理解鸟类是人类的朋友，从而提高人们爱鸟、护鸟及环境保护的意识。

【实验用具】

高倍望远镜（包括红外线望远镜）、照相机、小型录放机、鸟叫声磁带、卡尺、气压计、温度计、指南针、步数器、钢卷尺、测绳、绳索。

【观察设计及方法】

（一）鸟类观察前的准备工作

在观察和研究校园鸟类之前，应根据观察的范围和时间，作好必要的准备，主要包括如下三个方面：

1. 思想准备

首先考虑好鸟类观察的目的、任务、可能遇到的困难，做好计划。

2. 资料准备

收集该地区已经有的一切相关资料。

1）当地的自然概况、气候、植被等。

2）已经出版和发表的当地及其邻近地区的鸟类及其他动物和植物的图书和论文。

3）同时还要带上鸟类原色图鉴和鸟类手册等工具书，以备查阅。

4）对即将进行的课题进行论证和研究方法的设计。

5）要查阅大量的文献和资料，因为在科学技术高度发达的今天，任何研究都不可能是孤立的，而多是建立在前人研究的基础上。只有当我们掌握了前人的研究情况、成果、使用的方法、还存在哪些问题后，我们才好制定自己的研究计划和方法。同时做到不必要的重复，起到事半功倍的作用。

3. 设备和材料准备

准备好鸟类观察时所需要的高倍望远镜、照相机等。

（二）观察方法

在野外识别鸟类是一项十分有意义的工作，它是从事野外鸟类生态学及区系分类学研究的基础。鸟类的野外识别，是利用在视觉上、听觉上所得到的有限信息，能迅速地确认鸟类的分类类群甚至种名以及这些鸟类的年龄、性别等特征，主要是根据鸟的形态特征和行为特征来综合判断。

1. 根据形态特征识别鸟类

鸟类的形态特征包括了许多方面，如体形、嘴形、趾形、翅形、尾形、羽色等，在野外观察时由于受到各种条件的限制，不易接近被观察的鸟，所以，迅速抓住容易观察到的特征就显得最为重要。

（1）身体的大小和形状

鸟类体型的大小和形态是鉴别鸟类的重要特征之一，不同种类的鸟类，体型大小不尽相同，有的相差相当悬殊，如鸵鸟和蜂鸟，鹳和鸭，雉和雀，体型大小都很不相同，一看就能将它们分别开来。各种鸟类不仅大小不同，形态差别亦很大，同样是大型鸟类，但鹤、鹳颈长、脚长，体态显得很细瘦、窈窕；而天鹅，脚短体肥，一看就能区别。有些鸟类无论大小和体型都很相似，如与麻雀相似的有鹀、文鸟、山雀、金翅以及燕雀等；与八哥相似的有椋鸟、鸫等；与喜鹊相似的有灰喜鹊、灰树鹊、红嘴蓝鹊等；与白鹭相似的有多种鹭、苇鳽以及体型近似的鹳及鹤等。

（2）嘴的形态和颜色

鸟类由于觅食方式的不同，在长期的自然选择过程中，形成了适应于各种取食方式的形形色色的嘴，因此，鸟类嘴的形状和颜色，常常用作鉴别种类的重要依据，所以在观察鸟类时掌握不同类型鸟类嘴的形状和颜色亦是相当重要的，如欧洲白鹳的嘴是红色，东方白鹳的嘴是黑色。

不同鸟类嘴的形状各不相同，有的粗短深圆，如锡嘴雀、蜡嘴雀、灰雀、朱雀等。有的粗直而长，如鹤、鹳、沙锥、啄木鸟、翠鸟等。有的嘴显著上翘，如反嘴鹬、翘嘴鹬等；有的嘴上下扁平，如鸭、雁等。有的嘴短而基部宽阔，如燕、阔嘴鸟、夜鹰等。有的嘴向下弯曲如钩，如鹰、鸮等；有的嘴长而向下弯曲，如戴胜、杓鹬、钩嘴鹛等。

除嘴的形状和颜色特征外，嘴基有无蜡膜、嘴须，嘴缘有无缺刻以及缺刻的数量，鼻孔在嘴上的开孔位置，是在基部还是中部，鼻孔的形状是管状还是裂缝状，是圆形还是椭圆形等，都是鸟类鉴别的重要特征。但这些特征只能在短距离或得到实体之后作鉴别用，在野外难以看清。

(3) 根据头的形状和色彩

不少鸟类头的形状、色彩、斑纹很不相同，各有其特点，也可作为对某些鸟类野外知识的重要依据。头形较长，额较扁平，如鹭。头较圆，额较高，如鸭。脸如面盘状，如鸮。头上耳羽发达，形状像耳，如耳鸮，或突出于头的两侧象一对角，如角雉、角鸮。头上有上翘的羽辫，如凤头麦鸡。披于头后的2～3根长形饰羽，如夜鹭。具有扇形羽冠，如戴胜。头具红色肉冠，如原鸡、董鸡；额部具白色(骨顶鸡)或红色(黑水鸡)骨质额甲。头裸露无羽(秃鹳)或仅有短的绒羽(秃鹫)。

(4) 根据翅的形状和翅斑

根据翅端形状不同而将翅分为三种类型：①尖翼：最外侧飞羽最长(退化飞羽不计入)，其内侧数枚飞羽突形缩短，因而形成尖形翼端，如隼、雨燕、燕鸥等。②方翼：最外侧飞羽(退化飞羽不计入)与内侧数枚飞羽几等长，因而形成方形翼端，如鸢、鹰等。③圆翼：最外侧飞羽较内侧飞羽为短，因而形成圆形翼端，如秧鸡。

翼上、翼下的斑纹、翼镜的颜色亦是某些种类的鉴别特征。常在空中盘旋和翱翔的猛禽，常常就是通过观察其翅形和翅斑来确定其种类。

(5) 根据尾的长短、色彩和形状来鉴别

根据各种鸟尾的形状，基本可以分为8种类型。①平尾，如白鹭。②圆尾，如八哥。③凸尾，如伯劳。④楔尾，如啄木鸟。⑤尖尾，如蜂虎尾。⑥凹尾，如沙燕。⑦燕尾，如卷尾。⑧叉尾，如燕鸥。

(6) 根据羽色和斑纹的变化

不同鸟类，不仅羽色不同，而且体上斑纹亦千差万别。即使同一种鸟，由于性别、年龄和季节不同，羽色也有变化。有的通体白色，如天鹅、白鹳、白鹭；有的通体黑色，如乌鸦、骨顶鸡、黑鹳；有的冬季白色，夏季又为别的颜色，如雷鸟、雪雁。正是身体各部千差万别的羽色和斑纹的变化，才构成了形形色色的鸟类。

(7) 脚的长短、颜色和结构

脚的长短、粗细、颜色、胫裸出还是部分被羽或全部被羽、跗蹠是裸出还是部分或全部被羽，是某些鸟类的鉴别依据。趾型、蹼型、被鳞情况在近处才能看到。

2. 根据行为特征识别鸟类

鸟类的飞行曲线多种多样，有些鸟类喜欢平稳地直飞，飞行路线近乎于一条直线，如伯劳、翠鸟等。有些鸟的飞行曲线呈规律的波浪状，如鹨、鹡鸰、燕雀及啄木鸟，这种飞行方式的频次有固定的节奏。百灵科中的百灵鸟与云雀等常垂直起飞与降落，有些在空中盘绕上升或降落。一些善于飞捕昆虫的鸟常固定地栖止于一枝头，见昆虫飞过便起飞，在空中兜圈捕捉后，返回原处栖止，如鹟、山椒鸟、卷尾等。有些鸟类善于选择上升气流处，在空中翱翔盘旋着寻觅猎物，如鹰、隼、鹞、雕、山鸦等；鸟类在飞行时的体态也有许多特征可用于鉴别，如鹤和鹭的飞行(鹭科鸟类在飞翔时颈部呈S型缩回体内，而鹤类的颈部伸直)。天鹅和鹤等在迁徙时，常列队而行，根据列队的类型可鉴定鸟群。

停落时的姿态也各式各样，因种而异，隼和杜鹃，虽然体型和羽色有些相似，但停落在树枝上的姿态各异，隼后肢有力，站立笔直(其他猛禽也是如此)，而杜鹃的后肢短，站立时身体平俯，二者之间很容易区分。有些善于攀缘的鸟如䴓常头朝下在树干上攀缘，这是䴓科特征；红翅旋壁雀喜在石壁、土壁上攀爬；啄木鸟沿着树干向上攀爬；鹦鹉类常借嘴的帮助用足攀缘，也喜在平枝上横走。山鹡鸰、角雉可在粗的水平树枝上顺枝行走。山溪旁的河乌、鹪鹩，湿地的秧鸡常昂头翘尾，很像小公鸡站立。伯劳、红尾鸲、鹡鸰在停落时都爱抖动尾羽，山鹡鸰左右摆动。

许多水禽喜在水面上停落，可根据它们的姿态区分种类，在观察时，要注意体型大小，上体覆出水面情况，头颈长短和角度，尾部与水面的角度等。一般来说，越善于潜水的鸟，后肢越靠后，停落水面时身体后部覆出水面部分越少，在这方面䴙䴘、鸊鷉和天鹅、鸥及雁类有着明显的区别。

3. 根据叫声识别鸟类

鸟类的集群、报警、个体间识别、占据领域、求偶炫耀、交配等行为都和鸣叫行为有密切的联系。许多行为过程是通过鸣叫行为借以完成的。许多鸟的鸣叫存在着种的特异性，这给观察鸟类带来方便，一般来说，繁殖季节的鸣叫最为婉转和响亮，雄鸟的叫声比雌鸟复杂多变，因此，只要熟悉了各种鸟类的声音后，有时甚至不需见到鸟，一听声音，就知道是何种鸟类。如大杜鹃、四声杜鹃、小杜鹃的叫声。鸟类的发声大致可分为以下类型：①婉转多变：大多数雀形目鸟类的鸣啭韵律丰富，悠扬悦耳，但各有差异，如百灵、画眉、黄鹂、白头鹎、八哥。②重复音节：清脆单调，多次重复，如灰喜鹊重复一个音节；大杜鹃、白鹡鸰、黑卷尾重复二个音节；大山雀、戴胜、小鸦鹃、棕颈钩嘴鹛重复三个音节；绿鹦嘴鹎、四声杜鹃重复四个音节。③如吹哨声：响亮清晰或轻松如铃，如红翅凤头鹃、山树莺、兰翡翠。④尖细颤抖：如黑背燕尾、紫啸鸫、翠鸟。⑤粗厉嘶哑，叫声单调、嘈杂、刺耳：如雉鸡、野鸭、绿啄木鸟、伯劳、乌鸦。⑥低沉：单调轻飘的如斑鸠，声如击鼓的如董鸡等。

4. 根据捕食方式和行为识别鸟类

不同鸟类各不相同,而且有的鸟类很有特点。家燕和三宝鸟等空中飞捕昆虫,军舰鸟抢夺其他鸥类的食物,翠鸟突然扎入水中捕食,猛禽通过追捕或突袭获得食物,反嘴鹬通过长而上翘的嘴在水中左右来回扫动觅食,杓鹬主要通过长而下弯的嘴不断插入泥中觅食,翻石鹬以短而略微上翘的嘴不停地翻动小石头觅食,瓣蹼鹬在水面旋转打圈觅食。通过这些特有的觅食方式和行为,不难在野外识别它们。

5. 根据繁殖行为识别鸟类

旋木雀在树皮夹缝中营巢;啄木鸟、䴓、山雀在树洞中营巢,黑啄木鸟洞口为长方形,其他啄木鸟为圆形或椭圆形;攀雀的巢呈囊袋状,由花絮构成,悬挂于柔软的树枝上,不仅形状特殊,亦易见到;雨燕主要在岩壁缝中营巢,而且巢是由唾液、羽毛和其他废物混合而成。鸟类的巢,有的简单,有的复杂、精巧,其大小、结构、卵的数量、大小、颜色等均可作为野外识别鸟类的依据。

6. 根据鸟类和生境之间的依存关系识别鸟类

鸟类的生存和环境息息相关,它们的分布往往和典型的栖息环境密不可分,因此在观察鸟类时往往先根据环境条件,推断主要种类,然后根据识别鸟类的方法和原则进行观察,这样做将大大降低鸟类观察的难度,增加识别、判断的准确性。

(三)鸟类种群数量调查方法

鸟类的数量调查非常重要,目前较常用的方法有如下几种:

1. 线路统计法

这是一种较常用的相对数量统计法。选择一条有代表性的路线,以 1～3 km/h的速度均匀前进,统计两侧看见和听见的鸟类种类和数量,前进速度视环境而定。统计时仅记录两侧往后飞的种类,不能记录往前飞的种类,以免重复记录。如果用此法比较不同地区、不同生境或不同季节的各种鸟类的数量,则行进速度、统计时间、路线长度要相同。如果用于单项种类在繁殖期间的统计,还可以通过播放该种鸟的录音,统计沿途听到的该种鸟类的回鸣反应来统计数量。此法统计出来的鸟类数量叫相对数量。通常以只/h 表示,如果平均数量为 10 只/h 以上,则叫优势种;1～10 只之间为普通种,1 只以下的叫稀有种。也可用每种鸟的数量占统计鸟类总数的百分比来表示,10%以上为优势种,1%～10%之间为普通种,1%以下为稀有种。

每条线路最好重复统计 3～5 次,统计时间应选在晴天日出后和日落前 2～3 h 鸟类最为活跃的时候,这样统计的数字更接近于实际。

也有的结合地图法,统计路线两侧 25 m 以内鸟类的鸣叫声和数量,这样统计出来的数量,实际上也可作为绝对数量。

2. 线点统计法

首先选择具有代表性的路线,记录线路上的植被特征,然后绘出路线草图和确定路线上的观察点，每个观察点间的距离要固定(如 100 m 或 200 m)。统计时沿预定路线前进，但不作数量统计，到达每一观察点时，停 3～5 min，统计该点附近看到和听到的鸟类种类和数量，并在草图上标记出来，统计时间一般在繁殖季节早期，统计应在晴天清晨鸟类鸣叫频繁的时候，一般重复 3～5 次。

3. 频率指数估计法

这也是一种较常用的划分鸟类数量等级的方法，其具体做法是：将调查期间某种鸟的遇见率 $R=\frac{\text{遇见该种鸟的天数 } d}{\text{工作总天数 } D}\times 100\%$ 和该种鸟每天平均遇见数量 $B=\frac{\text{该种鸟总数量 } N}{\text{工作总天数 } D}$ 相乘，其积作为该种鸟的频率指数，即 $r=R\cdot B=\left(\frac{d}{D}\times 100\%\right)\times\left(\frac{N}{D}\right)$。$r>500$ 为优势种，$r=200\sim 500$ 为普通种，$r<200$ 为稀有种。

(四) 鸟类食性研究方法

这也是鸟类观察的一项重要内容。通过对鸟类食物的研究，不仅可以了解鸟在植物保护中的意义和作用，还可以了解鸟类在生态系统和物质循环中的地位和作用。早期研究鸟类的食性，主要是通过大量采集标本，进行胃内容物分析。但在今天，此法已不可能，特别是对一些稀有、濒危鸟类。除常见种类可适当采一些标本外，其他最好不采集标本，而是通过直接观察的方法。所谓直接观察法，就是用望远镜直接在野外观察鸟类何处取食、什么食物，以及喂雏期间亲鸟嘴中所衔的喂雏食物。此法还可以通过收集食物残余物来研究，特别是一些食肉和食鱼鸟类，常可以在巢中和巢下地面上收集食物残块，也可以通过粪便分析了解食性。

通过对雏鸟扎颈的办法取出亲鸟喂给雏鸟食物进行分析，也是研究鸟类食性的一种好办法。这种办法就是用细线将雏鸟的颈部扎住，使食物不能咽下，但不能扎得太紧，以免勒死，然后在隐蔽处用望远镜观察，待亲鸟喂完食离巢后，立刻用镊子将雏鸟口中的食物或落入巢中、巢旁的食物取出装入瓶内，然后解开绳结，并另喂以食物。为了不影响雏鸟的生长发育，每天不宜扎过长时间，不超过 2 h，最好分批轮流扎，扎颈的最佳时间在雏鸟孵出 5 天以后，选择在亲鸟喂食较频繁的早晨和下午。

(五) 繁殖生物学研究方法

主要包括如下内容：

1. 配偶选择

如何寻觅和选择配偶、择偶标准、求偶行为、配对时间、交配行为、配制。

2. 巢区或领域

巢区是鸟类在繁殖期间占据的一定区域，作为觅食、活动和营巢的场所。领域则是鸟类围绕巢址所要保护的、不允许其他鸟类，特别是同种鸟类侵入的范围。巢区和领域随环境条件和各种鸟类而不同，有的鸟类领域性强（黑卷尾），有的不明显。表示领域占有的办法，多是雄鸟在领域内或站在领地高处鸣叫。

为什么有的鸟类有领域，有的不明显？不同种类、甚至同一种类，领域为何各不相同？领域大小的变化受何机制制约？其生物学意义是什么？领域的顺序选择、巢区的占领是按个体到达先后，还是强者占据好的巢区等很多问题都值得深入观察研究。

3. 巢和巢位

鸟类营巢于地面、水面、沼泽、草地、树洞、地洞、悬岩、建筑物等各种环境。按营巢的位置和巢的结构特点可分为四种：地面巢、浮巢、洞巢、编织巢。也可按巢的密集与分散不同而分为群巢和独巢。

多数鸟类的巢筑在食物丰富、比较隐蔽的地方，且伪装得很好。各种鸟类的营巢环境、巢位的选择、营巢时间、雌雄单独营巢还是共同营巢、以及巢的大小、结构、材料等都不相同，而且随环境而变化。找到巢后要作详细的记录和描述，还要准确的测量，包括巢的位置、四周环境、发现日期以及巢的形状、大小、巢外径、内径、巢高、巢深、距地高度、洞口形状等，巢的量度用厘米，距地高度用米。巢内垫物和巢材的分析可留至雏鸟飞出后进行。

4. 产卵与孵卵

主要研究产卵时间、数量、大小、形状、颜色、卵壳上的斑纹、卵壳的显微结构。是产出第一枚就开始还是第二、第三或卵产齐后才开始孵卵，是雌鸟还是雄鸟或是共同轮流孵卵，以及孵化率。

5. 育雏

孵化期满后，雏鸟即借嘴尖部临时着生的角质突起——“卵齿”啄破孵壳而出。主要研究亲鸟育雏活动，是雌鸟育雏还是雄鸟或是共同育雏？每天喂雏次数，育雏期长短，雏鸟各器官及羽毛发育情况，雏鸟食物成分及数量。

6. 鸟类行为生态学的研究

动物行为学一般又叫行为生态学，都属于生态学的范围。它主要是研究动物对各种环境条件刺激的行为反应、各种行为的形成过程及这些行为的进行意义和生物学意义。

动物的行为有些是先天性的，生来就有（如求偶行为），这叫本能行为或定型行为。另一种是通过后天反复学习形成的某些行为，叫学习行为。目前鸟类行为研究主要包括：觅食行为、求偶行为、交配行为、领域行为、避敌与防卫行为、孵卵及育雏行为、社群行为。可通过野外观察和室内饲养实验，二者结合进行。

7. 鸟类种群生态学研究

种群生态学和个体生态学的研究方法基本相同，但个体生态学主要研究种群中个体的行为，而种群生态学则是研究种群的整体行为，其核心问题是研究种群动态和种群结构。

【作业】

鸟类观察结束后，必须立即抓紧时间对所有资料进行认真的分析、归纳、整理和总结，以实验小组为单位，以研究论文格式书写实验报告。可以从以下几个方面着手：

1. 论文题目

论文题目不宜过长，用词要恰当，不能“文不对题”，要选好论文题目。

2. 材料的分析、归纳和整理

并不是将所有的材料都写进去，要经过选择，把有用的写进去，把原材料认真提炼。

3. 写好论文提纲

写好论文提纲，为论文的写作打好基础。提纲是论文的框架，必须围绕论文题目，突出论文的中心和主题，同时要注意逻辑性。

4. 论文的写作

题目：

作者姓名

单位和地址

论文摘要：将论文内容简明扼要地介绍一下，内容包括研究对象、研究手段、研究结果和结论等，一般 200～500 字。

关键词：列出论文中最关键的几个词，一般要求不超过 6～8 个词。

绪言：简明扼要地介绍一下该课题前人的研究情况，以及研究该课题的目的、意义。

研究材料和方法：介绍研究所采用的材料和使用的技术方法。同时还要介绍调查研究的具体时间和地点，有的论文属于调查性质，不涉及研究材料问题，于是有人又写成研究地区和研究方法。

研究结果：报告研究的最终结果，是论文的核心部分，因此通常所占的篇幅较大。

讨论：对论文中有些问题还不能完全结论，或对某些问题可能还有疑问或争论，需要提出来进一步分析讨论。

致谢：对研究过程中给予过帮助的人和单位，通常都要在最后专门致谢，特别是国外发表的论文。国内发表的论文通常都要在前言或脚注里致谢。

参考文献：列出撰写论文时所参考或使用的文献资料。一般是指公开发表的文献资料。内部资料一般不予引用。参考文献的写法，通常是先写作者姓名，然后发表年代，再后是论文题目和发表的刊物名称、页码。如：

1. 赵正阶.1977.长白山榛鸡的生态学研究.动物学报,23(3):324～335

2. 赵正阶.1985.长白山鸟类志.长春:吉林科学技术出版社,1～460

外文摘要:将论文的主要内容用外文写下来,便于同国外交流。通常用英文,但也有用俄文和其他文字的,随刊物要求不同而不同。

实验33 灰喜鹊生活习性观察

【实验目的】

1) 通过对灰喜鹊栖息环境、数量、食性、繁殖等生活习性的观察,掌握鸟类观察及数量统计的方法。

2) 进一步了解灰喜鹊与人类的关系以及它们在自然界中的作用,提高人们爱鸟、护鸟及环境保护的意识。

【实验用具】

摄像机、收录机、高倍望远镜(包括红外线望远镜)、数码照相机、鸟叫声磁带、卡尺、气压计、温度计、指南针、步数器、钢卷尺、测绳、绳索。

【观察设计】

灰喜鹊(*Cyanopica cyana*)又称蓝膀鹊,为各地习见留鸟,隶属于雀形目、鸦科。在我国分布广泛,多栖息于低山区、平原的田野村庄、城市等各种环境。多数高校校园花卉蔟蔟,草坪青翠,绿树成荫,环境优美,常有灰喜鹊在此繁衍生息。因此,高校校园是观察灰喜鹊生活习性的理想场所。

1. 观察方法

1) 观察地点的选择:可选择校园的某个树林或草地,进行定点观察,也可以沿着某个路线边走边观察。

2) 观察时间的选择:最好选择鸟类的繁殖季节进行观察,应全天观察,但早晨和傍晚是鸟类的活动高峰,此时是观察灰喜鹊生活习性的最佳时间。

2. 观察内容

1) 飞翔和栖止状态:灰喜鹊不喜久留一地,经常穿行于树枝间,或在地上不停地跳跃觅食。主要观察它的飞行姿态、高度、速度和距离;栖止的位置和栖止时的各种动作;早上开始活动和傍晚停止活动的时间。

2) 食性:灰喜鹊为杂食性。既吃各种昆虫,也吃植物种子。观察时,可凭借望远镜观察灰喜鹊取食的种类、地点和方式。为了核实所看到的情况,应在灰喜鹊离开后,到它取食地点就近观察所食的昆虫或种子,将取食的种类核对清楚并记录。

3）鸣叫。灰喜鹊的鸣叫声单调明朗，边飞边叫，喧噪不宁。观察时，要注意灰喜鹊在单独活动、集群活动、遇到惊吓以及驱赶侵入巢区的其他鸟类时，鸣叫的音韵和频率有无区别，并应及时将鸣声进行录音。

4）求偶：注意观察求偶时的姿态、鸣叫声等。

5）营巢：注意观察筑巢的位置与高度，巢的质地，筑的巢是独巢还是群巢等。

6）交配：交配前的行为观察，比如姿态，鸣叫声以及交配的时间等。观察灰喜鹊是不是一夫一妻制，独居还是群居？

7）产卵：观察什么时间产卵，一次产几枚，产卵的间隔时间等。

8）孵卵：一般产多少枚卵开始孵卵，是单亲孵卵还是双亲孵卵？孵卵期间亲鸟是如何取食的？孵化率有多高？

9）育雏：灰喜鹊是早成雏还是晚成雏？亲鸟是如何喂养雏鸟的，多长时间喂一次？一次喂多少，主要是什么食物，小虫还是种子？有没有集体护幼和护巢行为？

【作业】

鸟类观察结束后，必须立即抓紧时间对所观察到的灰喜鹊生活习性资料进行整理、归纳和分析。以实验小组为单位，以研究论文格式书写实验报告。论文的写作格式请参照实验 32。

参考文献

秉　志.1960.鲤鱼解剖.北京:科学出版社

陈佩惠,孔德芳,李惠珠等.1988.人体寄生虫学实验技术.北京:科学出版社

陈树椿.1999.中国珍稀昆虫图鉴.北京:中国林业出版社

陈　义.1957.无脊椎动物学.上海:商务印书馆

成庆泰,郑葆珊.1987.中国鱼类系统检索(上、下册).北京:科学出版社

丁汉波.1982.脊椎动物学.北京:高等教育出版社

堵南山,赖　伟,邓雪怀等.1989.无脊推动物学.上海:华东师范大学出版社

渡部正雄.1959.脊椎动物解剖学.关贵武译.北京:科学出版社

方展强,肖　智.2005.动物学实验指导.长沙:湖南科学技术出版社

冯澄如.1959.生物绘图法.北京:科学出版社

郭　郛,忻介六.1988.昆虫学实验技术.北京:科学出版社

郝天和.1964.脊椎动物学(上、下册).北京:高等教育出版社

和振武,许人和.1992.无脊椎动物实验和野外实习.郑州:河南教育出版社

洪华珠.1988.昆虫的组织培养.生物学通报,(11):9～11

胡昌仁.1994.人体寄生虫学.北京:人民卫生出版社

胡淑琴,丁汉波,胡步青等.1962.中国动物图谱(爬行动物).北京:科学出版社

黄诗笺.2006.动物生物学实验指导.北京:高等教育出版社

黄正一,蒋正揆.1984.动物学实验方法.上海:上海科学技术出版社

江静波,陈俊民,陈如作等.1987.无脊椎动物学.北京:高等教育出版社

刘承钊.1959.中国动物图谱(两栖动物).北京:科学出版社

刘凌云,郑光美.1997.普通动物学(第三版).北京:高等教育出版社

刘凌云,郑光美.1998.普通动物学实验指导(第二版).北京:高等教育出版社

刘月英,张文珍,王跃先等.1979.中国经济动物志(淡水软体动物).北京:科学出版社

马克勤.1986.脊椎动物比较解剖实验指导.北京:高等教育出版社

孟庆闻.1960.白鲢的系统解剖.北京:科学出版社

孟庆闻.1987.鱼类比较解剖.北京:科学出版社

史新柏,杨仙玉.1992.草履虫接合型的获得及诱导接合的方法.生物学通报,(8):42～43

四川动物所.1977.中国两栖动物系统检索.北京:科学出版社

苏锦祥.1989.鱼类学.上海:上海科学技术出版社

孙帼英.1989.脊椎动物学实验指导.上海:华东师范大学出版社

孙虎山.2004.动物学实验教程.北京:科学出版社

唐子英,唐子明.1985.脊椎动物标本制作.上海:复旦大学出版社

田婉淑,江耀明.1986.中国两栖爬行动物鉴定手册.北京:科学出版社

王所安.1986.动物结构与类群.天津:天津科学技术出版社

伍　律,董　谦,须润华.1988.贵州两栖类志.贵阳:贵州人民出版社

武汉大学,南京大学,北京师范大学.1979.普通动物学实验指导.北京:人民教育出版社

武汉大学,南京大学,北京师范大学.1983.普通动物学.北京:人民教育出版社

夏武平,寿振黄.1963.中国动物图谱(兽类).北京:科学出版社

忻介六，杨庆爽，胡成业．1985．昆虫形态分类学．上海：复旦大学出版社
徐芳南，甘运兴．1978．动物寄生虫学（上、下册）北京：人民教育出版社
杨安峰．1984．脊椎动物学实验指导．北京：北京大学出版社
杨安峰．1994．脊椎动物学．北京：北京大学出版社
张　玺，齐钟彦．1961．贝类学纲要．北京：科学出版社
赵慰先．1983．人体寄生虫学．北京：人民卫生出版社
郑葆珊，李思忠．1987．中国动物图谱（鱼类）．北京：科学出版社
郑作新．1963．中国经济动物志（鸟类）．北京：科学出版社
中国野生动物保护协会秘书处，林业部野生动物和森林植物保护司，国家濒危物种进出口管理办公室．1990．国家重点保护野生动物图谱．哈尔滨：东北林业大学出版社
周本湘．1956．蛙体解剖学．北京：科学出版社
Agata K. 2003. Regeneration and gene regulation in planarians. Current Opinion in Genetics & Development，(13)：492～496
Alvarado A S. 2004. Planarians. Current Biology，(14)：737～738
Jollie M. 1962. Chordate Morphology. New York：Reinhold Publishing Corporation
Romer A. S. 1955. The vertebrate body. Philadelphia：W. B. Saunder Corporation
Weichert C. K. 1958. Anatomy of the chordates. New York：McCRAW-Hill Book Corporation
Well T. A. G. 1959. Three Vertebrates—A Practical Guide. London：Heinamann